T&P BOOKS

I0132692

AFRIKAANS

WOORDENSCHAT

NEDERLANDS
AFRIKAANS

De meest bruikbare woorden
Om uw woordenschat uit te breiden en
uw taalvaardigheid aan te scherpen

9000 woorden

Thematische woordenschat Nederlands-Afrikaans - 9000 woorden
Door Andrey Taranov

Woordenlijsten van T&P Books zijn bedoeld om u woorden van een vreemde taal te helpen leren, onthouden, en bestudering. Dit woordenboek is ingedeeld in thema's en behandelt alle belangrijk terreinen van het dagelijkse leven, bedrijven, wetenschap, cultuur, etc.

Het proces van het leren van woorden met behulp van de op thema's gebaseerde aanpak van T&P Books biedt u de volgende voordelen:

- Correct gegroepeerde informatie is bepalend voor succes bij opeenvolgende stadia van het leren van woorden
- De beschikbaarheid van woorden die van dezelfde stam zijn maakt het mogelijk om woordgroepen te onthouden (in plaats van losse woorden)
- Kleine groepen van woorden faciliteren het proces van het aanmaken van associatieve verbindingen, die nodig zijn bij het consolideren van de woordenschat
- Het niveau van talenkennis kan worden ingeschat door het aantal geleerde woorden

T&P Books Publishing
www.tpbooks.com

ISBN: 978-1-78716-515-1

Dit boek is ook beschikbaar in e-boek formaat.
Gelieve www.tpbooks.com te bezoeken of de belangrijkste online boekwinkels.

AFRIKAANSE WOORDENSCHAT
nieuwe woorden leren

T&P Books woordenlijsten zijn bedoeld om u te helpen vreemde woorden te leren, te onthouden, en te bestuderen. De woordenschat bevat meer dan 9000 veel gebruikte woorden die thematisch geordend zijn.

- De woordenlijst bevat de meest gebruikte woorden
- Aanbevolen als aanvulling bij welke taalcursus dan ook
- Voldoet aan de behoeften van de beginnende en gevorderde student in vreemde talen
- Geschikt voor dagelijks gebruik, bestudering en zelftestactiviteiten
- Maakt het mogelijk om uw woordenschat te evalueren

Bijzondere kenmerken van de woordenschat

- De woorden zijn gerangschikt naar hun betekenis, niet volgens alfabet
- De woorden worden weergegeven in drie kolommen om bestudering en zelftesten te vergemakkelijken
- Woorden in groepen worden verdeeld in kleine blokken om het leerproces te vergemakkelijken
- De woordenschat biedt een handige en eenvoudige beschrijving van elk buitenlands woord

De woordenschat bevat 256 onderwerpen zoals:

Basisconcepten, getallen, kleuren, maanden, seizoenen, meeteenheden, kleding en accessoires, eten & voeding, restaurant, familieleden, verwanten, karakter, gevoelens, emoties, ziekten, stad, dorp, bezienswaardigheden, winkelen, geld, huis, thuis, kantoor, werken op kantoor, import & export, marketing, werk zoeken, sport, onderwijs, computer, internet, gereedschap, natuur, landen, nationaliteiten en meer ...

INHOUDSOPGAVE

UITSPRAAKGIDS

T&P fonetisch alfabet	Afrikaans voorbeeld	Nederlands voorbeeld
[a]	land	acht
[ã]	straat	aan, maart
[æ]	hout	Nederlands Nedersaksisch - dät, Engels - cat
[o], [ɔ]	Australië	overeenkomst, bot
[e]	metaal	delen, spreken
[ɛ]	aanlê	elf, zwembad
[ə]	filter	formule, wachten
[ı]	uur	iemand, die
[i]	billik	bidden, tint
[ī]	naïef	team, iemand
[o]	koppie	overeenkomst
[ø]	akteur	neus, beu
[œ]	fluit	Duits - 'Hölle'
[u]	hulle	hoed, doe
[ʊ]	hout	hoed, doe
[b]	bakker	hebben
[d]	donder	Dank u, honderd
[f]	navraag	feestdag, informeren
[g]	burger	goal, tango
[h]	driehoek	het, herhalen
[j]	byvoeg	New York, januari
[k]	kamera	kennen, kleur
[l]	loon	delen, luchter
[m]	môre	morgen, etmaal
[n]	neef	nemen, zonder
[p]	pyp	parallel, koper
[r]	rigting	roepen, breken
[s]	oplos	spreken, kosten
[t]	lood, tenk	tomaat, taart
[v]	bewaar	beloven, schrijven
[w]	oorwinnaar	twee, willen
[z]	zoem	zeven, zesde
[dʒ]	enjin	jeans, jungle
[ʃ]	artisjok	shampoo, machine
[ŋ]	kans	optelling, jongeman
[tʃ]	tjek	Tsjechië, cello
[ʒ]	beige	journalist, rouge
[x]	agent	licht, school

AFKORTINGEN
gebruikt in de woordenschat

Nederlandse afkortingen

abn	-	als bijvoeglijk naamwoord
bijv.	-	bijvoorbeeld
bn	-	bijvoeglijk naamwoord
bw	-	bijwoord
enk.	-	enkelvoud
enz.	-	enzovoort
form.	-	formele taal
inform.	-	informele taal
mann.	-	mannelijk
mil.	-	militair
mv.	-	meervoud
on.ww.	-	onovergankelijk werkwoord
ontelb.	-	ontelbaar
ov.	-	over
ov.ww.	-	overgankelijk werkwoord
telb.	-	telbaar
vn	-	voornaamwoord
vrouw.	-	vrouwelijk
vw	-	voegwoord
vz	-	voorzetsel
wisk.	-	wiskunde
ww	-	werkwoord

Nederlandse artikelen

de	-	gemeenschappelijk geslacht
de/het	-	gemeenschappelijk geslacht, onzijdig
het	-	onzijdig

BASISBEGRIPPEN

Basisbegrippen Deel 1

1. Voornaamwoorden

ik	ek, my	[ɛk], [maj]
jij, je	jy	[jaj]
hij	hy	[haj]
zij, ze	sy	[saj]
het	dit	[dit]
wij, we	ons	[ɔŋs]
jullie	julle	[jullə]
U (form., enk.)	u	[u]
U (form., mv.)	u	[u]
zij, ze	hulle	[hullə]

2. Begroetingen. Begroetingen. Afscheid

Hallo!	Hallo!	[hallo!]
Goedemorgen!	Goeie môre!	[χuje mɔrə!]
Goedemiddag!	Goeiemiddag!	[χuje·middaχ!]
Goedenavond!	Goeienaand!	[χuje·nãnt!]
gedag zeggen (groeten)	dagsê	[daχsɛ:]
Hoi!	Hallo!	[hallo!]
groeten (het)	groet	[χrut]
verwelkomen (ww)	groet	[χrut]
Hoe gaat het?	Hoe gaan dit?	[hu χãn dit?]
Hoe gaat het met u?	Hoe gaan dit?	[hu χãn dit?]
Is er nog nieuws?	Hoe gaan dit?	[hu χãn dit?]
Dag! Tot ziens!	Totsiens!	[totsiŋs!]
Tot ziens! (form.)	Totsiens!	[totsiŋs!]
Doei!	Koebaai!	[kubãi!]
Tot snel! Tot ziens!	Totsiens!	[totsiŋs!]
Vaarwel!	Totsiens!	[totsiŋs!]
afscheid nemen (ww)	afskeid neem	[afskæjt neəm]
Tot kijk!	Koebaai!	[kubãi!]
Dank u!	Dankie!	[danki!]
Dank u wel!	Baie dankie!	[baje danki!]
Graag gedaan	Plesier	[plesir]
Geen dank!	Plesier!	[plesir!]
Geen moeite.	Plesier	[plesir]

| Excuseer me, ... | Verskoon my! | [ferskoən maj!] |
| excuseren (verontschuldigen) | verskoon | [ferskoən] |

zich verontschuldigen	verskoning vra	[ferskoniŋ fra]
Mijn excuses.	Verskoning	[ferskoniŋ]
Het spijt me!	Ek is jammer!	[ɛk is jammər!]
vergeven (ww)	vergewe	[ferχevə]
Maakt niet uit!	Maak nie saak nie!	[māk ni sāk ni!]
alsjeblieft	asseblief	[asseblif]

Vergeet het niet!	Vergeet dit nie!	[ferχeet dit ni!]
Natuurlijk!	Beslis!	[beslis!]
Natuurlijk niet!	Natuurlik nie!	[natɪrlik ni!]
Akkoord!	OK!	[okej!]
Zo is het genoeg!	Dis genoeg!	[dis χenuχ!]

3. Hoe aan te spreken

Excuseer me, ...	Verskoon my, ...	[ferskoən maj, ...]
meneer	meneer	[meneər]
mevrouw	mevrou	[mefræʊ]
juffrouw	juffrou	[juffræʊ]
jongeman	jongman	[joŋman]
jongen	boet	[but]
meisje	sussie	[sussi]

4. Kardinale getallen. Deel 1

nul	nul	[nul]
een	een	[eən]
twee	twee	[tweə]
drie	drie	[dri]
vier	vier	[fir]

vijf	vyf	[fajf]
zes	ses	[ses]
zeven	sewe	[sevə]
acht	ag	[aχ]
negen	nege	[neχə]

tien	tien	[tin]
elf	elf	[ɛlf]
twaalf	twaalf	[twālf]
dertien	dertien	[dertin]
veertien	veertien	[feərtin]

vijftien	vyftien	[fajftin]
zestien	sestien	[sestin]
zeventien	sewetien	[sevetin]
achttien	agtien	[aχtin]
negentien	negetien	[neχetin]
twintig	twintig	[twintəχ]

eenentwintig	een-en-twintig	[eən-en-twintəχ]
tweeëntwintig	twee-en-twintig	[tweə-en-twintəχ]
drieëntwintig	drie-en-twintig	[dri-en-twintəχ]
dertig	dertig	[dertəχ]
eenendertig	een-en-dertig	[eən-en-dertəχ]
tweeëndertig	twee-en-dertig	[tweə-en-dertəχ]
drieëndertig	drie-en-dertig	[dri-en-dertəχ]
veertig	veertig	[feərtəχ]
eenenveertig	een-en-veertig	[eən-en-feərtəχ]
tweeënveertig	twee-en-veertig	[tweə-en-feərtəχ]
drieënveertig	vier-en-veertig	[fir-en-feərtəχ]
vijftig	vyftig	[fajftəχ]
eenenvijftig	een-en-vyftig	[eən-en-fajftəχ]
tweeënvijftig	twee-en-vyftig	[tweə-en-fajftəχ]
drieënvijftig	drie-en-vyftig	[dri-en-fajftəχ]
zestig	sestig	[sestəχ]
eenenzestig	een-en-sestig	[eən-en-sestəχ]
tweeënzestig	twee-en-sestig	[tweə-en-sestəχ]
drieënzestig	drie-en-sestig	[dri-en-sestəχ]
zeventig	sewentig	[seventəχ]
eenenzeventig	een-en-sewentig	[eən-en-seventəχ]
tweeënzeventig	twee-en-sewentig	[tweə-en-seventəχ]
drieënzeventig	drie-en-sewentig	[dri-en-seventəχ]
tachtig	tagtig	[taχtəχ]
eenentachtig	een-en-tagtig	[eən-en-taχtəχ]
tweeëntachtig	twee-en-tagtig	[tweə-en-taχtəχ]
drieëntachtig	drie-en-tagtig	[dri-en-taχtəχ]
negentig	negentig	[neχentəχ]
eenennegentig	een-en-negentig	[eən-en-neχentəχ]
tweeënnegentig	twee-en-negentig	[tweə-en-neχentəχ]
drieënnegentig	drie-en-negentig	[dri-en-neχentəχ]

5. Kardinale getallen. Deel 2

honderd	honderd	[hondərt]
tweehonderd	tweehonderd	[twee·hondərt]
driehonderd	driehonderd	[dri·hondərt]
vierhonderd	vierhonderd	[fir·hondərt]
vijfhonderd	vyfhonderd	[fajf·hondərt]
zeshonderd	seshonderd	[ses·hondərt]
zevenhonderd	sewehonderd	[seve·hondərt]
achthonderd	aghonderd	[aχ·hondərt]
negenhonderd	negehonderd	[neχə·hondərt]
duizend	duisend	[dœisent]
tweeduizend	tweeduisend	[twee·dœisent]

drieduizend	**drieduisend**	[dri·dœisent]
tienduizend	**tienduisend**	[tin·dœisent]
honderdduizend	**honderdduisend**	[hondərt·dajsent]
miljoen (het)	**miljoen**	[miljun]
miljard (het)	**miljard**	[miljart]

6. Ordinale getallen

eerste (bn)	**eerste**	[eərstə]
tweede (bn)	**tweede**	[tweedə]
derde (bn)	**derde**	[derdə]
vierde (bn)	**vierde**	[firdə]
vijfde (bn)	**vyfde**	[fajfdə]
zesde (bn)	**sesde**	[sesdə]
zevende (bn)	**sewende**	[sevendə]
achtste (bn)	**agste**	[aχstə]
negende (bn)	**negende**	[neχendə]
tiende (bn)	**tiende**	[tində]

7. Getallen. Breuken

breukgetal (het)	**breuk**	[brøək]
half	**helfte**	[hɛlftə]
een derde	**derde**	[derdə]
kwart	**kwart**	[kwart]
een achtste	**agste**	[aχstə]
een tiende	**tiende**	[tində]
twee derde	**twee derde**	[tweə derdə]
driekwart	**driekwart**	[drikwart]

8. Getallen. Eenvoudige berekeningen

aftrekking (de)	**aftrekking**	[aftrɛkkiŋ]
aftrekken (ww)	**aftrek**	[aftrek]
deling (de)	**deling**	[deliŋ]
delen (ww)	**deel**	[deəl]
optelling (de)	**optelling**	[optɛlliŋ]
erbij optellen (bij elkaar voegen)	**optel**	[optəl]
optellen (ww)	**optel**	[optəl]
vermenigvuldiging (de)	**vermenigvuldiging**	[fermeniχ·fuldəχiŋ]
vermenigvuldigen (ww)	**vermenigvuldig**	[fermeniχ·fuldəχ]

9. Getallen. Diversen

cijfer (het)	**syfer**	[sajfər]
nummer (het)	**nommer**	[nommər]

telwoord (het)	telwoord	[tɛlwoərt]
minteken (het)	minusteken	[minus·tekən]
plusteken (het)	plusteken	[plus·tekən]
formule (de)	formule	[formulə]

berekening (de)	berekening	[berekeniŋ]
tellen (ww)	tel	[təl]
bijrekenen (ww)	optel	[optəl]
vergelijken (ww)	vergelyk	[ferχəlajk]

Hoeveel?	Hoeveel?	[hufeəl?]
som (de), totaal (het)	som, totaal	[som], [totāl]
uitkomst (de)	resultaat	[resultāt]
rest (de)	oorskot	[oərskot]

weinig (bw)	min	[min]
restant (het)	die res	[di res]
dozijn (het)	dosyn	[dosajn]

middendoor (bw)	middeldeur	[middəldøər]
even (bw)	gelyk	[χelajk]
helft (de)	helfte	[hɛlftə]
keer (de)	maal	[māl]

10. De belangrijkste werkwoorden. Deel 1

aanbevelen (ww)	aanbeveel	[ānbefeəl]
aandringen (ww)	aandring	[āndriŋ]
aankomen (per auto, enz.)	aankom	[ānkom]
aanraken (ww)	aanraak	[ānrāk]
adviseren (ww)	aanraai	[ānrāi]

afdalen (on.ww.)	afkom	[afkom]
afslaan (naar rechts ~)	draai	[drāi]
antwoorden (ww)	antwoord	[antwoərt]

bang zijn (ww)	bang wees	[baŋ veəs]
bedreigen	dreig	[dræjχ]
(bijv. met een pistool)		

bedriegen (ww)	bedrieg	[bedrəχ]
beëindigen (ww)	klaarmaak	[klārmāk]
beginnen (ww)	begin	[beχin]
begrijpen (ww)	verstaan	[ferstān]
beheren (managen)	beheer	[beheər]

beledigen	beledig	[beledəχ]
(met scheldwoorden)		
beloven (ww)	beloof	[beloəf]
bereiden (koken)	kook	[koək]
bespreken (spreken over)	bespreek	[bespreək]

| bestellen (eten ~) | bestel | [bestəl] |
| bestraffen (een stout kind ~) | straf | [straf] |

betalen (ww)	betaal	[betāl]
betekenen (beduiden)	beteken	[betekən]
betreuren (ww)	jammer wees	[jammər veəs]

bevallen (prettig vinden)	hou van	[hæʋ fan]
bevelen (mil.)	beveel	[befeəl]
bevrijden (stad, enz.)	bevry	[befraj]
bewaren (ww)	bewaar	[bevār]
bezitten (ww)	besit	[besit]

bidden (praten met God)	bid	[bit]
binnengaan (een kamer ~)	binnegaan	[binnəχān]
breken (ww)	breek	[breək]
controleren (ww)	kontroleer	[kontroleər]
creëren (ww)	skep	[skep]

deelnemen (ww)	deelneem	[deəlneəm]
denken (ww)	dink	[dink]
doden (ww)	doodmaak	[doədmāk]
doen (ww)	doen	[dun]
dorst hebben (ww)	dors wees	[dors veəs]

11. De belangrijkste werkwoorden. Deel 2

eisen (met klem vragen)	eis	[æjs]
excuseren (vergeven)	verskoon	[ferskoən]
existeren (bestaan)	bestaan	[bestān]
gaan (te voet)	gaan	[χān]

gaan zitten (ww)	gaan sit	[χān sit]
gaan zwemmen	gaan swem	[χān swem]
geven (ww)	gee	[χeə]
glimlachen (ww)	glimlag	[χlimlaχ]
goed raden (ww)	raai	[rāi]

grappen maken (ww)	grappies maak	[χrappis māk]
graven (ww)	grawe	[χravə]

hebben (ww)	hê	[hɛ:]
helpen (ww)	help	[hɛlp]
herhalen (opnieuw zeggen)	herhaal	[herhāl]
honger hebben (ww)	honger wees	[hoŋər veəs]

hopen (ww)	hoop	[hoəp]
horen	hoor	[hoər]
(waarnemen met het oor)		
huilen (wenen)	huil	[hœil]
huren (huis, kamer)	huur	[hɪr]
informeren (informatie geven)	in kennis stel	[in kɛnnis stəl]

instemmen (akkoord gaan)	saamstem	[sāmstem]
jagen (ww)	jag	[jaχ]
kennen (kennis hebben van iemand)	ken	[ken]

kiezen (ww)	kies	[kis]
klagen (ww)	kla	[kla]

kosten (ww)	kos	[kos]
kunnen (ww)	kan	[kan]
lachen (ww)	lag	[laχ]
laten vallen (ww)	laat val	[lãt fal]
lezen (ww)	lees	[leəs]

liefhebben (ww)	liefhê	[lifhɛ:]
lunchen (ww)	gaan eet	[χãn eət]
nemen (ww)	vat	[fat]
nodig zijn (ww)	nodig wees	[nodəχ veəs]

12. De belangrijkste werkwoorden. Deel 3

onderschatten (ww)	onderskat	[ondərskat]
ondertekenen (ww)	teken	[tekən]
ontbijten (ww)	ontbyt	[ontbajt]
openen (ww)	oopmaak	[oəpmãk]
ophouden (ww)	ophou	[ophæʊ]
opmerken (zien)	raaksien	[rãksin]

opscheppen (ww)	spog	[spoχ]
opschrijven (ww)	opskryf	[opskrajf]
plannen (ww)	beplan	[beplan]
prefereren (verkiezen)	verkies	[ferkis]
proberen (trachten)	probeer	[probeər]
redden (ww)	red	[ret]

rekenen op ...	reken op ...	[reken op ...]
rennen (ww)	hardloop	[hardloəp]
reserveren (een hotelkamer ~)	bespreek	[bespreək]
roepen (om hulp)	roep	[rup]
schieten (ww)	skiet	[skit]
schreeuwen (ww)	skreeu	[skriʊ]

schrijven (ww)	skryf	[skrajf]
souperen (ww)	aandete gebruik	[ãndetə χebrœik]
spelen (kinderen)	speel	[speəl]
spreken (ww)	praat	[prãt]
stelen (ww)	steel	[steəl]
stoppen (pauzeren)	stilhou	[stilhæʊ]

studeren (Nederlands ~)	studeer	[studeər]
sturen (zenden)	stuur	[stɪr]
tellen (optellen)	tel	[təl]
toebehoren aan ...	behoort aan ...	[behoərt ãn ...]
toestaan (ww)	toestaan	[tustãn]
tonen (ww)	wys	[vajs]

twijfelen (onzeker zijn)	twyfel	[twajfəl]
uitgaan (ww)	uitgaan	[œitχãn]

uitnodigen (ww)	uitnooi	[œitnoj]
uitspreken (ww)	uitspreek	[œitspreek]
uitvaren tegen (ww)	uitvaar teen	[œitfār teən]

13. De belangrijkste werkwoorden. Deel 4

vallen (ww)	val	[fal]
vangen (ww)	vang	[faŋ]
veranderen (anders maken)	verander	[ferandər]
verbaasd zijn (ww)	verbaas wees	[ferbās vees]
verbergen (ww)	wegsteek	[veχsteek]

verdedigen (je land ~)	verdedig	[ferdedəχ]
verenigen (ww)	verenig	[ferenəχ]
vergelijken (ww)	vergelyk	[ferχəlajk]
vergeten (ww)	vergeet	[ferχeet]
vergeven (ww)	vergewe	[ferχeve]

verklaren (uitleggen)	verduidelik	[ferdœidəlik]
verkopen (per stuk ~)	verkoop	[ferkoəp]
vermelden (praten over)	verwys na	[ferwajs na]
versieren (decoreren)	versier	[fersir]
vertalen (ww)	vertaal	[fertāl]

vertrouwen (ww)	vertrou	[fertræʊ]
vervolgen (ww)	aangaan	[ānχān]
verwarren (met elkaar ~)	verwar	[ferwar]
verzoeken (ww)	vra	[fra]
verzuimen (school, enz.)	bank	[bank]

vinden (ww)	vind	[fint]
vliegen (ww)	vlieg	[fliχ]
volgen (ww)	volg ...	[folχ ...]
voorstellen (ww)	voorstel	[foərstəl]
voorzien (verwachten)	voorsien	[foərsin]
vragen (ww)	vra	[fra]

waarnemen (ww)	waarneem	[vārneəm]
waarschuwen (ww)	waarsku	[vārsku]
wachten (ww)	wag	[vaχ]
weerspreken (ww)	beswaar maak	[beswār māk]
weigeren (ww)	weier	[væjer]

werken (ww)	werk	[verk]
weten (ww)	weet	[veet]
willen (verlangen)	wil	[vil]
zeggen (ww)	sê	[sɛ:]
zich haasten (ww)	opskud	[opskut]

zich interesseren voor ...	belangstel in ...	[belaŋstəl in ...]
zich verontschuldigen	verskoning vra	[ferskoniŋ fra]
zien (ww)	sien	[sin]
zijn (ww)	wees	[vees]
zoeken (ww)	soek ...	[suk ...]

| zwemmen (ww) | swem | [swem] |
| zwijgen (ww) | stilbly | [stilblaj] |

14. Kleuren

kleur (de)	kleur	[kløər]
tint (de)	skakering	[skakeriŋ]
kleurnuance (de)	tint	[tint]
regenboog (de)	reënboog	[rɛɛn·boəχ]

wit (bn)	wit	[vit]
zwart (bn)	swart	[swart]
grijs (bn)	grys	[χrajs]

groen (bn)	groen	[χrun]
geel (bn)	geel	[χeəl]
rood (bn)	rooi	[roj]

blauw (bn)	blou	[blæʊ]
lichtblauw (bn)	ligblou	[liχ·blæʊ]
roze (bn)	pienk	[pink]
oranje (bn)	oranje	[oranje]
violet (bn)	pers	[pers]
bruin (bn)	bruin	[brœin]

| goud (bn) | goue | [χæʊə] |
| zilverkleurig (bn) | silweragtig | [silweraχtəχ] |

beige (bn)	beige	[bɛːiʒ]
roomkleurig (bn)	roomkleurig	[roəm·kløərəχ]
turkoois (bn)	turkoois	[turkojs]
kersrood (bn)	kersierooi	[kersi·roj]
lila (bn)	lila	[lila]
karmijnrood (bn)	karmosyn	[karmosajn]

licht (bn)	lig	[liχ]
donker (bn)	donker	[donkər]
fel (bn)	helder	[hɛldər]

kleur-, kleurig (bn)	kleurig	[kløərəχ]
kleuren- (abn)	kleur	[kløər]
zwart-wit (bn)	swart-wit	[swart-wit]
eenkleurig (bn)	effe	[ɛffə]
veelkleurig (bn)	veelkleurig	[feəlkløərəχ]

15. Vragen

Wie?	Wie?	[vi?]
Wat?	Wat?	[vat?]
Waar?	Waar?	[vār?]
Waarheen?	Waarheen?	[vārheən?]
Waarvandaan?	Waarvandaan?	[vārfandān?]

Wanneer?	Wanneer?	[vanneər?]
Waarom?	Hoekom?	[hukom?]
Waarom?	Hoekom?	[hukom?]

Waarvoor dan ook?	Vir wat?	[fir vat?]
Hoe?	Hoe?	[hu?]
Wat voor …?	Watter?	[vattər?]
Welk?	Watter een?	[vattər eən?]

Aan wie?	Vir wie?	[fir vi?]
Over wie?	Oor wie?	[oər vi?]
Waarover?	Oor wat?	[oər vat?]
Met wie?	Met wie?	[met vi?]
Hoeveel?	Hoeveel?	[hufeəl?]

16. Voorzetsels

met (bijv. ~ beleg)	met	[met]
zonder (~ accent)	sonder	[sondər]
naar (in de richting van)	na	[na]
over (praten ~)	oor	[oər]
voor (in tijd)	voor	[foər]
voor (aan de voorkant)	voor …	[foər …]

onder (lager dan)	onder	[ondər]
boven (hoger dan)	oor	[oər]
op (bovenop)	op	[op]
van (uit, afkomstig van)	uit	[œit]
van (gemaakt van)	van	[fan]

| over (bijv. ~ een uur) | oor | [oər] |
| over (over de bovenkant) | oor | [oər] |

17. Functiewoorden. Bijwoorden. Deel 1

Waar?	Waar?	[vãr?]
hier (bw)	hier	[hir]
daar (bw)	daar	[dãr]

| ergens (bw) | êrens | [ærɛŋs] |
| nergens (bw) | nêrens | [nærɛŋs] |

| bij … (in de buurt) | by | [baj] |
| bij het raam | by | [baj] |

Waarheen?	Waarheen?	[vãrheən?]
hierheen (bw)	hier	[hir]
daarheen (bw)	soontoe	[soentu]
hiervandaan (bw)	hiervandaan	[hirfandãn]
daarvandaan (bw)	daarvandaan	[dãrfandãn]
dichtbij (bw)	naby	[nabaj]
ver (bw)	ver	[fer]

in de buurt (van …)	naby	[nabaj]
dichtbij (bw)	naby	[nabaj]
niet ver (bw)	nie ver nie	[ni fər ni]

linker (bn)	linker-	[linkər-]
links (bw)	op linkerhand	[op linkərhant]
linksaf, naar links (bw)	na links	[na links]

rechter (bn)	regter	[reχtər]
rechts (bw)	op regterhand	[op reχtərhant]
rechtsaf, naar rechts (bw)	na regs	[na reχs]

vooraan (bw)	voor	[foər]
voorste (bn)	voorste	[foərstə]
vooruit (bw)	vooruit	[foərœit]

achter (bw)	agter	[aχtər]
van achteren (bw)	van agter	[fan aχtər]
achteruit (naar achteren)	agtertoe	[aχtərtu]

| midden (het) | middel | [middəl] |
| in het midden (bw) | in die middel | [in di middəl] |

opzij (bw)	op die sykant	[op di sajkant]
overal (bw)	orals	[orals]
omheen (bw)	orals rond	[orals ront]

binnenuit (bw)	van binne	[fan binnə]
naar ergens (bw)	êrens	[ærɛŋs]
rechtdoor (bw)	reguit	[reχœit]
terug (bijv. ~ komen)	terug	[teruχ]

ergens vandaan (bw)	êrens vandaan	[ærɛŋs fandān]
ergens vandaan	êrens vandaan	[ærɛŋs fandān]
(en dit geld moet ~ komen)		

ten eerste (bw)	in die eerste plek	[in di eərstə plek]
ten tweede (bw)	in die tweede plek	[in di tweedə plek]
ten derde (bw)	in die derde plek	[in di derdə plek]

plotseling (bw)	skielik	[skilik]
in het begin (bw)	aan die begin	[ān di beχin]
voor de eerste keer (bw)	vir die eerste keer	[fir di eərstə keər]
lang voor … (bw)	lank voordat …	[lank foərdat …]
opnieuw (bw)	opnuut	[opnɪt]
voor eeuwig (bw)	vir goed	[fir χut]

nooit (bw)	nooit	[nojt]
weer (bw)	weer	[veər]
nu (bw)	nou	[næʊ]
vaak (bw)	dikwels	[dikwɛls]
toen (bw)	toe	[tu]
urgent (bw)	dringend	[driŋən]
meestal (bw)	gewoonlik	[χevoənlik]
trouwens, …	terloops, …	[terloəps], […]
(tussen haakjes)		

mogelijk (bw)	moontlik	[moentlik]
waarschijnlijk (bw)	waarskynlik	[vārskajnlik]
misschien (bw)	dalk	[dalk]
trouwens (bw)	trouens...	[træʊɛŋs...]
daarom ...	dis hoekom ...	[dis hukom ...]
in weerwil van ...	ondanks ...	[ondanks ...]
dankzij ...	danksy ...	[danksaj ...]

wat (vn)	wat	[vat]
dat (vw)	dat	[dat]
iets (vn)	iets	[its]
iets	iets	[its]
niets (vn)	niks	[niks]

wie (~ is daar?)	wie	[vi]
iemand (een onbekende)	iemand	[imant]
iemand	iemand	[imant]
(een bepaald persoon)		

niemand (vn)	niemand	[nimant]
nergens (bw)	nêrens	[nærɛŋs]
niemands (bn)	niemand se	[nimant sə]
iemands (bn)	iemand se	[imant sə]

zo (Ik ben ~ blij)	so	[so]
ook (evenals)	ook	[oək]
alsook (eveneens)	ook	[oək]

18. Functiewoorden. Bijwoorden. Deel 2

Waarom?	Waarom?	[vārom?]
omdat ...	omdat ...	[omdat ...]

en (vw)	en	[ɛn]
of (vw)	of	[of]
maar (vw)	maar	[mār]
voor (vz)	vir	[fir]

te (~ veel mensen)	te	[te]
alleen (bw)	net	[net]
precies (bw)	presies	[presis]
ongeveer (~ 10 kg)	ongeveer	[onχəfeər]

omstreeks (bw)	ongeveer	[onχəfeər]
bij benadering (bn)	geraamde	[χerāmdə]
bijna (bw)	amper	[ampər]
rest (de)	die res	[di res]

de andere (tweede)	die ander	[di andər]
ander (bn)	ander	[andər]
elk (bn)	elke	[ɛlkə]
om het even welk	enige	[ɛniχə]
veel (grote hoeveelheid)	baie	[baje]
veel mensen	baie mense	[baje mɛŋsə]

iedereen (alle personen)	almal	[almal]
in ruil voor ...	in ruil vir...	[in rœil fir...]
in ruil (bw)	as vergoeding	[as ferχudiŋ]
met de hand (bw)	met die hand	[met di hant]
onwaarschijnlijk (bw)	skaars	[skãrs]
waarschijnlijk (bw)	waarskynlik	[vãrskajnlik]
met opzet (bw)	opsetlik	[opsetlik]
toevallig (bw)	toevallig	[tufalləχ]
zeer (bw)	baie	[baje]
bijvoorbeeld (bw)	byvoorbeeld	[bajfoərbeəlt]
tussen (~ twee steden)	tussen	[tussən]
tussen (te midden van)	tussen	[tussən]
zoveel (bw)	so baie	[so baje]
vooral (bw)	veral	[feral]

Basisbegrippen Deel 2

19. Dagen van de week

maandag (de)	Maandag	[māndaχ]
dinsdag (de)	Dinsdag	[dinsdaχ]
woensdag (de)	Woensdag	[voɛŋsdaχ]
donderdag (de)	Donderdag	[dondərdaχ]
vrijdag (de)	Vrydag	[frajdaχ]
zaterdag (de)	Saterdag	[satərdaχ]
zondag (de)	Sondag	[sondaχ]

vandaag (bw)	vandag	[fandaχ]
morgen (bw)	môre	[mɔrə]
overmorgen (bw)	oormôre	[oərmɔrə]
gisteren (bw)	gister	[χistər]
eergisteren (bw)	eergister	[eərχistər]

dag (de)	dag	[daχ]
werkdag (de)	werksdag	[verks·daχ]
feestdag (de)	openbare vakansiedag	[openbarə fakaŋsi·daχ]
verlofdag (de)	verlofdag	[ferlofdaχ]
weekend (het)	naweek	[naveək]

de hele dag (bw)	die hele dag	[di helə daχ]
de volgende dag (bw)	die volgende dag	[di folχendə daχ]
twee dagen geleden	twee dae gelede	[tweə daə χeledə]
aan de vooravond (bw)	die dag voor	[di daχ foər]
dag-, dagelijks (bn)	daeliks	[daəliks]
elke dag (bw)	elke dag	[ɛlkə daχ]

week (de)	week	[veək]
vorige week (bw)	laas week	[lās veək]
volgende week (bw)	volgende week	[folχendə veək]
wekelijks (bn)	weekliks	[veəkliks]
elke week (bw)	weekliks	[veəkliks]
elke dinsdag	elke Dinsdag	[ɛlkə dinsdaχ]

20. Uren. Dag en nacht

morgen (de)	oggend	[oχent]
's morgens (bw)	soggens	[soχɛŋs]
middag (de)	middag	[middaχ]
's middags (bw)	in die namiddag	[in di namiddaχ]

avond (de)	aand	[ānt]
's avonds (bw)	saans	[sāŋs]
nacht (de)	nag	[naχ]

| 's nachts (bw) | snags | [snaχs] |
| middernacht (de) | middernag | [middərnaχ] |

seconde (de)	sekonde	[sekondə]
minuut (de)	minuut	[minɪt]
uur (het)	uur	[ɪr]
halfuur (het)	n halfuur	[n halfɪr]
vijftien minuten	vyftien minute	[fajftin minutə]
etmaal (het)	24 ure	[fir-en-twintəχ urə]

zonsopgang (de)	sonop	[son·op]
dageraad (de)	daeraad	[daerāt]
vroege morgen (de)	elke oggend	[ɛlkə oχent]
zonsondergang (de)	sononder	[son·ondər]

's morgens vroeg (bw)	vroegdag	[fruχdaχ]
vanmorgen (bw)	vanmôre	[fanmɔrə]
morgenochtend (bw)	môreoggend	[mɔrə·oχent]

vanmiddag (bw)	vanmiddag	[fanmiddaχ]
's middags (bw)	in die namiddag	[in di namiddaχ]
morgenmiddag (bw)	môremiddag	[mɔrə·middaχ]

| vanavond (bw) | vanaand | [fanānt] |
| morgenavond (bw) | môreaand | [mɔrə·ānt] |

klokslag drie uur	klokslag 3 uur	[kloksláχ dri ɪr]
ongeveer vier uur	omstreeks 4 uur	[omstreəks fir ɪr]
tegen twaalf uur	teen 12 uur	[teən twalf ɪr]

| over twintig minuten | oor twintig minute | [oər twintəχ minutə] |
| op tijd (bw) | betyds | [betajds] |

kwart voor …	kwart voor ...	[kwart foər ...]
elk kwartier	elke 15 minute	[ɛlkə fajftin minutə]
de klok rond	24 uur per dag	[fir-en-twintəχ pər daχ]

21. Maanden. Seizoenen

januari (de)	Januarie	[januari]
februari (de)	Februarie	[februari]
maart (de)	Maart	[mārt]
april (de)	April	[april]
mei (de)	Mei	[mæj]
juni (de)	Junie	[juni]

juli (de)	Julie	[juli]
augustus (de)	Augustus	[ɔuχustus]
september (de)	September	[septembər]
oktober (de)	Oktober	[oktobər]
november (de)	November	[nofembər]
december (de)	Desember	[desembər]
lente (de)	lente	[lentə]
in de lente (bw)	in die lente	[in di lentə]

lente- (abn)	lente-	[lente-]
zomer (de)	somer	[somər]
in de zomer (bw)	in die somer	[in di somər]
zomer-, zomers (bn)	somerse	[somersə]
herfst (de)	herfs	[herfs]
in de herfst (bw)	in die herfs	[in di herfs]
herfst- (abn)	herfsagtige	[herfsaχtiχə]
winter (de)	winter	[vintər]
in de winter (bw)	in die winter	[in di vintər]
winter- (abn)	winter-	[vintər-]
maand (de)	maand	[mänt]
deze maand (bw)	hierdie maand	[hirdi mänt]
volgende maand (bw)	volgende maand	[folχendə mänt]
vorige maand (bw)	laasmaand	[läsmänt]
over twee maanden (bw)	oor twe maande	[oər twə mändə]
de hele maand (bw)	die hele maand	[di helə mänt]
maand-, maandelijks (bn)	maandeliks	[mändəliks]
maandelijks (bw)	maandeliks	[mändəliks]
elke maand (bw)	elke maand	[ɛlkə mänt]
jaar (het)	jaar	[jär]
dit jaar (bw)	hierdie jaar	[hirdi jär]
volgend jaar (bw)	volgende jaar	[folχendə jär]
vorig jaar (bw)	laasjaar	[läʃär]
over twee jaar	binne twee jaar	[binnə twee jär]
het hele jaar	die hele jaar	[di helə jär]
elk jaar	elke jaar	[ɛlkə jär]
jaar-, jaarlijks (bn)	jaarliks	[järliks]
jaarlijks (bw)	jaarliks	[järliks]
4 keer per jaar	4 keer per jaar	[fir keər pər jär]
datum (de)	datum	[datum]
datum (de)	datum	[datum]
kalender (de)	kalender	[kalendər]
zes maanden	ses maande	[ses mändə]
seizoen (bijv. lente, zomer)	seisoen	[sæjsun]
eeuw (de)	eeu	[iʊ]

22. Tijd. Diversen

tijd (de)	tyd	[tajt]
ogenblik (het)	moment	[moment]
moment (het)	oomblik	[oəmblik]
ogenblikkelijk (bn)	oombliklik	[oəmbliklik]
tijdsbestek (het)	tydbestek	[tajdbestek]
leven (het)	lewe	[levə]

eeuwigheid (de)	ewigheid	[ɛviχæjt]
epoche (de), tijdperk (het)	tydperk	[tajtpɛrk]
era (de), tijdperk (het)	tydperk	[tajtpɛrk]
cyclus (de)	siklus	[siklus]
periode (de)	periode	[periodə]
termijn (vastgestelde periode)	termyn	[tɛrmajn]

toekomst (de)	die toekoms	[di tukoms]
toekomstig (bn)	toekomstig	[tukomstəχ]
de volgende keer	die volgende keer	[di folχendə keər]
verleden (het)	die verlede	[di fɛrledə]
vorig (bn)	laas-	[lās-]
de vorige keer	die vorige keer	[di foriχə keər]

later (bw)	later	[latər]
na (~ het diner)	na	[na]
tegenwoordig (bw)	deesdae	[deəsdaə]
nu (bw)	nou	[næʊ]
onmiddellijk (bw)	onmiddellik	[onmiddɛllik]
snel (bw)	gou	[χæʊ]
bij voorbaat (bw)	by voorbaat	[baj foərbāt]

lang geleden (bw)	lank gelede	[lank χeledə]
kort geleden (bw)	onlangs	[onlaŋs]
noodlot (het)	noodlot	[noədlot]
herinneringen (mv.)	herinneringe	[herinneriŋə]
archief (het)	argiewe	[arχivə]

tijdens ... (ten tijde van)	gedurende ...	[χedurendə ...]
lang (bw)	lank	[lank]
niet lang (bw)	nie lank nie	[ni lank ni]
vroeg (bijv. ~ in de ochtend)	vroeg	[fruχ]
laat (bw)	laat	[lāt]

voor altijd (bw)	vir altyd	[fir altajt]
beginnen (ww)	begin	[beχin]
uitstellen (ww)	uitstel	[œitstəl]

tegelijkertijd (bw)	tegelykertyd	[teχelajkertajt]
voortdurend (bw)	permanent	[permanent]
voortdurend	voortdurend	[foərtdurent]
tijdelijk (bn)	tydelik	[tajdelik]

soms (bw)	soms	[soms]
zelden (bw)	selde	[sɛldə]
vaak (bw)	dikwels	[dikwɛls]

23. Tegenovergestelden

rijk (bn)	ryk	[rajk]
arm (bn)	arm	[arm]

ziek (bn)	siek	[sik]
gezond (bn)	gesond	[χesont]

| groot (bn) | groot | [ꭔroət] |
| klein (bn) | klein | [klæjn] |

| snel (bw) | vinnig | [finnəꭔ] |
| langzaam (bw) | stadig | [stadəꭔ] |

| snel (bn) | vinnig | [finnəꭔ] |
| langzaam (bn) | stadig | [stadəꭔ] |

| vrolijk (bn) | bly | [blaj] |
| treurig (bn) | droewig | [druvəꭔ] |

| samen (bw) | saam | [sãm] |
| apart (bw) | afsonderlik | [afsondərlik] |

| hardop (~ lezen) | hardop | [hardop] |
| stil (~ lezen) | stil | [stil] |

| hoog (bn) | groot | [ꭔroət] |
| laag (bn) | laag | [lãꭔ] |

| diep (bn) | diep | [dip] |
| ondiep (bn) | vlak | [flak] |

| ja | ja | [ja] |
| nee | nee | [neə] |

| ver (bn) | ver | [fer] |
| dicht (bn) | naby | [nabaj] |

| ver (bw) | ver | [fer] |
| dichtbij (bw) | naby | [nabaj] |

| lang (bn) | lang | [laŋ] |
| kort (bn) | kort | [kort] |

| vriendelijk (goedhartig) | vriendelik | [frindəlik] |
| kwaad (bn) | boos | [boəs] |

| gehuwd (mann.) | getroud | [ꭔetræʊt] |
| ongehuwd (mann.) | ongetroud | [onꭔetræʊt] |

| verbieden (ww) | verbied | [ferbit] |
| toestaan (ww) | toestaan | [tustãn] |

| einde (het) | einde | [æjndə] |
| begin (het) | begin | [beꭔin] |

| linker (bn) | linker- | [linkər-] |
| rechter (bn) | regter | [reꭔtər] |

| eerste (bn) | eerste | [eərstə] |
| laatste (bn) | laaste | [lãstə] |

| misdaad (de) | misdaad | [misdãt] |
| bestraffing (de) | straf | [straf] |

| bevelen (ww) | beveel | [befeəl] |
| gehoorzamen (ww) | gehoorsaam | [χehoərsãm] |

| recht (bn) | reguit | [reχœit] |
| krom (bn) | krom | [krom] |

| paradijs (het) | paradys | [paradajs] |
| hel (de) | hel | [həl] |

| geboren worden (ww) | gebore word | [χeborə vort] |
| sterven (ww) | doodgaan | [doədχãn] |

| sterk (bn) | sterk | [sterk] |
| zwak (bn) | swak | [swak] |

| oud (bn) | oud | [æʊt] |
| jong (bn) | jong | [joŋ] |

| oud (bn) | ou | [æʊ] |
| nieuw (bn) | nuwe | [nuvə] |

| hard (bn) | hard | [hart] |
| zacht (bn) | sag | [saχ] |

| warm (bn) | warm | [varm] |
| koud (bn) | koud | [kæʊt] |

| dik (bn) | vet | [fet] |
| dun (bn) | dun | [dun] |

| smal (bn) | smal | [smal] |
| breed (bn) | wyd | [vajt] |

| goed (bn) | goed | [χut] |
| slecht (bn) | sleg | [sleχ] |

| moedig (bn) | dapper | [dappər] |
| laf (bn) | lafhartig | [lafhartəχ] |

24. Lijnen en vormen

vierkant (het)	vierkant	[firkant]
vierkant (bn)	vierkantig	[firkantəχ]
cirkel (de)	sirkel	[sirkəl]
rond (bn)	rond	[ront]
driehoek (de)	driehoek	[drihuk]
driehoekig (bn)	driehoekig	[drihukəχ]

ovaal (het)	ovaal	[ofãl]
ovaal (bn)	ovaal	[ofãl]
rechthoek (de)	reghoek	[reχhuk]
rechthoekig (bn)	reghoekig	[reχhukəχ]
piramide (de)	piramide	[piramidə]
ruit (de)	ruit	[rœit]

31

trapezium (het)	trapesoïed	[trapesoïət]
kubus (de)	kubus	[kubus]
prisma (het)	prisma	[prisma]

omtrek (de)	omtrek	[omtrək]
bol, sfeer (de)	sfeer	[sfeər]
bal (de)	bal	[bal]
diameter (de)	diameter	[diametər]
straal (de)	straal	[strāl]
omtrek (~ van een cirkel)	omtrek	[omtrək]
middelpunt (het)	sentrum	[sentrum]

horizontaal (bn)	horisontaal	[horisontāl]
verticaal (bn)	vertikaal	[fertikāl]
parallel (de)	parallel	[paralləl]
parallel (bn)	parallel	[paralləl]

lijn (de)	lyn	[lajn]
streep (de)	haal	[hāl]
rechte lijn (de)	regte lyn	[reχtə lajn]
kromme (de)	krom	[krom]
dun (bn)	dun	[dun]
omlijning (de)	omtrek	[omtrək]

snijpunt (het)	snypunt	[snaj·punt]
rechte hoek (de)	regte hoek	[reχtə huk]
segment (het)	segment	[seχment]
sector (de)	sektor	[sektor]
zijde (de)	sy	[saj]
hoek (de)	hoek	[huk]

25. Meeteenheden

gewicht (het)	gewig	[χeveχ]
lengte (de)	lengte	[leŋtə]
breedte (de)	breedte	[breedtə]
hoogte (de)	hoogte	[hoeχtə]
diepte (de)	diepte	[diptə]
volume (het)	volume	[folumə]
oppervlakte (de)	area	[area]

gram (het)	gram	[χram]
milligram (het)	milligram	[milliχram]
kilogram (het)	kilogram	[kiloχram]
ton (duizend kilo)	ton	[ton]
pond (het)	pond	[pont]
ons (het)	ons	[ɔŋs]

meter (de)	meter	[metər]
millimeter (de)	millimeter	[millimetər]
centimeter (de)	sentimeter	[sentimetər]
kilometer (de)	kilometer	[kilometər]
mijl (de)	myl	[majl]
duim (de)	duim	[dœim]

voet (de)	voet	[fut]
yard (de)	jaart	[jărt]

vierkante meter (de)	vierkante meter	[firkantə metər]
hectare (de)	hektaar	[hektăr]

liter (de)	liter	[litər]
graad (de)	graad	[χrăt]
volt (de)	volt	[folt]
ampère (de)	ampère	[ampɛːr]
paardenkracht (de)	perdekrag	[perdə·kraχ]

hoeveelheid (de)	hoeveelheid	[hufeəlhæjt]
helft (de)	helfte	[hɛlftə]
dozijn (het)	dosyn	[dosajn]
stuk (het)	stuk	[stuk]

afmeting (de)	grootte	[χroəttə]
schaal (bijv. ~ van 1 op 50)	skaal	[skăl]

minimaal (bn)	minimaal	[minimăl]
minste (bn)	die kleinste	[di klæjnstə]
medium (bn)	medium	[medium]
maximaal (bn)	maksimaal	[maksimăl]
grootste (bn)	die grootste	[di χroətstə]

26. Containers

glazen pot (de)	glaspot	[χlas·pot]
blik (conserven~)	blikkie	[blikki]
emmer (de)	emmer	[ɛmmər]
ton (bijv. regenton)	drom	[drom]

ronde waterbak (de)	wasbak	[vas·bak]
tank (bijv. watertank-70-ltr)	tenk	[tɛnk]
heupfles (de)	heupfles	[høəp·fles]
jerrycan (de)	petrolblik	[petrol·blik]
tank (bijv. ketelwagen)	tenk	[tɛnk]

beker (de)	beker	[bekər]
kopje (het)	koppie	[koppi]
schoteltje (het)	piering	[piriŋ]
glas (het)	glas	[χlas]
wijnglas (het)	wynglas	[vajn·χlas]
pan (de)	soppot	[sop·pot]

fles (de)	bottel	[bottəl]
flessenhals (de)	nek	[nek]

karaf (de)	kraffie	[kraffi]
kruik (de)	kruik	[krœik]
vat (het)	houer	[hæʊər]
pot (de)	pot	[pot]
vaas (de)	vaas	[făs]

flacon (de)	bottel	[bottəl]
flesje (het)	botteltjie	[bottɛlki]
tube (bijv. ~ tandpasta)	buisie	[bœisi]

zak (bijv. ~ aardappelen)	sak	[sak]
tasje (het)	sak	[sak]
pakje (~ sigaretten, enz.)	pakkie	[pakki]

doos (de)	kartondoos	[karton·doəs]
kist (de)	krat	[krat]
mand (de)	mandjie	[mandʒi]

27. Materialen

materiaal (het)	boustof	[bæʊstof]
hout (het)	hout	[hæʊt]
houten (bn)	hout-	[hæʊt-]

| glas (het) | glas | [ɣlas] |
| glazen (bn) | glas- | [ɣlas-] |

| steen (de) | klip | [klip] |
| stenen (bn) | klip- | [klip-] |

plastic (het)	plastiek	[plastik]
plastic (bn)	plastiek-	[plastik-]
rubber (het)	rubber	[rubbər]
rubber-, rubberen (bn)	rubber-	[rubbər-]

| stof (de) | materiaal | [materiãl] |
| van stof (bn) | materiaal- | [materiãl-] |

papier (het)	papier	[papir]
papieren (bn)	papier-	[papir-]
karton (het)	karton	[karton]
kartonnen (bn)	karton-	[karton-]

polyethyleen (het)	politeen	[politeən]
cellofaan (het)	sellofaan	[sɛllofãn]
multiplex (het)	laaghout	[lãχhæʊt]

porselein (het)	porselein	[porselæjn]
porseleinen (bn)	porselein-	[porselæjn-]
klei (de)	klei	[klæj]
klei-, van klei (bn)	klei-	[klæj-]
keramiek (de)	keramiek	[keramik]
keramieken (bn)	keramiek-	[keramik-]

28. Metalen

| metaal (het) | metaal | [metãl] |
| metalen (bn) | metaal- | [metãl-] |

legering (de)	**allooi**	[alloj]
goud (het)	**goud**	[χæʊt]
gouden (bn)	**goue**	[χæʊə]
zilver (het)	**silwer**	[silwər]
zilveren (bn)	**silwer-**	[silwər-]
ijzer (het)	**yster**	[ajstər]
ijzeren (bn)	**yster-**	[ajstər-]
staal (het)	**staal**	[stāl]
stalen (bn)	**staal-**	[stāl-]
koper (het)	**koper**	[kopər]
koperen (bn)	**koper-**	[kopər-]
aluminium (het)	**aluminium**	[aluminium]
aluminium (bn)	**aluminium-**	[aluminium-]
brons (het)	**brons**	[brɔŋs]
bronzen (bn)	**brons-**	[brɔŋs-]
messing (het)	**geelkoper**	[χeəl·kopər]
nikkel (het)	**nikkel**	[nikkəl]
platina (het)	**platinum**	[platinum]
kwik (het)	**kwik**	[kwik]
tin (het)	**tin**	[tin]
lood (het)	**lood**	[loət]
zink (het)	**sink**	[sink]

MENS

Mens. Het lichaam

29. Mensen. Basisbegrippen

mens (de)	mens	[mɛŋs]
man (de)	man	[man]
vrouw (de)	vrou	[fræʊ]
kind (het)	kind	[kint]
meisje (het)	meisie	[mæjsi]
jongen (de)	seun	[søən]
tiener, adolescent (de)	tiener	[tinər]
oude man (de)	ou man	[æʊ man]
oude vrouw (de)	ou vrou	[æʊ fræʊ]

30. Menselijke anatomie

organisme (het)	organisme	[orχanismə]
hart (het)	hart	[hart]
bloed (het)	bloed	[blut]
slagader (de)	slagaar	[slaχār]
ader (de)	aar	[ār]
hersenen (mv.)	brein	[bræjn]
zenuw (de)	senuwee	[senuveə]
zenuwen (mv.)	senuwees	[senuveəs]
wervel (de)	rugwerwels	[ruχ·werwɛls]
ruggengraat (de)	ruggraat	[ruχ·χrāt]
maag (de)	maag	[māχ]
darmen (mv.)	ingewande	[inχewandə]
darm (de)	derm	[derm]
lever (de)	lewer	[levər]
nier (de)	nier	[nir]
been (deel van het skelet)	been	[beən]
skelet (het)	geraamte	[χerāmtə]
rib (de)	rib	[rip]
schedel (de)	skedel	[skedəl]
spier (de)	spier	[spir]
biceps (de)	biseps	[biseps]
triceps (de)	triseps	[triseps]
pees (de)	sening	[senin]
gewricht (het)	gewrig	[χevrəχ]

longen (mv.)	longe	[loŋə]
geslachtsorganen (mv.)	geslagsorgane	[χeslaχs·orχanə]
huid (de)	vel	[fəl]

31. Hoofd

hoofd (het)	kop	[kop]
gezicht (het)	gesig	[χesəχ]
neus (de)	neus	[nøəs]
mond (de)	mond	[mont]

oog (het)	oog	[oəχ]
ogen (mv.)	oë	[oɛ]
pupil (de)	pupil	[pupil]
wenkbrauw (de)	wenkbrou	[vɛnk·bræʊ]
wimper (de)	ooghaar	[oəχ·hār]
ooglid (het)	ooglid	[oəχ·lit]

tong (de)	tong	[toŋ]
tand (de)	tand	[tant]
lippen (mv.)	lippe	[lippə]
jukbeenderen (mv.)	wangbene	[vaŋ·benə]
tandvlees (het)	tandvleis	[tand·flæjs]
gehemelte (het)	verhemelte	[fer·hemɛltə]

neusgaten (mv.)	neusgate	[nøəsχatə]
kin (de)	ken	[ken]
kaak (de)	kakebeen	[kakebeən]
wang (de)	wang	[vaŋ]

voorhoofd (het)	voorhoof	[foərhoəf]
slaap (de)	slaap	[slāp]
oor (het)	oor	[oər]
achterhoofd (het)	agterkop	[aχtərkop]
hals (de)	nek	[nek]
keel (de)	keel	[keəl]

haren (mv.)	haar	[hār]
kapsel (het)	kapsel	[kapsəl]
haarsnit (de)	haarstyl	[hārstajl]
pruik (de)	pruik	[prœik]

snor (de)	snor	[snor]
baard (de)	baard	[bārt]
dragen (een baard, enz.)	dra	[dra]
vlecht (de)	vlegsel	[fleχsəl]
bakkebaarden (mv.)	bakkebaarde	[bakkəbārdə]

ros (roodachtig, rossig)	rooiharig	[roj·harəχ]
grijs (~ haar)	grys	[χrajs]
kaal (bn)	kaal	[kāl]
kale plek (de)	kaal plek	[kāl plek]
paardenstaart (de)	poniestert	[poni·stert]
pony (de)	gordyntjiekapsel	[χordajnki·kapsəl]

32. Menselijk lichaam

hand (de)	hand	[hant]
arm (de)	arm	[arm]
vinger (de)	vinger	[fiŋər]
teen (de)	toon	[toən]
duim (de)	duim	[dœim]
pink (de)	pinkie	[pinki]
nagel (de)	nael	[naəl]
vuist (de)	vuis	[fœis]
handpalm (de)	palm	[palm]
pols (de)	pols	[pols]
voorarm (de)	voorarm	[foərarm]
elleboog (de)	elmboog	[ɛlmboəχ]
schouder (de)	skouer	[skæʊər]
been (rechter ~)	been	[beən]
voet (de)	voet	[fut]
knie (de)	knie	[kni]
kuit (de)	kuit	[kœit]
heup (de)	heup	[høəp]
hiel (de)	hakskeen	[hak·skeən]
lichaam (het)	liggaam	[liχχām]
buik (de)	maag	[māχ]
borst (de)	bors	[bors]
borst (de)	bors	[bors]
zijde (de)	sy	[saj]
rug (de)	rug	[ruχ]
lage rug (de)	lae rug	[laə ruχ]
taille (de)	middel	[middəl]
navel (de)	naeltjie	[naɛlki]
billen (mv.)	boude	[bæʊdə]
achterwerk (het)	sitvlak	[sitflak]
huidvlek (de)	moesie	[musi]
moedervlek (de)	moedervlek	[mudər·flek]
tatoeage (de)	tatoe	[tatu]
litteken (het)	litteken	[littekən]

Kleding en accessoires

33. Bovenkleding. Jassen

kleren (mv.)	klere	[klerə]
bovenkleding (de)	oorklere	[oərklerə]
winterkleding (de)	winterklere	[vintər·klerə]

jas (de)	jas	[jas]
bontjas (de)	pelsjas	[pelʃas]
bontjasje (het)	kort pelsjas	[kort pelʃas]
donzen jas (de)	donsjas	[donʃas]

jasje (bijv. een leren ~)	baadjie	[bādʒi]
regenjas (de)	reënjas	[reɛnjas]
waterdicht (bn)	waterdig	[vatərdəχ]

34. Heren & dames kleding

overhemd (het)	hemp	[hemp]
broek (de)	broek	[bruk]
jeans (de)	denimbroek	[denim·bruk]
colbert (de)	baadjie	[bādʒi]
kostuum (het)	pak	[pak]

jurk (de)	rok	[rok]
rok (de)	romp	[romp]
blouse (de)	bloes	[blus]
wollen vest (de)	gebreide baadjie	[χebræjdə bādʒi]
blazer (kort jasje)	baadjie	[bādʒi]

T-shirt (het)	T-hemp	[te-hemp]
shorts (mv.)	kortbroek	[kort·bruk]
trainingspak (het)	sweetpak	[sweət·pak]
badjas (de)	badjas	[batjas]
pyjama (de)	pajama	[pajama]

sweater (de)	trui	[trœi]
pullover (de)	trui	[trœi]

gilet (het)	onderbaadjie	[ondər·bādʒi]
rokkostuum (het)	swaelstertbaadjie	[swaɛlstert·bādʒi]
smoking (de)	aandpak	[āntpak]

uniform (het)	uniform	[uniform]
werkkleding (de)	werksklere	[verks·klerə]
overall (de)	oorpak	[oərpak]
doktersjas (de)	jas	[jas]

35. Kleding. Ondergoed

ondergoed (het)	onderklere	[onderklerə]
herenslip (de)	onderbroek	[onderbruk]
slipjes (mv.)	onderbroek	[onderbruk]
onderhemd (het)	frokkie	[frokki]
sokken (mv.)	sokkies	[sokkis]
nachthemd (het)	nagrok	[naχrok]
beha (de)	bra	[bra]
kniekousen (mv.)	kniekouse	[kni·kæusə]
panty (de)	kousbroek	[kæusbruk]
nylonkousen (mv.)	kouse	[kæusə]
badpak (het)	baaikostuum	[bāj·kostɪm]

36. Hoofddeksels

hoed (de)	hoed	[hut]
deukhoed (de)	hoed	[hut]
honkbalpet (de)	bofbalpet	[bofbal·pet]
kleppet (de)	pet	[pet]
baret (de)	mus	[mus]
kap (de)	kap	[kap]
panamahoed (de)	panamahoed	[panama·hut]
gebreide muts (de)	gebreide mus	[χebræjdə mus]
hoofddoek (de)	kopdoek	[kopduk]
dameshoed (de)	dameshoed	[dames·hut]
veiligheidshelm (de)	veiligheidshelm	[fæjliχæjts·hɛlm]
veldmuts (de)	mus	[mus]
helm, valhelm (de)	helmet	[hɛlmet]
bolhoed (de)	bolhoed	[bolhut]
hoge hoed (de)	hoëhoed	[hoɛhut]

37. Schoeisel

schoeisel (het)	skoeisel	[skuisəl]
schoenen (mv.)	mansskoene	[maŋs·skunə]
vrouwenschoenen (mv.)	damesskoene	[dames·skunə]
laarzen (mv.)	laarse	[lārsə]
pantoffels (mv.)	pantoffels	[pantoffəls]
sportschoenen (mv.)	tennisskoene	[tɛnnis·skunə]
sneakers (mv.)	tekkies	[tɛkkis]
sandalen (mv.)	sandale	[sandalə]
schoenlapper (de)	skoenmaker	[skun·makər]
hiel (de)	hak	[hak]

paar (een ~ schoenen)	**paar**	[pãr]
veter (de)	**skoenveter**	[skun·fetər]
rijgen (schoenen ~)	**ryg**	[rajχ]
schoenlepel (de)	**skoenlepel**	[skun·lepəl]
schoensmeer (de/het)	**skoenpolitoer**	[skun·politur]

38. Textiel. Weefsel

katoen (de/het)	**katoen**	[katun]
katoenen (bn)	**katoen-**	[katun-]
vlas (het)	**vlas**	[flas]
vlas-, van vlas (bn)	**vlas-**	[flas-]

zijde (de)	**sy**	[saj]
zijden (bn)	**sy-**	[saj-]
wol (de)	**wol**	[vol]
wollen (bn)	**wol-**	[vol-]

fluweel (het)	**fluweel**	[fluveəl]
suède (de)	**suède**	[suɛdə]
ribfluweel (het)	**ferweel**	[ferweəl]

nylon (de/het)	**nylon**	[najlon]
nylon-, van nylon (bn)	**nylon-**	[najlon-]
polyester (het)	**poliëster**	[poliɛstər]
polyester- (abn)	**poliëster-**	[poliɛstər-]

leer (het)	**leer**	[leər]
leren (van leer gemaak)	**leer-**	[leər-]
bont (het)	**bont**	[bont]
bont- (abn)	**bont-**	[bont-]

39. Persoonlijke accessoires

handschoenen (mv.)	**handskoene**	[handskunə]
wanten (mv.)	**duimhandskoene**	[dœim·handskunə]
sjaal (fleece ~)	**serp**	[serp]

bril (de)	**bril**	[bril]
brilmontuur (het)	**raam**	[rãm]
paraplu (de)	**sambreel**	[sambreəl]
wandelstok (de)	**wandelstok**	[vandəl·stok]
haarborstel (de)	**haarborsel**	[hãr·borsəl]
waaier (de)	**waaier**	[vãjer]

das (de)	**das**	[das]
strikje (het)	**strikkie**	[strikki]
bretels (mv.)	**kruisbande**	[krœis·bandə]
zakdoek (de)	**sakdoek**	[sakduk]

kam (de)	**kam**	[kam]
haarspeldje (het)	**haarspeld**	[hãrs·pɛlt]

| schuifspeldje (het) | haarpen | [hār·pen] |
| gesp (de) | gespe | [χespə] |

| broekriem (de) | belt | [bɛlt] |
| draagriem (de) | skouerband | [skæʋer·bant] |

handtas (de)	handsak	[hand·sak]
damestas (de)	beursie	[bøərsi]
rugzak (de)	rugsak	[ruχsak]

40. Kleding. Diversen

mode (de)	mode	[modə]
de mode (bn)	in die mode	[in di modə]
kledingstilist (de)	modeontwerper	[mode·ontwerpər]

kraag (de)	kraag	[krāχ]
zak (de)	sak	[sak]
zak- (abn)	sak-	[sak-]
mouw (de)	mou	[mæʋ]
lusje (het)	lussie	[lussi]
gulp (de)	gulp	[χulp]

rits (de)	ritssluiter	[rits·slœitər]
sluiting (de)	vasmaker	[fasmakər]
knoop (de)	knoop	[knoəp]
knoopsgat (het)	knoopsgat	[knoəps·χat]
losraken (bijv. knopen)	loskom	[loskom]

naaien (kleren, enz.)	naai	[nāi]
borduren (ww)	borduur	[bordɪr]
borduursel (het)	borduurwerk	[bordɪr·werk]
naald (de)	naald	[nālt]
draad (de)	garing	[χariŋ]
naad (de)	soom	[soəm]

vies worden (ww)	vuil word	[fœil vort]
vlek (de)	vlek	[flek]
gekreukt raken (ov. kleren)	kreukel	[krøəkəl]
scheuren (ov.ww.)	skeur	[skøər]
mot (de)	mot	[mot]

41. Persoonlijke verzorging. Schoonheidsmiddelen

tandpasta (de)	tandepasta	[tandə·pasta]
tandenborstel (de)	tandeborsel	[tandə·borsəl]
tanden poetsen (ww)	tande borsel	[tandə borsəl]

scheermes (het)	skeermes	[skeər·mes]
scheerschuim (het)	skeerroom	[skeər·roəm]
zich scheren (ww)	skeer	[skeər]
zeep (de)	seep	[seəp]

shampoo (de)	sjampoe	[ʃampu]
schaar (de)	skêr	[skær]
nagelvijl (de)	naelvyl	[naɛl·fajl]
nagelknipper (de)	naelknipper	[naɛl·knippər]
pincet (het)	haartangetjie	[hãrtaŋəki]

cosmetica (mv.)	kosmetika	[kosmetika]
masker (het)	gesigmasker	[χesiχ·maskər]
manicure (de)	manikuur	[manikɪr]
manicure doen	laat manikuur	[lãt manikɪr]
pedicure (de)	voetbehandeling	[fut·behandeliŋ]

cosmetica tasje (het)	kosmetika tassie	[kosmetika tassi]
poeder (de/het)	gesigpoeier	[χesiχ·pujer]
poederdoos (de)	poeierdosie	[pujer·dosi]
rouge (de)	blosser	[blossər]

parfum (de/het)	parfuum	[parfɪm]
eau de toilet (de)	reukwater	[røək·vatər]
lotion (de)	vloeiroom	[flui·roəm]
eau de cologne (de)	reukwater	[røək·vatər]

oogschaduw (de)	oogskadu	[oəχ·skadu]
oogpotlood (het)	oogomlyner	[oəχ·omlajnər]
mascara (de)	maskara	[maskara]

lippenstift (de)	lipstiffie	[lip·stiffi]
nagellak (de)	naellak	[naɛl·lak]
haarlak (de)	haarsproei	[hãrs·prui]
deodorant (de)	reukweermiddel	[røək·veərmiddəl]

crème (de)	room	[roəm]
gezichtscrème (de)	gesigroom	[χesiχ·roəm]
handcrème (de)	handroom	[hand·roəm]
antirimpelcrème (de)	antirimpelroom	[antirimpəl·roəm]
dagcrème (de)	dagroom	[daχ·roəm]
nachtcrème (de)	nagroom	[naχ·roəm]
dag- (abn)	dag-	[daχ-]
nacht- (abn)	nag-	[naχ-]

tampon (de)	tampon	[tampon]
toiletpapier (het)	toiletpapier	[tojlet·papir]
föhn (de)	haardroër	[hãr·droɛr]

42. Juwelen

sieraden (mv.)	juweliersware	[juvelɪrs·warə]
edel (bijv. ~ stenen)	edel-	[ɛdəl-]
keurmerk (het)	waarmerk	[vãrmerk]

ring (de)	ring	[riŋ]
trouwring (de)	trouring	[træʊriŋ]
armband (de)	armband	[armbant]
oorringen (mv.)	oorbelle	[oər·bɛllə]

halssnoer (het)	halssnoer	[hals·snur]
kroon (de)	kroon	[kroən]
kralen snoer (het)	kraalsnoer	[krāl·snur]

diamant (de)	diamant	[diamant]
smaragd (de)	smarag	[smaraχ]
robijn (de)	robyn	[robajn]
saffier (de)	saffier	[saffir]
parel (de)	pêrel	[pærəl]
barnsteen (de)	amber	[ambər]

43. Horloges. Klokken

polshorloge (het)	polshorlosie	[pols·horlosi]
wijzerplaat (de)	wyserplaat	[vajsər·plāt]
wijzer (de)	wyster	[vajstər]
metalen horlogeband (de)	metaal horlosiebandjie	[metāl horlosi·bandʒi]
horlogebandje (het)	horlosiebandjie	[horlosi·bandʒi]

batterij (de)	battery	[battəraj]
leeg zijn (ww)	pap wees	[pap veəs]
voorlopen (ww)	voorloop	[foərloəp]
achterlopen (ww)	agterloop	[aχtərloəp]

wandklok (de)	muurhorlosie	[mɪr·horlosi]
zandloper (de)	uurglas	[ɪr·χlas]
zonnewijzer (de)	sonwyser	[son·wajsər]
wekker (de)	wekker	[vɛkkər]
horlogemaker (de)	horlosiemaker	[horlosi·makər]
repareren (ww)	herstel	[herstəl]

Voedsel. Voeding

44. Voedsel

Nederlands	Afrikaans	Uitspraak
vlees (het)	vleis	[flæjs]
kip (de)	hoender	[hundər]
kuiken (het)	braaikuiken	[brāj·kœiken]
eend (de)	eend	[eent]
gans (de)	gans	[χaŋs]
wild (het)	wild	[vilt]
kalkoen (de)	kalkoen	[kalkun]
varkensvlees (het)	varkvleis	[fark·flæjs]
kalfsvlees (het)	kalfsvleis	[kalfs·flæjs]
schapenvlees (het)	lamsvleis	[lams·flæjs]
rundvlees (het)	beesvleis	[bees·flæjs]
konijnenvlees (het)	konynvleis	[konajn·flæjs]
worst (de)	wors	[vors]
saucijs (de)	Weense worsie	[veɛŋsə vorsi]
spek (het)	spek	[spek]
ham (de)	ham	[ham]
gerookte achterham (de)	gerookte ham	[χeroəktə ham]
paté (de)	patee	[pateə]
lever (de)	lewer	[levər]
gehakt (het)	maalvleis	[māl·flæjs]
tong (de)	tong	[toŋ]
ei (het)	eier	[æjer]
eieren (mv.)	eiers	[æjers]
eiwit (het)	eierwit	[æjer·wit]
eigeel (het)	dooier	[dojer]
vis (de)	vis	[fis]
zeevruchten (mv.)	seekos	[see·kos]
schaaldieren (mv.)	skaaldiere	[skāldirə]
kaviaar (de)	kaviaar	[kafiār]
krab (de)	krab	[krap]
garnaal (de)	garnaal	[χarnāl]
oester (de)	oester	[ustər]
langoest (de)	seekreef	[see·kreəf]
octopus (de)	seekat	[see·kat]
inktvis (de)	pylinkvis	[pajl·inkfis]
steur (de)	steur	[støər]
zalm (de)	salm	[salm]
heilbot (de)	heilbot	[hæjlbot]
kabeljauw (de)	kabeljou	[kabeljæʋ]

makreel (de)	makriel	[makril]
tonijn (de)	tuna	[tuna]
paling (de)	paling	[paliŋ]

forel (de)	forel	[forəl]
sardine (de)	sardyn	[sardajn]
snoek (de)	varswatersnoek	[farswatər·snuk]
haring (de)	haring	[hariŋ]

brood (het)	brood	[broət]
kaas (de)	kaas	[kãs]
suiker (de)	suiker	[sœikər]
zout (het)	sout	[sæʊt]

rijst (de)	rys	[rajs]
pasta (de)	pasta	[pasta]
noedels (mv.)	noedels	[nudɛls]

boter (de)	botter	[bottər]
plantaardige olie (de)	plantaardige olie	[plantãrdiχə oli]
zonnebloemolie (de)	sonblomolie	[sonblom·oli]
margarine (de)	margarien	[marχarin]

olijven (mv.)	olywe	[olajvə]
olijfolie (de)	olyfolie	[olajf·oli]

melk (de)	melk	[mɛlk]
gecondenseerde melk (de)	kondensmelk	[kondɛŋs·mɛlk]
yoghurt (de)	jogurt	[joχurt]
zure room (de)	suurroom	[sɪr·roəm]
room (de)	room	[roəm]

mayonaise (de)	mayonnaise	[majonɛs]
crème (de)	crème	[krɛm]

graan (het)	ontbytgraan	[ontbajt·χrãn]
meel (het), bloem (de)	meelblom	[meəl·blom]
conserven (mv.)	blikkieskos	[blikkis·kos]

maïsvlokken (mv.)	mielievlokkies	[mili·flokkis]
honing (de)	heuning	[høəniŋ]
jam (de)	konfyt	[konfajt]
kauwgom (de)	kougom	[kæʊχom]

45. Drankjes

water (het)	water	[vatər]
drinkwater (het)	drinkwater	[drink·vatər]
mineraalwater (het)	mineraalwater	[minerãl·vatər]

zonder gas	sonder gas	[sondər χas]
koolzuurhoudend (bn)	soda-	[soda-]
bruisend (bn)	bruis-	[brœis-]
ijs (het)	ys	[ajs]

met ijs	met ys	[met ajs]
alcohol vrij (bn)	nie-alkoholies	[ni-alkoholis]
alcohol vrije drank (de)	koeldrank	[kul·drank]
frisdrank (de)	verfrissende drank	[ferfrissendə drank]
limonade (de)	limonade	[limonadə]

alcoholische dranken (mv.)	likeure	[likøərə]
wijn (de)	wyn	[vajn]
witte wijn (de)	witwyn	[vit·vajn]
rode wijn (de)	rooiwyn	[roj·vajn]

likeur (de)	likeur	[likøər]
champagne (de)	sjampanje	[ʃampanje]
vermout (de)	vermoet	[fermut]

whisky (de)	whisky	[vhiskaj]
wodka (de)	vodka	[fodka]
gin (de)	jenever	[jenefər]
cognac (de)	brandewyn	[brandə·vajn]
rum (de)	rum	[rum]

koffie (de)	koffie	[koffi]
zwarte koffie (de)	swart koffie	[swart koffi]
koffie (de) met melk	koffie met melk	[koffi met melk]
cappuccino (de)	capuccino	[kaputʃino]
oploskoffie (de)	poeierkoffie	[pujer·koffi]

melk (de)	melk	[melk]
cocktail (de)	mengeldrankie	[menχəl·dranki]
milkshake (de)	melkskommel	[melk·skomməl]

sap (het)	sap	[sap]
tomatensap (het)	tamatiesap	[tamati·sap]
sinaasappelsap (het)	lemoensap	[lemoən·sap]
vers geperst sap (het)	vars geparste sap	[fars χeparstə sap]

bier (het)	bier	[bir]
licht bier (het)	ligte bier	[liχtə bir]
donker bier (het)	donker bier	[donkər bir]

thee (de)	tee	[teə]
zwarte thee (de)	swart tee	[swart teə]
groene thee (de)	groen tee	[χrun teə]

46. Groenten

| groenten (mv.) | groente | [χruntə] |
| verse kruiden (mv.) | groente | [χruntə] |

tomaat (de)	tamatie	[tamati]
augurk (de)	komkommer	[komkommər]
wortel (de)	wortel	[vortəl]
aardappel (de)	aartappel	[ārtappəl]
ui (de)	ui	[œi]

knoflook (de)	knoffel	[knoffəl]
kool (de)	kool	[koəl]
bloemkool (de)	blomkool	[blom·koəl]
spruitkool (de)	Brusselspruite	[brussɛl·sprœitə]
broccoli (de)	broccoli	[brokoli]

rode biet (de)	beet	[beət]
aubergine (de)	eiervrug	[æjerfruχ]
courgette (de)	vingerskorsie	[fiŋər·skorsi]
pompoen (de)	pampoen	[pampun]
raap (de)	raap	[răp]

peterselie (de)	pietersielie	[pitərsili]
dille (de)	dille	[dillə]
sla (de)	slaai	[slăi]
selderij (de)	seldery	[selderaj]
asperge (de)	aspersie	[aspersi]
spinazie (de)	spinasie	[spinasi]

erwt (de)	ertjie	[ɛrki]
bonen (mv.)	boontjies	[boənkis]
maïs (de)	mielie	[mili]
boon (de)	nierboontjie	[nir·boənki]

peper (de)	paprika	[paprika]
radijs (de)	radys	[radajs]
artisjok (de)	artisjok	[artiʃok]

47. Vruchten. Noten

vrucht (de)	vrugte	[fruχtə]
appel (de)	appel	[appəl]
peer (de)	peer	[peər]
citroen (de)	suurlemoen	[sɪr·lemun]
sinaasappel (de)	lemoen	[lemun]
aardbei (de)	aarbei	[ārbæj]

mandarijn (de)	nartjie	[narki]
pruim (de)	pruim	[prœim]
perzik (de)	perske	[perskə]
abrikoos (de)	appelkoos	[appɛlkoəs]
framboos (de)	framboos	[framboəs]
ananas (de)	pynappel	[pajnappəl]

banaan (de)	piesang	[pisaŋ]
watermeloen (de)	waatlemoen	[vātlemun]
druif (de)	druif	[drœif]
kers (de)	kersie	[kersi]
zure kers (de)	suurkersie	[sɪr·kersi]
zoete kers (de)	soetkersie	[sut·kersi]
meloen (de)	spanspek	[spaŋspek]

grapefruit (de)	pomelo	[pomelo]
avocado (de)	avokado	[afokado]

papaja (de)	papaja	[papaja]
mango (de)	mango	[manχo]
granaatappel (de)	granaat	[χranãt]

rode bes (de)	rooi aalbessie	[roj ãlbɛssi]
zwarte bes (de)	swartbessie	[swartbɛssi]
kruisbes (de)	appelliefie	[appɛllifi]
bosbes (de)	bosbessie	[bosbɛssi]
braambes (de)	braambessie	[brãmbɛssi]

rozijn (de)	rosyntjie	[rosajnki]
vijg (de)	vy	[faj]
dadel (de)	dadel	[dadəl]

pinda (de)	grondboontjie	[χront·boənki]
amandel (de)	amandel	[amandəl]
walnoot (de)	okkerneut	[okkər·nøət]
hazelnoot (de)	haselneut	[hasɛl·nøət]
kokosnoot (de)	klapper	[klappər]
pistaches (mv.)	pistachio	[pistatʃio]

48. Brood. Snoep

suikerbakkerij (de)	soet gebak	[sut χebak]
brood (het)	brood	[broət]
koekje (het)	koekies	[kukis]

chocolade (de)	sjokolade	[ʃokoladə]
chocolade- (abn)	sjokolade	[ʃokoladə]
snoepje (het)	lekkers	[lɛkkərs]
cakeje (het)	koek	[kuk]
taart (bijv. verjaardags~)	koek	[kuk]

| pastei (de) | pastei | [pastæj] |
| vulling (de) | vulsel | [fulsəl] |

confituur (de)	konfyt	[konfajt]
marmelade (de)	marmelade	[marmeladə]
wafel (de)	wafels	[vafɛls]
ijsje (het)	roomys	[roəm·ajs]
pudding (de)	poeding	[pudiŋ]

49. Bereide gerechten

gerecht (het)	gereg	[χerəχ]
keuken (bijv. Franse ~)	kookkuns	[koək·kuns]
recept (het)	resep	[resep]
portie (de)	porsie	[porsi]

salade (de)	slaai	[slãi]
soep (de)	sop	[sop]
bouillon (de)	helder sop	[hɛldər sop]

| boterham (de) | toebroodjie | [tubroədʒi] |
| spiegelei (het) | gabakte eiers | [χabaktə æjers] |

| hamburger (de) | hamburger | [hamburχər] |
| biefstuk (de) | biefstuk | [bifstuk] |

garnering (de)	sygereg	[saj·χerəχ]
spaghetti (de)	spaghetti	[spaχɛtti]
aardappelpuree (de)	kapokaartappels	[kapok·ārtappəls]
pizza (de)	pizza	[pizza]
pap (de)	pap	[pap]
omelet (de)	omelet	[omələt]

gekookt (in water)	gekook	[χekoək]
gerookt (bn)	gerook	[χeroək]
gebakken (bn)	gebak	[χebak]
gedroogd (bn)	gedroog	[χedroəχ]
diepvries (bn)	gevries	[χefris]
gemarineerd (bn)	gepiekel	[χepikəl]

zoet (bn)	soet	[sut]
gezouten (bn)	sout	[sæʊt]
koud (bn)	koud	[kæʊt]
heet (bn)	warm	[varm]
bitter (bn)	bitter	[bittər]
lekker (bn)	smaaklik	[smāklik]

koken (in kokend water)	kook in water	[koək in vatər]
bereiden (avondmaaltijd ~)	kook	[koək]
bakken (ww)	braai	[braj]
opwarmen (ww)	opwarm	[opwarm]

zouten (ww)	sout	[sæʊt]
peperen (ww)	peper	[pepər]
raspen (ww)	rasp	[rasp]
schil (de)	skil	[skil]
schillen (ww)	skil	[skil]

50. Kruiden

zout (het)	sout	[sæʊt]
gezouten (bn)	sout	[sæʊt]
zouten (ww)	sout	[sæʊt]

zwarte peper (de)	swart peper	[swart pepər]
rode peper (de)	rooi peper	[roj pepər]
mosterd (de)	mosterd	[mostərt]
mierikswortel (de)	peperwortel	[peper·wortəl]

condiment (het)	smaakmiddel	[smāk·middəl]
specerij, kruiderij (de)	spesery	[spesəraj]
saus (de)	sous	[sæʊs]
azijn (de)	asyn	[asajn]
anijs (de)	anys	[anajs]

basilicum (de)	basilikum	[basilikum]
kruidnagel (de)	naeltjies	[naɛlkis]
gember (de)	gemmer	[χɛmmər]
koriander (de)	koljander	[koljandər]
kaneel (de/het)	kaneel	[kaneəl]

sesamzaad (het)	sesamsaad	[sesam·sāt]
laurierblad (het)	lourierblaar	[læʊrir·blār]
paprika (de)	paprika	[paprika]
komijn (de)	komynsaad	[komajnsāt]
saffraan (de)	saffraan	[saffrān]

51. Maaltijden

eten (het)	kos	[kos]
eten (ww)	eet	[eət]

ontbijt (het)	ontbyt	[ontbajt]
ontbijten (ww)	ontbyt	[ontbajt]
lunch (de)	middagete	[middaχ·etə]
lunchen (ww)	gaan eet	[χān eət]
avondeten (het)	aandete	[āndetə]
souperen (ww)	aandete gebruik	[āndetə χebrœik]

eetlust (de)	aptyt	[aptajt]
Eet smakelijk!	Smaaklike ete!	[smāklikə etə!]

openen (een fles ~)	oopmaak	[oəpmāk]
morsen (koffie, enz.)	mors	[mors]
zijn gemorst	mors	[mors]

koken (water kookt bij 100°C)	kook	[koək]
koken (Hoe om water te ~)	kook	[koək]
gekookt (~ water)	gekook	[χekoək]
afkoelen (koeler maken)	laat afkoel	[lāt afkul]
afkoelen (koeler worden)	afkoel	[afkul]

smaak (de)	smaak	[smāk]
nasmaak (de)	nasmaak	[nasmāk]

volgen een dieet	vermaer	[fermaər]
dieet (het)	dieet	[diət]
vitamine (de)	vitamien	[fitamin]
calorie (de)	kalorie	[kalori]
vegetariër (de)	vegetariër	[feχetariɛr]
vegetarisch (bn)	vegetaries	[feχetaris]

vetten (mv.)	vette	[fɛttə]
eiwitten (mv.)	proteïen	[proteïen]
koolhydraten (mv.)	koolhidrate	[koəlhidratə]

snede (de)	snytjie	[snajki]
stuk (bijv. een ~ taart)	stuk	[stuk]
kruimel (de)	krummel	[krumməl]

52. Tafelschikking

lepel (de)	**lepel**	[lepəl]
mes (het)	**mes**	[mes]
vork (de)	**vurk**	[furk]
kopje (het)	**koppie**	[koppi]
bord (het)	**bord**	[bort]
schoteltje (het)	**piering**	[piriŋ]
servet (het)	**servet**	[serfət]
tandenstoker (de)	**tandestokkie**	[tandə·stokki]

53. Restaurant

restaurant (het)	**restaurant**	[restɔurant]
koffiehuis (het)	**koffiekroeg**	[koffi·kruχ]
bar (de)	**kroeg**	[kruχ]
tearoom (de)	**teekamer**	[teə·kamər]
kelner, ober (de)	**kelner**	[kɛlnər]
serveerster (de)	**kelnerin**	[kɛlnərin]
barman (de)	**kroegman**	[kruχman]
menu (het)	**spyskaart**	[spajs·kãrt]
wijnkaart (de)	**wyn**	[vajn]
een tafel reserveren	**wynkaart**	[vajn·kãrt]
gerecht (het)	**gereg**	[χerəχ]
bestellen (eten ~)	**bestel**	[bestəl]
een bestelling maken	**bestel**	[bestəl]
aperitief (de/het)	**drankie**	[dranki]
voorgerecht (het)	**voorgereg**	[foərχerəχ]
dessert (het)	**nagereg**	[naχerəχ]
rekening (de)	**rekening**	[rekəniŋ]
de rekening betalen	**die rekening betaal**	[di rekəniŋ betãl]
wisselgeld teruggeven	**kleingeld gee**	[klæjn·χɛlt χeə]
fooi (de)	**fooitjie**	[fojki]

Familie, verwanten en vrienden

54. Persoonlijke informatie. Formulieren

naam (de)	voornaam	[foərnãm]
achternaam (de)	van	[fan]
geboortedatum (de)	geboortedatum	[χeboərtə·datum]
geboorteplaats (de)	geboorteplek	[χeboərtə·plek]
nationaliteit (de)	nasionaliteit	[naʃionalitæjt]
woonplaats (de)	woonplek	[voən·plek]
land (het)	land	[lant]
beroep (het)	beroep	[berup]
geslacht (ov. het vrouwelijk ~)	geslag	[χeslaχ]
lengte (de)	lengte	[leŋtə]
gewicht (het)	gewig	[χevəχ]

55. Familieleden. Verwanten

moeder (de)	moeder	[mudər]
vader (de)	vader	[fadər]
zoon (de)	seun	[søən]
dochter (de)	dogter	[doχtər]
jongste dochter (de)	jonger dogter	[joŋər doχtər]
jongste zoon (de)	jonger seun	[joŋər søən]
oudste dochter (de)	oudste dogter	[æudstə doχtər]
oudste zoon (de)	oudste seun	[æudstə søən]
broer (de)	broer	[brur]
oudere broer (de)	ouer broer	[æuer brur]
jongere broer (de)	jonger broer	[joŋər brur]
zuster (de)	suster	[sustər]
oudere zuster (de)	ouer suster	[æuer sustər]
jongere zuster (de)	jonger suster	[joŋər sustər]
neef (zoon van oom, tante)	neef	[neəf]
nicht (dochter van oom, tante)	neef	[neəf]
mama (de)	ma	[ma]
papa (de)	pa	[pa]
ouders (mv.)	ouers	[æuers]
kind (het)	kind	[kint]
kinderen (mv.)	kinders	[kindərs]
oma (de)	ouma	[æuma]

opa (de)	oupa	[æʊpa]
kleinzoon (de)	kleinseun	[klæjn·søən]
kleindochter (de)	kleindogter	[klæjn·doχtər]
kleinkinderen (mv.)	kleinkinders	[klæjn·kindərs]

oom (de)	oom	[oəm]
tante (de)	tante	[tantə]
neef (zoon van broer, zus)	neef	[neəf]
nicht (dochter van broer, zus)	nig	[niχ]

schoonmoeder (de)	skoonma	[skoən·ma]
schoonvader (de)	skoonpa	[skoən·pa]
schoonzoon (de)	skoonseun	[skoən·søən]
stiefmoeder (de)	stiefma	[stifma]
stiefvader (de)	stiefpa	[stifpa]

zuigeling (de)	baba	[baba]
wiegenkind (het)	baba	[baba]
kleuter (de)	seuntjie	[søənki]

vrouw (de)	vrou	[fræʊ]
man (de)	man	[man]
echtgenoot (de)	eggenoot	[ɛχχenoət]
echtgenote (de)	eggenote	[ɛχχenotə]

gehuwd (mann.)	getroud	[χetræʊt]
gehuwd (vrouw.)	getroud	[χetræʊt]
ongehuwd (mann.)	ongetroud	[onχətræʊt]
vrijgezel (de)	vrygesel	[frajχesəl]
gescheiden (bn)	geskei	[χeskæj]
weduwe (de)	weduwee	[veduveə]
weduwnaar (de)	wedunaar	[vedunãr]

familielid (het)	familielid	[famililit]
dichte familielid (het)	na familie	[na famili]
verre familielid (het)	ver familie	[fer famili]
familieleden (mv.)	familielede	[famililedə]

wees (de), weeskind (het)	weeskind	[veəskint]
voogd (de)	voog	[foəχ]
adopteren (een jongen te ~)	aanneem	[ãnneəm]
adopteren (een meisje te ~)	aanneem	[ãnneəm]

56. Vrienden. Collega's

vriend (de)	vriend	[frint]
vriendin (de)	vriendin	[frindin]
vriendschap (de)	vriendskap	[frindskap]
bevriend zijn (ww)	bevriend wees	[befrint veəs]

makker (de)	maat	[mãt]
vriendin (de)	vriendin	[frindin]
partner (de)	maat	[mãt]
chef (de)	baas	[bãs]

baas (de)	baas	[bãs]
eigenaar (de)	eienaar	[æjenãr]
ondergeschikte (de)	ondergeskikte	[ondərχeskiktə]
collega (de)	kollega	[kolleχa]

kennis (de)	kennis	[kɛnnis]
medereiziger (de)	medereisiger	[medə·ræjsiχər]
klasgenoot (de)	klasmaat	[klas·mãt]

buurman (de)	buurman	[bɪrman]
buurvrouw (de)	buurvrou	[bɪrfræʊ]
buren (mv.)	bure	[burə]

57. Man. Vrouw

vrouw (de)	vrou	[fræʊ]
meisje (het)	meisie	[mæjsi]
bruid (de)	bruid	[brœit]

mooi(e) (vrouw, meisje)	mooi	[moj]
groot, grote (vrouw, meisje)	groot	[χroət]
slank(e) (vrouw, meisje)	slank	[slank]
korte, kleine (vrouw, meisje)	kort	[kort]

blondine (de)	blondine	[blondinə]
brunette (de)	brunet	[brunet]

dames- (abn)	dames-	[dames-]
maagd (de)	maagd	[mãχt]
zwanger (bn)	swanger	[swaŋər]

man (de)	man	[man]
blonde man (de)	blond	[blont]
bruinharige man (de)	brunet	[brunet]
groot (bn)	groot	[χroət]
klein (bn)	kort	[kort]

onbeleefd (bn)	onbeskof	[onbeskof]
gedrongen (bn)	frisgebou	[frisχebæʊ]
robuust (bn)	frisgebou	[frisχebæʊ]
sterk (bn)	sterk	[sterk]
sterkte (de)	sterkte	[sterktə]

mollig (bn)	vet	[fet]
getaand (bn)	blas	[blas]
slank (bn)	slank	[slank]
elegant (bn)	elegant	[ɛleχant]

58. Leeftijd

leeftijd (de)	ouderdom	[æʊderdom]
jeugd (de)	jeug	[jøəχ]

jong (bn)	jong	[joŋ]
jonger (bn)	jonger	[joŋər]
ouder (bn)	ouer	[æʋer]

jongen (de)	jongman	[joŋman]
tiener, adolescent (de)	tiener	[tinər]
kerel (de)	ou	[æʋ]

oude man (de)	ou man	[æʋ man]
oude vrouw (de)	ou vrou	[æʋ fræʋ]

volwassen (bn)	volwasse	[folwasə]
van middelbare leeftijd (bn)	middeljarig	[middəl·jarəχ]
bejaard (bn)	bejaard	[bejārt]
oud (bn)	oud	[æʋt]

pensioen (het)	pensioen	[pɛnsiun]
met pensioen gaan	met pensioen gaan	[met pɛnsiun χān]
gepensioneerde (de)	pensioenaris	[pɛnsiunaris]

59. Kinderen

kind (het)	kind	[kint]
kinderen (mv.)	kinders	[kindərs]
tweeling (de)	tweeling	[tweəliŋ]

wieg (de)	wiegie	[viχi]
rammelaar (de)	rammelaar	[rammelār]
luier (de)	luier	[lœiər]

speen (de)	fopspeen	[fopspeən]
kinderwagen (de)	kinderwaentjie	[kindər·waenki]
kleuterschool (de)	kindertuin	[kindər·tœin]
babysitter (de)	babasitter	[babasittər]

kindertijd (de)	kinderdae	[kindərdae]
pop (de)	pop	[pop]
speelgoed (het)	speelgoed	[speel·χut]
bouwspeelgoed (het)	boudoos	[bæʋ·doəs]
welopgevoed (bn)	goed opgevoed	[χut opχəfut]
onopgevoed (bn)	sleg opgevoed	[sleχ opχəfut]
verwend (bn)	bederf	[bederf]

stout zijn (ww)	stout wees	[stæʋt veəs]
stout (bn)	ondeuend	[ondøent]
stoutheid (de)	ondeuendheid	[ondøenthæjt]
stouterd (de)	rakker	[rakkər]

gehoorzaam (bn)	gehoorsaam	[χehoərsām]
ongehoorzaam (bn)	ongehoorsaam	[onχehoərsām]

braaf (bn)	soet	[sut]
slim (verstandig)	slim	[slim]
wonderkind (het)	wonderkind	[vondərkint]

60. Gehuwde paren. Gezinsleven

kussen (een kus geven)	soen	[sun]
elkaar kussen (ww)	mekaar soen	[mekār sun]
gezin (het)	familie	[famili]
gezins- (abn)	gesins-	[χesins-]
paar (het)	paartjie	[pārki]
huwelijk (het)	huwelik	[huvelik]
thuis (het)	tuiste	[tœistə]
dynastie (de)	dinastie	[dinasti]
date (de)	datum	[datum]
zoen (de)	soen	[sun]
liefde (de)	liefde	[lifdə]
liefhebben (ww)	liefhë	[lifhɛ:]
geliefde (bn)	geliefde	[χelifdə]
tederheid (de)	teerheid	[teərhæjt]
teder (bn)	teer	[teər]
trouw (de)	trou	[træʊ]
trouw (bn)	trou	[træʊ]
zorg (bijv. bejaarden~)	sorg	[sorχ]
zorgzaam (bn)	sorgsaam	[sorχsām]
jonggehuwden (mv.)	pasgetroudes	[pas·χetræʊdes]
wittebroodsweken (mv.)	wittebroodsdae	[vittebroəds·daə]
trouwen (vrouw)	trou	[træʊ]
trouwen (man)	trou	[træʊ]
bruiloft (de)	bruilof	[brœilof]
gouden bruiloft (de)	goue bruilof	[χæʊə brœilof]
verjaardag (de)	verjaardag	[ferjār·daχ]
minnaar (de)	minnaar	[minnār]
minnares (de)	minnares	[minnares]
overspel (het)	owerspel	[overspəl]
overspel plegen (ww)	owerspel pleeg	[overspəl pleəχ]
jaloers (bn)	jaloers	[jalurs]
jaloers zijn (echtgenoot, enz.)	jaloers wees	[jalurs veəs]
echtscheiding (de)	egskeiding	[ɛχskæjdiŋ]
scheiden (ww)	skei	[skæj]
ruzie hebben (ww)	baklei	[baklæj]
vrede sluiten (ww)	versoen	[fersun]
samen (bw)	saam	[sām]
seks (de)	seks	[seks]
geluk (het)	geluk	[χeluk]
gelukkig (bn)	gelukkig	[χelukkəχ]
ongeluk (het)	ongeluk	[onχeluk]
ongelukkig (bn)	ongelukkig	[onχelukkəχ]

Karakter. Gevoelens. Emoties

61. Gevoelens. Emoties

gevoel (het)	gevoel	[χeful]
gevoelens (mv.)	gevoelens	[χefulɛŋs]
voelen (ww)	voel	[ful]
honger (de)	honger	[hoŋər]
honger hebben (ww)	honger wees	[hoŋər veəs]
dorst (de)	dors	[dors]
dorst hebben	dors wees	[dors veəs]
slaperigheid (de)	slaperigheid	[slaperiχæjt]
willen slapen	vaak voel	[fāk ful]
moeheid (de)	moegheid	[muχæjt]
moe (bn)	moeg	[muχ]
vermoeid raken (ww)	moeg word	[muχ vort]
stemming (de)	stemming	[stɛmmiŋ]
verveling (de)	verveling	[ferfeliŋ]
zich vervelen (ww)	verveeld wees	[ferveəlt veəs]
afzondering (de)	afsondering	[afsonderiŋ]
zich afzonderen (ww)	jou afsonder	[jæʊ afsondər]
bezorgd maken	bekommerd maak	[bekommərt māk]
bezorgd zijn (ww)	bekommerd wees	[bekommərt veəs]
zorg (bijv. geld~en)	kommerwekkend	[kommər·wɛkkent]
ongerustheid (de)	vrees	[freəs]
ongerust (bn)	behep	[behep]
zenuwachtig zijn (ww)	senuweeagtig wees	[senuveə·aχtəχ veəs]
in paniek raken	paniekerig raak	[panikerəχ rāk]
hoop (de)	hoop	[hoəp]
hopen (ww)	hoop	[hoəp]
zekerheid (de)	sekerheid	[sekərhæjt]
zeker (bn)	seker	[sekər]
onzekerheid (de)	onsekerheid	[oŋsekərhæjt]
onzeker (bn)	onseker	[oŋsekər]
dronken (bn)	dronk	[dronk]
nuchter (bn)	nugter	[nuχtər]
zwak (bn)	swak	[swak]
gelukkig (bn)	gelukkig	[χelukkəχ]
doen schrikken (ww)	bang maak	[baŋ māk]
toorn (de)	kwaadheid	[kwādhæjt]
woede (de)	woede	[vudə]
depressie (de)	depressie	[deprɛssi]
ongemak (het)	ongemak	[onχəmak]

gemak, comfort (het)	gemak	[χemak]
spijt hebben (ww)	jammer wees	[jammər veəs]
spijt (de)	spyt	[spajt]
pech (de)	teëspoed	[teɛsput]
bedroefdheid (de)	droefheid	[drufhæjt]

schaamte (de)	skaamte	[skāmtə]
pret (de), plezier (het)	vreugde	[frøəχdə]
enthousiasme (het)	entoesiasme	[ɛntusiasmə]
enthousiasteling (de)	entoesiasties	[ɛntusiastis]
enthousiasme vertonen	begeestering toon	[beχeəsteriŋ toən]

62. Karakter. Persoonlijkheid

karakter (het)	karakter	[karaktər]
karakterfout (de)	karakterfout	[karaktər·fæʊt]
verstand (het)	verstand	[ferstant]
rede (de)	verstand	[ferstant]

geweten (het)	gewete	[χevetə]
gewoonte (de)	gewoonte	[χevoentə]
bekwaamheid (de)	talent	[talent]
kunnen (bijv., ~ zwemmen)	kan	[kan]

geduldig (bn)	geduldig	[χeduldəχ]
ongeduldig (bn)	ongeduldig	[onχeduldəχ]
nieuwsgierig (bn)	nuuskierig	[nɪskirəχ]
nieuwsgierigheid (de)	nuuskierigheid	[nɪskiriχæjt]

bescheidenheid (de)	beskeidenheid	[beskæjdenhæjt]
bescheiden (bn)	beskeie	[beskæjə]
onbescheiden (bn)	onbeskeie	[onbeskæjə]

luiheid (de)	luiheid	[lœihæjt]
lui (bn)	lui	[lœi]
luiwammes (de)	luiaard	[lœiãrt]

sluwheid (de)	sluheid	[sluhæjt]
sluw (bn)	slu	[slu]
wantrouwen (het)	wantroue	[vantræʊə]
wantrouwig (bn)	agterdogtig	[aχtərdoχtəχ]

gulheid (de)	gulheid	[χulhæjt]
gul (bn)	gulhartig	[χulhartəχ]
talentrijk (bn)	talentvol	[talentfol]
talent (het)	talent	[talent]

moedig (bn)	moedig	[mudəχ]
moed (de)	moed	[mut]
eerlijk (bn)	eerlik	[eərlik]
eerlijkheid (de)	eerlikheid	[eərlikhæjt]

| voorzichtig (bn) | versigtig | [fersiχtəχ] |
| manhaftig (bn) | dapper | [dappər] |

ernstig (bn)	ernstig	[ɛrnstəχ]
streng (bn)	streng	[streŋ]
resoluut (bn)	vasberade	[fasberadə]
onzeker, irresoluut (bn)	besluiteloos	[beslœiteloəs]
schuchter (bn)	skaam	[skãm]
schuchterheid (de)	skaamheid	[skãmhæjt]
vertrouwen (het)	vertroue	[fertræuə]
vertrouwen (ww)	vertrou	[fertræu]
goedgelovig (bn)	goedgelowig	[χudχəlovəχ]
oprecht (bw)	opreg	[opreχ]
oprecht (bn)	opregte	[opreχtə]
oprechtheid (de)	opregtheid	[opreχthæjt]
open (bn)	oop	[oəp]
rustig (bn)	kalm	[kalm]
openhartig (bn)	openhartig	[openhartəχ]
naïef (bn)	naïef	[naïef]
verstrooid (bn)	verstrooid	[ferstrojt]
leuk, grappig (bn)	snaaks	[snãks]
gierigheid (de)	hebsug	[hebsuχ]
gierig (bn)	hebsugtig	[hebsuχtəχ]
inhalig (bn)	gierig	[χirəχ]
kwaad (bn)	boos	[boəs]
koppig (bn)	hardnekkig	[hardnɛkkəχ]
onaangenaam (bn)	onaangenaam	[onãnχənãm]
egoïst (de)	selfsugtig	[sɛlfsuχtəχ]
egoïstisch (bn)	selfsugtig	[sɛlfsuχtəχ]
lafaard (de)	laffaard	[laffãrt]
laf (bn)	lafhartig	[lafhartəχ]

63. Slaap. Dromen

slapen (ww)	slaap	[slãp]
slaap (in ~ vallen)	slaap	[slãp]
droom (de)	droom	[droəm]
dromen (in de slaap)	droom	[droəm]
slaperig (bn)	vaak	[fãk]
bed (het)	bed	[bet]
matras (de)	matras	[matras]
deken (de)	kombers	[kombers]
kussen (het)	kussing	[kussiŋ]
laken (het)	laken	[laken]
slapeloosheid (de)	slaaploosheid	[slãploəshæjt]
slapeloos (bn)	slaaploos	[slãploəs]
slaapmiddel (het)	slaappil	[slãp·pil]
willen slapen	vaak voel	[fãk ful]
geeuwen (ww)	gaap	[χãp]

gaan slapen	gaan slaap	[χān slāp]
het bed opmaken	die bed opmaak	[di bet opmāk]
inslapen (ww)	aan die slaap raak	[ān di slāp rāk]

nachtmerrie (de)	nagmerrie	[naχmerri]
gesnurk (het)	gesnork	[χesnork]
snurken (ww)	snork	[snork]

wekker (de)	wekker	[vɛkkər]
wekken (ww)	wakker maak	[vakkər māk]
wakker worden (ww)	wakker word	[vakkər vort]
opstaan (ww)	opstaan	[opstān]
zich wassen (ww)	jou was	[jæʊ vas]

64. Humor. Gelach. Blijdschap

humor (de)	humor	[humor]
gevoel (het) voor humor	humorsin	[humorsin]
plezier hebben (ww)	jouself geniet	[jæʊsɛlf χenit]
vrolijk (bn)	vrolik	[frolik]
pret (de), plezier (het)	pret	[pret]

glimlach (de)	glimlag	[χlimlaχ]
glimlachen (ww)	glimlag	[χlimlaχ]
beginnen te lachen (ww)	begin lag	[beχin laχ]
lachen (ww)	lag	[laχ]
lach (de)	lag	[laχ]

mop (de)	anekdote	[anekdotə]
grappig (een ~ verhaal)	snaaks	[snāks]
grappig (~e clown)	snaaks	[snāks]

grappen maken (ww)	grappies maak	[χrappis māk]
grap (de)	grappie	[χrappi]
blijheid (de)	vreugde	[frøəχdə]
blij zijn (ww)	bly wees	[blaj veəs]
blij (bn)	bly	[blaj]

65. Discussie, conversatie. Deel 1

communicatie (de)	kommunikasie	[kommunikasi]
communiceren (ww)	kommunikeer	[kommunikeər]

conversatie (de)	gesprek	[χesprek]
dialoog (de)	dialoog	[dialoəχ]
discussie (de)	diskussie	[diskussi]
debat (het)	dispuut	[dispɪt]
debatteren, twisten (ww)	debatteer	[debatteər]

gesprekspartner (de)	gespreksgenoot	[χespreks·χenoət]
thema (het)	onderwerp	[ondərwerp]
standpunt (het)	standpunt	[stand·punt]

mening (de)	opinie	[opini]
toespraak (de)	toespraak	[tusprāk]
bespreking (de)	bespreking	[besprekiŋ]
bespreken (spreken over)	bespreek	[bespreek]
gesprek (het)	gesprek	[χesprek]
spreken (converseren)	gesels	[χesɛls]
ontmoeting (de)	ontmoeting	[ontmutiŋ]
ontmoeten (ww)	ontmoet	[ontmut]
spreekwoord (het)	spreekwoord	[spreek·woərt]
gezegde (het)	gesegde	[χeseχdə]
raadsel (het)	raaisel	[rājsəl]
wachtwoord (het)	wagwoord	[vaχ·woərt]
geheim (het)	geheim	[χəhæjm]
eed (de)	eed	[eət]
zweren (een eed doen)	sweer	[sweər]
belofte (de)	belofte	[beloftə]
beloven (ww)	beloof	[beloəf]
advies (het)	raad	[rāt]
adviseren (ww)	aanraai	[ānrāi]
advies volgen (iemands ~)	raad volg	[rāt folχ]
luisteren (gehoorzamen)	luister na	[lœistər na]
nieuws (het)	nuus	[nɪs]
sensatie (de)	sensasie	[sɛŋsasi]
informatie (de)	inligting	[inliχtiŋ]
conclusie (de)	slotsom	[slotsom]
stem (de)	stem	[stem]
compliment (het)	kompliment	[kompliment]
vriendelijk (bn)	gaaf	[χāf]
woord (het)	woord	[voərt]
zin (de), zinsdeel (het)	frase	[frasə]
antwoord (het)	antwoord	[antwoərt]
waarheid (de)	waarheid	[vārhæjt]
leugen (de)	leuen	[løəen]
gedachte (de)	gedagte	[χedaχtə]
idee (de/het)	idee	ˉ[ideə]
fantasie (de)	verbeelding	[ferbeəldiŋ]

66. Discussie, conversatie. Deel 2

gerespecteerd (bn)	gerespekteer	[χerespekteər]
respecteren (ww)	respekteer	[respekteər]
respect (het)	respek	[respek]
Geachte ... (brief)	Geagte ...	[χeaχtə ...]
voorstellen (Mag ik jullie ~)	voorstel	[foərstəl]
kennismaken (met ...)	kennismaak	[kɛnnismāk]

intentie (de)	voorneme	[foərnemə]
intentie hebben (ww)	voornemens wees	[foərnemεŋs veəs]
wens (de)	wens	[vεŋs]
wensen (ww)	wens	[vεŋs]

verbazing (de)	verrassing	[ferrassiŋ]
verbazen (verwonderen)	verras	[ferras]
verbaasd zijn (ww)	verbaas wees	[ferbās veəs]

geven (ww)	gee	[χeə]
nemen (ww)	vat	[fat]
teruggeven (ww)	teruggee	[teruχeə]
retourneren (ww)	terugvat	[teruχfat]

zich verontschuldigen	verskoning vra	[ferskoniŋ fra]
verontschuldiging (de)	verskoning	[ferskoniŋ]
vergeven (ww)	vergewe	[ferχevə]

spreken (ww)	praat	[prāt]
luisteren (ww)	luister	[lœistər]
aanhoren (ww)	aanhoor	[ānhoər]
begrijpen (ww)	verstaan	[ferstān]

tonen (ww)	wys	[vajs]
kijken naar ...	kyk na ...	[kajk na ...]
roepen (vragen te komen)	roep	[rup]
afleiden (storen)	aflei	[aflæj]
storen (lastigvallen)	steur	[støər]
doorgeven (ww)	deurgee	[døərχeə]

verzoek (het)	versoek	[fersuk]
verzoeken (ww)	versoek	[fersuk]
eis (de)	eis	[æjs]
eisen (met klem vragen)	eis	[æjs]

beledigen	terg	[terχ]
(beledigende namen geven)		
uitlachen (ww)	terg	[terχ]
spot (de)	spot	[spot]
bijnaam (de)	bynaam	[bajnām]

zinspeling (de)	sinspeling	[sinspeliŋ]
zinspelen (ww)	sinspeel	[sinspeəl]
impliceren (duiden op)	impliseer	[impliseər]

beschrijving (de)	beskrywing	[beskrajviŋ]
beschrijven (ww)	beskryf	[beskrajf]
lof (de)	lof	[lof]
loven (ww)	loof	[loəf]

teleurstelling (de)	teleurstelling	[teløərstεlliŋ]
teleurstellen (ww)	teleurstel	[teløərstəl]
teleurgesteld zijn (ww)	teleurgestel	[teløərχestəl]

veronderstelling (de)	veronderstelling	[feronderstεlliŋ]
veronderstellen (ww)	veronderstel	[feronderstəl]

| waarschuwing (de) | waarskuwing | [vārskuviŋ] |
| waarschuwen (ww) | waarsku | [vārsku] |

67. Discussie, conversatie. Deel 3

| aanpraten (ww) | ompraat | [omprāt] |
| kalmeren (kalm maken) | kalmeer | [kalmeər] |

stilte (de)	stilte	[stiltə]
zwijgen (ww)	stilbly	[stilblaj]
fluisteren (ww)	fluister	[flœistər]
gefluister (het)	gefluister	[χeflœistər]

| open, eerlijk (bw) | openlik | [openlik] |
| volgens mij ... | volgens my ... | [folχεɲs maj ...] |

detail (het)	besonderhede	[besondərhedə]
gedetailleerd (bn)	gedetailleerd	[χedetajlleərt]
gedetailleerd (bw)	in detail	[in detajl]
hint (de)	wenk	[vɛnk]

blik (de)	kykie	[kajki]
een kijkje nemen	kyk	[kajk]
strak (een ~ke blik)	strak	[strak]
knipperen (ww)	knipper	[knippər]
knipogen (ww)	knipoog	[knipoəχ]
knikken (ww)	knik	[knik]

zucht (de)	sug	[suχ]
zuchten (ww)	sug	[suχ]
huiveren (ww)	huiwer	[hœivər]
gebaar (het)	gebaar	[χebār]
aanraken (ww)	aanraak	[ānrāk]
grijpen (ww)	vat	[fat]
een schouderklopje geven	op die skouer tik	[op di skæuər tik]

Kijk uit!	Oppas!	[oppas!]
Echt?	Regtig?	[reχtəχ?]
Bent je er zeker van?	Is jy seker?	[is jaj sekər?]
Succes!	Voorspoed!	[foərspud!]
Juist, ja!	Ek sien!	[ɛk sin!]
Wat jammer!	Jammer!	[jammər!]

68. Overeenstemming. Weigering

instemming (het)	toelating	[tulatiŋ]
instemmen (akkoord gaan)	toelaat	[tulāt]
goedkeuring (de)	goedkeuring	[χudkøəriŋ]
goedkeuren (ww)	goedkeur	[χudkøər]
weigering (de)	weiering	[væjeriŋ]
weigeren (ww)	weier	[væjer]
Geweldig!	Wonderlik!	[vondərlik!]

| Goed! | Goed! | [χud!] |
| Akkoord! | OK! | [okej!] |

verboden (bn)	verbode	[ferbodə]
het is verboden	dit is verbode	[dit is ferbodə]
het is onmogelijk	dis onmoontlik	[dis onmoentlik]
onjuist (bn)	onjuis	[onjœis]

afwijzen (ww)	verwerp	[ferwerp]
steunen	steun	[støən]
(een goed doel, enz.)		
aanvaarden (excuses ~)	aanvaar	[ānfār]

bevestigen (ww)	bevestig	[befestəχ]
bevestiging (de)	bevestiging	[befestəχiŋ]
toestemming (de)	toelating	[tulatiŋ]
toestaan (ww)	toelaat	[tulāt]
beslissing (de)	besluit	[beslœit]
z'n mond houden (ww)	stilbly	[stilblaj]

voorwaarde (de)	voorwaarde	[foərwārdə]
smoes (de)	verskoning	[ferskoniŋ]
lof (de)	lof	[lof]
loven (ww)	loof	[loəf]

69. Succes. Veel geluk. Mislukking

succes (het)	sukses	[suksɛs]
succesvol (bw)	suksesvol	[suksɛsfol]
succesvol (bn)	suksesvol	[suksɛsfol]

| geluk (het) | geluk | [χeluk] |
| Succes! | Voorspoed! | [foərspud!] |

| geluks- (bn) | geluks- | [χeluks-] |
| gelukkig (fortuinlijk) | gelukkig | [χelukkəχ] |

mislukking (de)	mislukking	[mislukkiŋ]
tegenslag (de)	teëspoed	[teɛsput]
pech (de)	teëspoed	[teɛsput]

| zonder succes (bn) | onsuksesvol | [oŋsuksɛsfol] |
| catastrofe (de) | katastrofe | [katastrofə] |

fierheid (de)	trots	[trots]
fier (bn)	trots	[trots]
fier zijn (ww)	trots wees	[trots veəs]

winnaar (de)	wenner	[vɛnnər]
winnen (ww)	wen	[ven]
verliezen (ww)	verloor	[ferloər]
poging (de)	probeerslag	[probeərslaχ]
pogen, proberen (ww)	probeer	[probeər]
kans (de)	kans	[kaŋs]

70. Ruzies. Negatieve emoties

schreeuw (de)	skreeu	[skriʊ]
schreeuwen (ww)	skreeu	[skriʊ]
beginnen te schreeuwen	begin skreeu	[beχin skriʊ]
ruzie (de)	rusie	[rusi]
ruzie hebben (ww)	baklei	[baklæj]
schandaal (het)	stryery	[strajeraj]
schandaal maken (ww)	spektakel maak	[spektakəl mãk]
conflict (het)	konflik	[konflik]
misverstand (het)	misverstand	[misferstant]
belediging (de)	belediging	[beledəχiŋ]
beledigen	beledig	[beledəχ]
(met scheldwoorden)		
beledigd (bn)	beledig	[beledəχ]
krenking (de)	gekrenktheid	[χekrɛnkthæjt]
krenken (beledigen)	beledig	[beledəχ]
gekwetst worden (ww)	gekrenk voel	[χekrɛnk ful]
verontwaardiging (de)	verontwaardiging	[ferontwãrdəχiŋ]
verontwaardigd zijn (ww)	verontwaardig wees	[ferontwãrdəχ veəs]
klacht (de)	klag	[klaχ]
klagen (ww)	kla	[kla]
verontschuldiging (de)	verskoning	[ferskoniŋ]
zich verontschuldigen	verskoning vra	[ferskoniŋ fra]
excuus vragen	om verskoning vra	[om ferskoniŋ fra]
kritiek (de)	kritiek	[kritik]
bekritiseren (ww)	kritiseer	[kritiseər]
beschuldiging (de)	beskuldiging	[beskuldəχiŋ]
beschuldigen (ww)	beskuldig	[beskuldəχ]
wraak (de)	wraak	[vrãk]
wreken (ww)	wreek	[vreək]
wraak nemen (ww)	wraak neem	[vrãk neəm]
minachting (de)	minagting	[minaχtiŋ]
minachten (ww)	minag	[minaχ]
haat (de)	haat	[hãt]
haten (ww)	haat	[hãt]
zenuwachtig (bn)	senuweeagtig	[senuveə·aχtəχ]
zenuwachtig zijn (ww)	senuweeagtig wees	[senuveə·aχtəχ veəs]
boos (bn)	kwaad	[kwãt]
boos maken (ww)	kwaad maak	[kwãt mãk]
vernedering (de)	vernedering	[fernedəriŋ]
vernederen (ww)	verneder	[fernedər]
zich vernederen (ww)	jouself verneder	[jæusɛlf fernedər]
schok (de)	skok	[skok]
schokken (ww)	skok	[skok]

onaangenaamheid (de)	probleme	[problemə]
onaangenaam (bn)	onaangenaam	[onānχənām]
vrees (de)	vrees	[freəs]
vreselijk (bijv. ~ onweer)	verskriklik	[ferskriklik]
eng (bn)	vreesaanjaend	[freəsānjaent]
gruwel (de)	afgryse	[afχrajsə]
vreselijk (~ nieuws)	vreeslik	[freəslik]
beginnen te beven	begin beef	[beχin beəf]
huilen (wenen)	huil	[hœil]
beginnen te huilen (wenen)	begin huil	[beχin hœil]
traan (de)	traan	[trān]
schuld (~ geven aan)	skuld	[skult]
schuldgevoel (het)	skuldgevoel	[skultχəful]
schande (de)	skande	[skandə]
protest (het)	protes	[protes]
stress (de)	stres	[stres]
storen (lastigvallen)	steur	[støər]
kwaad zijn (ww)	woedend wees	[vudent veəs]
kwaad (bn)	kwaad	[kwāt]
beëindigen (een relatie ~)	beëindig	[beɛindəχ]
vloeken (ww)	sweer	[sweər]
schrikken (schrik krijgen)	skrik	[skrik]
slaan (iemand ~)	slaan	[slān]
vechten (ww)	baklei	[baklæj]
regelen (conflict)	besleg	[besleχ]
ontevreden (bn)	ontevrede	[ontefredə]
woedend (bn)	woedend	[vudent]
Dat is niet goed!	Dis nie goed nie!	[dis ni χut ni!]
Dat is slecht!	Dis sleg!	[dis sleχ!]

Geneeskunde

71. Ziekten

ziekte (de)	siekte	[siktə]
ziek zijn (ww)	siek wees	[sik veəs]
gezondheid (de)	gesondheid	[χesonthæjt]
snotneus (de)	loopneus	[loəpnøəs]
angina (de)	keelontsteking	[keəl·ontstekiŋ]
verkoudheid (de)	verkoue	[ferkæʊə]
bronchitis (de)	bronchitis	[bronχitis]
longontsteking (de)	longontsteking	[loŋ·ontstekiŋ]
griep (de)	griep	[χrip]
bijziend (bn)	bysiende	[bajsində]
verziend (bn)	versiende	[fersində]
scheelheid (de)	skeelheid	[skeəlhæjt]
scheel (bn)	skeel	[skeəl]
grauwe staar (de)	katarak	[katarak]
glaucoom (het)	gloukoom	[χlæʊkoəm]
beroerte (de)	beroerte	[berurtə]
hartinfarct (het)	hartaanval	[hart·ānfal]
myocardiaal infarct (het)	hartinfark	[hart·infark]
verlamming (de)	verlamming	[ferlammiŋ]
verlammen (ww)	verlam	[ferlam]
allergie (de)	allergie	[allerχi]
astma (de/het)	asma	[asma]
diabetes (de)	suikersiekte	[sœikər·siktə]
tandpijn (de)	tandpyn	[tand·pajn]
tandbederf (het)	tandbederf	[tand·bederf]
diarree (de)	diarree	[diarreə]
constipatie (de)	hardlywigheid	[hardlajviχæjt]
maagstoornis (de)	maagongesteldheid	[māχ·oŋəstɛldhæjt]
voedselvergiftiging (de)	voedselvergiftiging	[fudsəl·ferχiftəχiŋ]
voedselvergiftiging oplopen	voedselvergiftiging kry	[fudsəl·ferχiftəχiŋ kraj]
artritis (de)	artritis	[artritis]
rachitis (de)	Engelse siekte	[ɛŋəlsə siktə]
reuma (het)	reumatiek	[røəmatik]
arteriosclerose (de)	artrosklerose	[artrosklerosə]
gastritis (de)	maagontsteking	[māχ·ontstekiŋ]
blindedarmontsteking (de)	blindedermontsteking	[blindəderm·ontstekiŋ]
galblaasontsteking (de)	galblaasontsteking	[χalblās·ontstekiŋ]

zweer (de)	maagsweer	[mãχsweər]
mazelen (mv.)	masels	[masɛls]
rodehond (de)	Duitse masels	[dœitsə masɛls]
geelzucht (de)	geelsug	[χeəlsuχ]
leverontsteking (de)	hepatitis	[hepatitis]

schizofrenie (de)	skisofrenie	[skisofreni]
dolheid (de)	hondsdolheid	[hondsdolhæjt]
neurose (de)	neurose	[nøərosə]
hersenschudding (de)	harsingskudding	[harsiŋ·skuddiŋ]

kanker (de)	kanker	[kankər]
sclerose (de)	sklerose	[sklerosə]
multiple sclerose (de)	veelvuldige sklerose	[feəlfuldiχə sklerosə]

alcoholisme (het)	alkoholisme	[alkoholismə]
alcoholicus (de)	alkoholikus	[alkoholikus]
syfilis (de)	sifilis	[sifilis]
AIDS (de)	VIGS	[vigs]

tumor (de)	tumor	[tumor]
kwaadaardig (bn)	kwaadaardig	[kwādārdəχ]
goedaardig (bn)	goedaardig	[χudārdəχ]

koorts (de)	koors	[koərs]
malaria (de)	malaria	[malaria]
gangreen (het)	gangreen	[χanχreən]
zeeziekte (de)	seesiekte	[seə·siktə]
epilepsie (de)	epilepsie	[ɛpilepsi]

epidemie (de)	epidemie	[ɛpidemi]
tyfus (de)	tifus	[tifus]
tuberculose (de)	tuberkulose	[tuberkulosə]
cholera (de)	cholera	[χolera]
pest (de)	pes	[pes]

72. Symptomen. Behandelingen. Deel 1

symptoom (het)	simptoom	[simptoəm]
temperatuur (de)	temperatuur	[temperatɪr]
verhoogde temperatuur (de)	koors	[koərs]
polsslag (de)	polsslag	[pols·slaχ]

duizeling (de)	duiseligheid	[dœiseliχæjt]
heet (erg warm)	warm	[varm]
koude rillingen (mv.)	koue rillings	[kæʊə rilliŋs]
bleek (bn)	bleek	[bleək]

hoest (de)	hoes	[hus]
hoesten (ww)	hoes	[hus]
niezen (ww)	nies	[nis]
flauwte (de)	floute	[flæʊtə]
flauwvallen (ww)	flou word	[flæʊ vort]
blauwe plek (de)	blou kol	[blæʊ kol]

buil (de)	knop	[knop]
zich stoten (ww)	stamp	[stamp]
kneuzing (de)	besering	[beseriŋ]

hinken (ww)	hink	[hink]
verstuiking (de)	ontwrigting	[ontwriχtiŋ]
verstuiken (enkel, enz.)	ontwrig	[ontwrəχ]
breuk (de)	breuk	[brøək]
een breuk oplopen	n breuk hê	[n brøək hɛ:]

snijwond (de)	sny	[snaj]
zich snijden (ww)	jouself sny	[jæusɛlf snaj]
bloeding (de)	bloeding	[bludiŋ]

brandwond (de)	brandwond	[brant·vont]
zich branden (ww)	jouself brand	[jæusɛlf brant]

prikken (ww)	prik	[prik]
zich prikken (ww)	jouself prik	[jæusɛlf prik]
blesseren (ww)	seermaak	[seərmãk]
blessure (letsel)	besering	[beseriŋ]
wond (de)	wond	[vont]
trauma (het)	trauma	[trɔuma]

IJlen (ww)	yl	[ajl]
stotteren (ww)	stotter	[stottər]
zonnesteek (de)	sonsteek	[sɔŋ·steək]

73. Symptomen. Behandelingen. Deel 2

pijn (de)	pyn	[pajn]
splinter (de)	splinter	[splintər]

zweet (het)	sweet	[sweət]
zweten (ww)	sweet	[sweət]
braking (de)	braak	[brãk]
stuiptrekkingen (mv.)	stuiptrekkings	[stœip·trɛkkiŋs]

zwanger (bn)	swanger	[swaŋər]
geboren worden (ww)	gebore word	[χeborə vort]
geboorte (de)	geboorte	[χeboərtə]
baren (ww)	baar	[bãr]
abortus (de)	aborsie	[aborsi]

ademhaling (de)	asemhaling	[asemhaliŋ]
inademing (de)	inaseming	[inasemiŋ]
uitademing (de)	uitaseming	[œitasemiŋ]
uitademen (ww)	uitasem	[œitasem]
inademen (ww)	inasem	[inasem]

invalide (de)	invalide	[infalidə]
gehandicapte (de)	kreupel	[krøəpəl]
drugsverslaafde (de)	dwelmslaaf	[dwɛlm·slãf]
doof (bn)	doof	[doəf]

| stom (bn) | stom | [stom] |
| doofstom (bn) | doofstom | [doəf·stom] |

krankzinnig (bn)	swaksinnig	[swaksinnəχ]
krankzinnige (man)	kranksinnige	[kranksinniχə]
krankzinnige (vrouw)	kranksinnige	[kranksinniχə]
krankzinnig worden	kranksinnig word	[kranksinnəχ vort]

gen (het)	geen	[χeən]
immuniteit (de)	immuniteit	[immunitæjt]
erfelijk (bn)	erflik	[ɛrflik]
aangeboren (bn)	aangebore	[ānχəborə]

virus (het)	virus	[firus]
microbe (de)	mikrobe	[mikrobə]
bacterie (de)	bakterie	[bakteri]
infectie (de)	infeksie	[infeksi]

74. Symptomen. Behandelingen. Deel 3

| ziekenhuis (het) | hospitaal | [hospitāl] |
| patiënt (de) | pasiënt | [pasiɛnt] |

diagnose (de)	diagnose	[diaχnosə]
genezing (de)	genesing	[χenesiŋ]
medische behandeling (de)	mediese behandeling	[medisə behandəliŋ]
onder behandeling zijn	behandeling kry	[behandəliŋ kraj]
behandelen (ww)	behandel	[behandəl]
zorgen (zieken ~)	versorg	[fersorχ]
ziekenzorg (de)	versorging	[fersorχiŋ]

operatie (de)	operasie	[operasi]
verbinden (een arm ~)	verbind	[ferbint]
verband (het)	verband	[ferbant]
vaccin (het)	inenting	[inɛntiŋ]
inenten (vaccineren)	inent	[inɛnt]
injectie (de)	inspuiting	[inspœitiŋ]

aanval (de)	aanval	[ānfal]
amputatie (de)	amputasie	[amputasi]
amputeren (ww)	amputeer	[amputeər]
coma (het)	koma	[koma]
intensieve zorg, ICU (de)	intensiewe sorg	[intɛnsivə sorχ]

zich herstellen (ww)	herstel	[herstəl]
toestand (de)	kondisie	[kondisi]
bewustzijn (het)	bewussyn	[bevussajn]
geheugen (het)	geheue	[χəhøə]

trekken (een kies ~)	trek	[trek]
vulling (de)	vulsel	[fulsəl]
vullen (ww)	vul	[ful]
hypnose (de)	hipnose	[hipnosə]
hypnotiseren (ww)	hipnotiseer	[hipnotiseər]

75. Artsen

dokter, arts (de)	dokter	[doktər]
ziekenzuster (de)	verpleegster	[ferpleəχ·stər]
lijfarts (de)	lyfarts	[lajf·arts]
tandarts (de)	tandarts	[tand·arts]
oogarts (de)	oogarts	[oəχ·arts]
therapeut (de)	internis	[internis]
chirurg (de)	chirurg	[ʃirurχ]
psychiater (de)	psigiater	[psiχiatər]
pediater (de)	kinderdokter	[kindər·doktər]
psycholoog (de)	sielkundige	[silkundiχə]
gynaecoloog (de)	ginekoloog	[χinekoloəχ]
cardioloog (de)	kardioloog	[kardioloəχ]

76. Geneeskunde. Medicijnen. Accessoires

geneesmiddel (het)	medisyn	[medisajn]
middel (het)	geneesmiddel	[χeneəs·middəl]
voorschrijven (ww)	voorskryf	[foərskrajf]
recept (het)	voorskrif	[foərskrif]
tablet (de/het)	pil	[pil]
zalf (de)	salf	[salf]
ampul (de)	ampul	[ampul]
drank (de)	mengsel	[meŋsəl]
siroop (de)	stroop	[stroəp]
pil (de)	pil	[pil]
poeder (de/het)	poeier	[pujer]
verband (het)	verband	[ferbant]
watten (mv.)	watte	[vattə]
jodium (het)	iodium	[iodium]
pleister (de)	pleister	[plæjstər]
pipet (de)	oogdrupper	[oəχ·druppər]
thermometer (de)	termometer	[termometər]
spuit (de)	spuitnaald	[spœit·nãlt]
rolstoel (de)	rolstoel	[rol·stul]
krukken (mv.)	krukke	[krukkə]
pijnstiller (de)	pynstiller	[pajn·stillər]
laxeermiddel (het)	lakseermiddel	[lakseər·middəl]
spiritus (de)	spiritus	[spiritus]
medicinale kruiden (mv.)	geneeskragtige kruie	[χeneəs·kraχtiχə krœəiə]
kruiden- (abn)	kruie-	[krœie-]

77. Roken. Tabaksproducten

tabak (de)	tabak	[tabak]
sigaret (de)	sigaret	[siχaret]
sigaar (de)	sigaar	[siχãr]
pijp (de)	pyp	[pajp]
pakje (~ sigaretten)	pakkie	[pakki]
lucifers (mv.)	vuurhoutjies	[fɪrhæʊkis]
luciferdoosje (het)	vuurhoutjiedosie	[fɪrhæʊki·dosi]
aansteker (de)	aansteker	[ãŋstekər]
asbak (de)	asbak	[asbak]
sigarettendoosje (het)	sigarethouer	[siχaret·hæʊər]
sigarettenpijpje (het)	sigaretpypie	[siχaret·pajpi]
filter (de/het)	filter	[filtər]
roken (ww)	rook	[roək]
een sigaret opsteken	aansteek	[ãŋsteək]
roken (het)	rook	[roək]
roker (de)	roker	[rokər]
peuk (de)	stompie	[stompi]
rook (de)	rook	[roək]
as (de)	as	[as]

HET MENSELIJKE LEEFGEBIED

Stad

78. Stad. Het leven in de stad

stad (de)	stad	[stat]
hoofdstad (de)	hoofstad	[hoəf·stat]
dorp (het)	dorp	[dorp]
plattegrond (de)	stadskaart	[stats·kãrt]
centrum (ov. een stad)	sentrum	[sentrum]
voorstad (de)	voorstad	[foərstat]
voorstads- (abn)	voorstedelik	[foərstedelik]
randgemeente (de)	buitewyke	[bœitəvajkə]
omgeving (de)	omgewing	[omχeviŋ]
blok (huizenblok)	stadswyk	[stats·wajk]
woonwijk (de)	woonbuurt	[voənbɪrt]
verkeer (het)	verkeer	[ferkeər]
verkeerslicht (het)	robot	[robot]
openbaar vervoer (het)	openbare vervoer	[openbarə ferfur]
kruispunt (het)	kruispunt	[krœis·punt]
zebrapad (oversteekplaats)	sebraoorgang	[sebra·oərχaŋ]
onderdoorgang (de)	voetgangertonnel	[futχaŋər·tonnəl]
oversteken (de straat ~)	oorsteek	[oərsteek]
voetganger (de)	voetganger	[futχaŋər]
trottoir (het)	sypaadjie	[saj·pãdʒi]
brug (de)	brug	[bruχ]
dijk (de)	wal	[val]
fontein (de)	fontein	[fontæjn]
allee (de)	laning	[laniŋ]
park (het)	park	[park]
boulevard (de)	boulevard	[bulefar]
plein (het)	plein	[plæjn]
laan (de)	laan	[lãn]
straat (de)	straat	[strãt]
zijstraat (de)	systraat	[saj·strãt]
doodlopende straat (de)	doodloopstraat	[doədloəp·strãt]
huis (het)	huis	[hœis]
gebouw (het)	gebou	[χebæʊ]
wolkenkrabber (de)	wolkekrabber	[volkə·krabbər]
gevel (de)	gewel	[χevəl]
dak (het)	dak	[dak]

venster (het)	venster	[fɛŋstər]
boog (de)	arkade	[arkadə]
pilaar (de)	kolom	[kolom]
hoek (ov. een gebouw)	hoek	[huk]

vitrine (de)	uitstalraam	[œitstalrām]
gevelreclame (de)	reklamebord	[reklamə·bort]
affiche (de/het)	plakkaat	[plakkāt]
reclameposter (de)	reklameplakkaat	[reklamə·plakkāt]
aanplakbord (het)	aanplakbord	[ānplakbort]

vuilnis (de/het)	vullis	[fullis]
vuilnisbak (de)	vullisbak	[fullis·bak]
afval weggooien (ww)	rommel strooi	[romməl stroj]
stortplaats (de)	vullishoop	[fullis·hoəp]

telefooncel (de)	telefoonhokkie	[telefoən·hokki]
straatlicht (het)	lamppaal	[lamp·pāl]
bank (de)	bank	[bank]

politieagent (de)	polisieman	[polisi·man]
politie (de)	polisie	[polisi]
zwerver (de)	bedelaar	[bedelār]
dakloze (de)	daklose	[daklosə]

79. Stedelijke instellingen

winkel (de)	winkel	[vinkəl]
apotheek (de)	apteek	[apteək]
optiek (de)	optisiën	[optisiɛn]
winkelcentrum (het)	winkelsentrum	[vinkəl·sentrum]
supermarkt (de)	supermark	[supermark]

bakkerij (de)	bakkery	[bakkeraj]
bakker (de)	bakker	[bakkər]
banketbakkerij (de)	banketbakkery	[banket·bakkeraj]
kruidenier (de)	kruidenierswinkel	[krœidenirs·vinkəl]
slagerij (de)	slagter	[slaχtər]

| groentewinkel (de) | groentewinkel | [χruntə·vinkəl] |
| markt (de) | mark | [mark] |

koffiehuis (het)	koffiekroeg	[koffi·kruχ]
restaurant (het)	restaurant	[restɔurant]
bar (de)	kroeg	[kruχ]
pizzeria (de)	pizzeria	[pizzeria]

kapperssalon (de/het)	haarsalon	[hār·salon]
postkantoor (het)	poskantoor	[pos·kantoər]
stomerij (de)	droogskoonmakers	[droəχ·skoən·makers]
fotostudio (de)	fotostudio	[foto·studio]

| schoenwinkel (de) | skoenwinkel | [skun·vinkəl] |
| boekhandel (de) | boekhandel | [buk·handəl] |

sportwinkel (de)	sportwinkel	[sport·vinkəl]
kledingreparatie (de)	klereherstelwinkel	[klerə·herstəl·vinkəl]
kledingverhuur (de)	klereverhuurwinkel	[klerə·ferhɪr·vinkəl]
videotheek (de)	videowinkel	[video·vinkəl]

circus (de/het)	sirkus	[sirkus]
dierentuin (de)	dieretuin	[dirə·tœin]
bioscoop (de)	bioskoop	[bioskoəp]
museum (het)	museum	[musøəm]
bibliotheek (de)	biblioteek	[biblioteək]

theater (het)	teater	[teatər]
opera (de)	opera	[opera]
nachtclub (de)	nagklub	[naχ·klup]
casino (het)	kasino	[kasino]

moskee (de)	moskee	[moskeə]
synagoge (de)	sinagoge	[sinaχoχə]
kathedraal (de)	katedraal	[katedrãl]
tempel (de)	tempel	[tempəl]
kerk (de)	kerk	[kerk]

instituut (het)	kollege	[kolledʒ]
universiteit (de)	universiteit	[unifersitæjt]
school (de)	skool	[skoəl]

gemeentehuis (het)	stadhuis	[stat·hœis]
stadhuis (het)	stadhuis	[stat·hœis]
hotel (het)	hotel	[hotəl]
bank (de)	bank	[bank]

ambassade (de)	ambassade	[ambassadə]
reisbureau (het)	reisagentskap	[ræjs·aχentskap]
informatieloket (het)	inligtingskantoor	[inliχtiŋs·kantoər]
wisselkantoor (het)	wisselkantoor	[vissəl·kantoər]

| metro (de) | metro | [metro] |
| ziekenhuis (het) | hospitaal | [hospitãl] |

| benzinestation (het) | petrolstasie | [petrol·stasi] |
| parking (de) | parkeerterrein | [parkeər·terræjn] |

80. Borden

gevelreclame (de)	reklamebord	[reklamə·bort]
opschrift (het)	kennisgewing	[kɛnnis·χeviŋ]
poster (de)	plakkaat	[plakkãt]
wegwijzer (de)	rigtingwyser	[riχtiŋ·wajsər]
pijl (de)	pyl	[pajl]

waarschuwing (verwittiging)	waarskuwing	[vãrskuviŋ]
waarschuwingsbord (het)	waarskuwingsbord	[vãrskuviŋs·bort]
waarschuwen (ww)	waarsku	[vãrsku]
vrije dag (de)	rusdag	[rusdaχ]

| dienstregeling (de) | diensrooster | [diŋs·roostər] |
| openingsuren (mv.) | besigheidsure | [besiχæjts·urə] |

WELKOM!	WELKOM!	[vɛlkom!]
INGANG	INGANG	[inχaŋ]
UITGANG	UITGANG	[œitχaŋ]

DUWEN	STOOT	[stoət]
TREKKEN	TREK	[trek]
OPEN	OOP	[oəp]
GESLOTEN	GESLUIT	[χeslœit]

| DAMES | DAMES | [dames] |
| HEREN | MANS | [maŋs] |

KORTING	AFSLAG	[afslaχ]
UITVERKOOP	UITVERKOPING	[œitferkopiŋ]
NIEUW!	NUUT!	[nɪt!]
GRATIS	GRATIS	[χratis]

PAS OP!	PAS OP!	[pas op!]
VOLGEBOEKT	VOLBESPREEK	[folbespreək]
GERESERVEERD	BESPREEK	[bespreək]

| ADMINISTRATIE | ADMINISTRASIE | [administrasi] |
| ALLEEN VOOR PERSONEEL | SLEGS PERSONEEL | [sleχs personeəl] |

GEVAARLIJKE HOND	PAS OP VIR DIE HOND!	[pas op fir di hont!]
VERBODEN TE ROKEN!	ROOK VERBODE	[roək ferbodə]
NIET AANRAKEN!	NIE AANRAAK NIE!	[ni ãnrãk ni!]

GEVAARLIJK	GEVAARLIK	[χefãrlik]
GEVAAR	GEVAAR	[χefãr]
HOOGSPANNING	HOOGSPANNING	[hoəχ·spanniŋ]
VERBODEN TE ZWEMMEN	NIE SWEM NIE	[ni swem ni]
BUITEN GEBRUIK	BUITE WERKING	[bœitə verkiŋ]

ONTVLAMBAAR	ONTVLAMBAAR	[ontflambãr]
VERBODEN	VERBODE	[ferbodə]
DOORGANG VERBODEN	TOEGANG VERBODE!	[tuχaŋ ferbode!]
OPGELET PAS GEVERFD	NAT VERF	[nat ferf]

81. Stedelijk vervoer

bus, autobus (de)	bus	[bus]
tram (de)	trem	[trem]
trolleybus (de)	trembus	[trembus]
route (de)	busroete	[bus·rutə]
nummer (busnummer, enz.)	nommer	[nommər]

rijden met ...	ry per ...	[raj pər ...]
stappen (in de bus ~)	inklim	[inklim]
afstappen (ww)	uitklim ...	[œitklim ...]

halte (de)	halte	[haltə]
volgende halte (de)	volgende halte	[folχendə haltə]
eindpunt (het)	eindpunt	[æjnd·punt]
dienstregeling (de)	diensrooster	[diŋs·roəstər]
wachten (ww)	wag	[vaχ]

| kaartje (het) | kaartjie | [kãrki] |
| reiskosten (de) | reistarief | [ræjs·tarif] |

kassier (de)	kaartjieverkoper	[kãrki·ferkopər]
kaartcontrole (de)	kaartjiekontrole	[kãrki·kontrolə]
controleur (de)	kontroleur	[kontroløər]

te laat zijn (ww)	laat wees	[lãt veəs]
missen (de bus ~)	mis	[mis]
zich haasten (ww)	haastig wees	[hãstəχ veəs]

taxi (de)	taxi	[taksi]
taxichauffeur (de)	taxibestuurder	[taksi·bestɪrdər]
met de taxi (bw)	per taxi	[pər taksi]
taxistandplaats (de)	taxistaanplek	[taksi·stãnplek]

verkeer (het)	verkeer	[ferkeər]
file (de)	verkeersknoop	[ferkeərs·knoəp]
spitsuur (het)	spitsuur	[spits·ɪr]
parkeren (on.ww.)	parkeer	[parkeər]
parkeren (ov.ww.)	parkeer	[parkeər]
parking (de)	parkeerterrein	[parkeər·terræjn]

metro (de)	metro	[metro]
halte (bijv. kleine treinhalte)	stasie	[stasi]
de metro nemen	die metro vat	[di metro fat]
trein (de)	trein	[træjn]
station (treinstation)	treinstasie	[træjn·stasi]

82. Bezienswaardigheden

monument (het)	monument	[monument]
vesting (de)	fort	[fort]
paleis (het)	paleis	[palæjs]
kasteel (het)	kasteel	[kasteəl]
toren (de)	toring	[toriŋ]
mausoleum (het)	mausoleum	[mɔusoløəm]

architectuur (de)	argitektuur	[arχitektɪr]
middeleeuws (bn)	Middeleeus	[middeliʊs]
oud (bn)	oud	[æʊt]
nationaal (bn)	nasionaal	[naʃionãl]
bekend (bn)	bekend	[bekent]

toerist (de)	toeris	[turis]
gids (de)	gids	[χids]
rondleiding (de)	uitstappie	[œitstappi]
tonen (ww)	wys	[vajs]

78

vertellen (ww)	vertel	[fertəl]
vinden (ww)	vind	[fint]
verdwalen (de weg kwijt zijn)	verdwaal	[ferdwāl]
plattegrond (~ van de metro)	kaart	[kārt]
plattegrond (~ van de stad)	kaart	[kārt]

souvenir (het)	aandenking	[āndenkiŋ]
souvenirwinkel (de)	geskenkwinkel	[χeskɛnk·vinkəl]
foto's maken	fotografeer	[fotoχrafeər]
zich laten fotograferen	jou portret laat maak	[jæʊ portret lāt māk]

83. Winkelen

kopen (ww)	koop	[koəp]
aankoop (de)	aankoop	[ānkoəp]
winkelen (ww)	inkopies doen	[inkopis dʊn]
winkelen (het)	inkoop	[inkoəp]

| open zijn (ov. een winkel, enz.) | oop wees | [oəp veəs] |
| gesloten zijn (ww) | toe wees | [tu veəs] |

schoeisel (het)	skoeisel	[skuisəl]
kleren (mv.)	klere	[klerə]
cosmetica (mv.)	kosmetika	[kosmetika]
voedingswaren (mv.)	voedingsware	[fudiŋs·warə]
geschenk (het)	present	[present]

verkoper (de)	verkoper	[ferkopər]
verkoopster (de)	verkoopsdame	[ferkoəps·damə]
kassa (de)	kassier	[kassir]
spiegel (de)	spieël	[spiɛl]
toonbank (de)	toonbank	[toən·bank]
paskamer (de)	paskamer	[pas·kamər]

aanpassen (ww)	aanpas	[ānpas]
passen (ov. kleren)	pas	[pas]
bevallen (prettig vinden)	hou van	[hæʊ fan]

prijs (de)	prys	[prajs]
prijskaartje (het)	pryskaartjie	[prajs·kārki]
kosten (ww)	kos	[kos]
Hoeveel?	Hoeveel?	[hufeəl?]
korting (de)	afslag	[afslaχ]

niet duur (bn)	billik	[billik]
goedkoop (bn)	goedkoop	[χudkoəp]
duur (bn)	duur	[dɪr]
Dat is duur.	dis duur	[dis dɪr]

verhuur (de)	verhuur	[ferhɪr]
huren (smoking, enz.)	verhuur	[ferhɪr]
krediet (het)	krediet	[kredit]
op krediet (bw)	op krediet	[op kredit]

84. Geld

geld (het)	geld	[χɛlt]
ruil (de)	valutaruil	[faluta·rœil]
koers (de)	wisselkoers	[vissəl·kurs]
geldautomaat (de)	OTM	[o·te·em]
muntstuk (de)	muntstuk	[muntstuk]
dollar (de)	dollar	[dollar]
euro (de)	euro	[øəro]
lire (de)	lira	[lira]
Duitse mark (de)	Duitse mark	[dœitsə mark]
frank (de)	frank	[frank]
pond sterling (het)	pond sterling	[pont sterliŋ]
yen (de)	yen	[jɛn]
schuld (geldbedrag)	skuld	[skult]
schuldenaar (de)	skuldenaar	[skuldenãr]
uitlenen (ww)	uitleen	[œitleen]
lenen (geld ~)	leen	[leən]
bank (de)	bank	[bank]
bankrekening (de)	rekening	[rekəniŋ]
storten (ww)	deponeer	[deponeer]
opnemen (ww)	trek	[trek]
kredietkaart (de)	kredietkaart	[kredit·kãrt]
baar geld (het)	kontant	[kontant]
cheque (de)	tjek	[ʧek]
chequeboekje (het)	tjekboek	[ʧek·buk]
portefeuille (de)	beursie	[bøərsi]
geldbeugel (de)	muntstukbeursie	[muntstuk·bøərsi]
safe (de)	brandkas	[brant·kas]
erfgenaam (de)	erfgenaam	[ɛrfχənãm]
erfenis (de)	erfenis	[ɛrfenis]
fortuin (het)	fortuin	[fortœin]
huur (de)	huur	[hɪr]
huurprijs (de)	huur	[hɪr]
huren (huis, kamer)	huur	[hɪr]
prijs (de)	prys	[prajs]
kostprijs (de)	prys	[prajs]
som (de)	som	[som]
uitgeven (geld besteden)	spandeer	[spandeer]
kosten (mv.)	onkoste	[onkostə]
bezuinigen (ww)	besuinig	[besœinəχ]
zuinig (bn)	ekonomies	[ɛkonomis]
betalen (ww)	betaal	[betãl]
betaling (de)	betaling	[betaliŋ]

wisselgeld (het)	wisselgeld	[vissəl·χɛlt]
belasting (de)	belasting	[belastiŋ]
boete (de)	boete	[butə]
beboeten (bekeuren)	beboet	[bebut]

85. Post. Postkantoor

postkantoor (het)	poskantoor	[pos·kantoər]
post (de)	pos	[pos]
postbode (de)	posbode	[pos·bodə]
openingsuren (mv.)	besigheidsure	[besiχæjts·urə]

brief (de)	brief	[brif]
aangetekende brief (de)	geregistreerde brief	[χereχistreərdə brif]
briefkaart (de)	poskaart	[pos·kãrt]
telegram (het)	telegram	[teleχram]
postpakket (het)	pakkie	[pakki]
overschrijving (de)	geldoorplasing	[χɛld·oərplasiŋ]

ontvangen (ww)	ontvang	[ontfaŋ]
sturen (zenden)	stuur	[stʏr]
verzending (de)	versending	[fersendiŋ]

adres (het)	adres	[adres]
postcode (de)	poskode	[pos·kodə]
verzender (de)	sender	[sendər]
ontvanger (de)	ontvanger	[ontfaŋər]

| naam (de) | voornaam | [foərnãm] |
| achternaam (de) | van | [fan] |

tarief (het)	postarief	[pos·tarif]
standaard (bn)	standaard	[standãrt]
zuinig (bn)	ekonomies	[ɛkonomis]

gewicht (het)	gewig	[χeveχ]
afwegen (op de weegschaal)	weeg	[veeχ]
envelop (de)	koevert	[kufert]
postzegel (de)	posseël	[pos·seɛl]

Woning. Huis. Thuis

86. Huis. Woning

huis (het)	huis	[hœis]
thuis (bw)	tuis	[tœis]
cour (de)	werf	[verf]
omheining (de)	omheining	[omhæjniŋ]

baksteen (de)	baksteen	[baksteən]
van bakstenen	baksteen-	[baksteən-]
steen (de)	klip	[klip]
stenen (bn)	klip-	[klip-]
beton (het)	beton	[beton]
van beton	beton-	[beton-]

nieuw (bn)	nuut	[nɪt]
oud (bn)	ou	[æʊ]
vervallen (bn)	vervalle	[ferfallə]
modern (bn)	moderne	[modernə]
met veel verdiepingen	multiverdieping-	[multi·ferdipiŋ-]
hoog (bn)	hoë	[hoɛ]

verdieping (de)	verdieping	[ferdipiŋ]
met een verdieping	enkelverdieping	[ɛnkəl·ferdipiŋ]

laagste verdieping (de)	eerste verdieping	[eərstə ferdipiŋ]
bovenverdieping (de)	boonste verdieping	[boəŋstə verdipiŋ]

dak (het)	dak	[dak]
schoorsteen (de)	skoorsteen	[skoərsteən]

dakpan (de)	dakteëls	[daktecls]
pannen- (abn)	geteël	[χetecl]
zolder (de)	solder	[soldər]

venster (het)	venster	[fɛŋstər]
glas (het)	glas	[χlas]

vensterbank (de)	vensterbank	[fɛŋstər·bank]
luiken (mv.)	luik	[lœik]

muur (de)	muur	[mɪr]
balkon (het)	balkon	[balkon]
regenpijp (de)	reënpyp	[recn·pajp]

boven (bw)	bo	[bo]
naar boven gaan (ww)	boontoe gaan	[boentu χān]
afdalen (on.ww.)	afkom	[afkom]
verhuizen (ww)	verhuis	[ferhœis]

87. Huis. Ingang. Lift

ingang (de)	ingang	[inχaŋ]
trap (de)	trap	[trap]
treden (mv.)	treetjies	[treəkis]
trapleuning (de)	leuning	[løəniŋ]
hal (de)	voorportaal	[foər·portāl]

postbus (de)	posbus	[pos·bus]
vuilnisbak (de)	vullisblik	[fullis·blik]
vuilniskoker (de)	vullisgeut	[fullis·χøət]

lift (de)	hysbak	[hajsbak]
goederenlift (de)	vraghysbak	[fraχ·hajsbak]
liftcabine (de)	hysbak	[hajsbak]
de lift nemen	hysbak neem	[hajsbak neəm]

appartement (het)	woonstel	[voəŋstəl]
bewoners (mv.)	bewoners	[bevoners]
buurman (de)	buurman	[bɪrman]
buurvrouw (de)	buurvrou	[bɪrfræʊ]
buren (mv.)	bure	[burə]

88. Huis. Elektriciteit

elektriciteit (de)	krag, elektrisiteit	[kraχ], [elektrisitæjt]
lamp (de)	gloeilamp	[χlui·lamp]
schakelaar (de)	skakelaar	[skakəlār]
zekering (de)	sekering	[sekəriŋ]

draad (de)	kabel	[kabəl]
bedrading (de)	bedrading	[bedradiŋ]
elektriciteitsmeter (de)	kragmeter	[kraχ·metər]
gegevens (mv.)	lesings	[lesiŋs]

89. Huis. Deuren. Sloten

deur (de)	deur	[døər]
toegangspoort (de)	hek	[hek]
deurkruk (de)	deurknop	[døər·knop]
ontsluiten (ontgrendelen)	oopsluit	[oəpslœit]
openen (ww)	oopmaak	[oəpmāk]
sluiten (ww)	sluit	[slœit]

sleutel (de)	sleutel	[sløətəl]
sleutelbos (de)	bos	[bos]
knarsen (bijv. scharnier)	kraak	[krāk]
knarsgeluid (het)	gekraak	[χekrāk]
scharnier (het)	skarnier	[skarnir]
deurmat (de)	deurmat	[døər·mat]
slot (het)	deurslot	[døər·slot]

sleutelgat (het)	sleutelgat	[sløətəl·χat]
grendel (de)	grendel	[χrendəl]
schuif (de)	deurknip	[døər·knip]
hangslot (het)	hangslot	[haŋslot]

aanbellen (ww)	lui	[lœi]
bel (geluid)	gelui	[χelœi]
deurbel (de)	deurklokkie	[døər·klokki]
belknop (de)	belknoppie	[bɛl·knoppi]
geklop (het)	klop	[klop]
kloppen (ww)	klop	[klop]

code (de)	kode	[kodə]
cijferslot (het)	kombinasieslot	[kombinasi·slot]
parlofoon (de)	interkom	[interkom]
nummer (het)	nommer	[nommər]
naambordje (het)	naambordjie	[nãm·bordʒi]
deurspion (de)	loergaatjie	[lurχāki]

90. Huis op het platteland

dorp (het)	dorp	[dorp]
moestuin (de)	groentetuin	[χruntə·tœin]
hek (het)	heining	[hæjniŋ]
houten hekwerk (het)	spitspaalheining	[spitspāl·hæjniŋ]
tuinpoortje (het)	tuinhekkie	[tœin·hɛkki]

graanschuur (de)	graanstoorplek	[χrãŋ·stoərplek]
wortelkelder (de)	wortelkelder	[vortəl·keldər]
schuur (de)	tuinhuisie	[tœin·hœisi]
waterput (de)	waterput	[vatər·put]

kachel (de)	houtkaggel	[hæʊt·kaχχəl]
de kachel stoken	die houtkaggel stook	[di hæʊt·kaχχəl stoək]
brandhout (het)	brandhout	[brant·hæʊt]
houtblok (het)	stomp	[stomp]

veranda (de)	stoep	[stup]
terras (het)	dek	[dek]
bordes (het)	ingangstrappie	[inχaŋs·trappi]
schommel (de)	swaai	[swāi]

91. Villa. Herenhuis

landhuisje (het)	buitewoning	[bœitə·voniŋ]
villa (de)	landhuis	[land·hœis]
vleugel (de)	vleuel	[fløəəl]

tuin (de)	tuin	[tœin]
park (het)	park	[park]
oranjerie (de)	tropiese kweekhuis	[tropisə kweək·hœis]
onderhouden (tuin, enz.)	versorg	[fersorχ]

zwembad (het)	swembad	[swem·bat]
gym (het)	gim	[χim]
tennisveld (het)	tennisbaan	[tɛnnis·bān]
bioscoopkamer (de)	huisteater	[hœis·teatər]
garage (de)	garage	[χaraʒə]

| privé-eigendom (het) | privaat besit | [prifāt besit] |
| eigen terrein (het) | privaateiendom | [prifāt·æjendom] |

| waarschuwing (de) | waarskuwing | [vārskuviŋ] |
| waarschuwingsbord (het) | waarskuwingsbord | [vārskuviŋs·bort] |

bewaking (de)	sekuriteit	[sekuritæjt]
bewaker (de)	veiligheidswag	[fæjliχæjts·waχ]
inbraakalarm (het)	diefalarm	[dif·alarm]

92. Kasteel. Paleis

kasteel (het)	kasteel	[kasteəl]
paleis (het)	paleis	[palæjs]
vesting (de)	fort	[fort]
ringmuur (de)	ringmuur	[riŋ·mɪr]
toren (de)	toring	[toriŋ]
donjon (de)	toring	[toriŋ]

valhek (het)	valhek	[falhek]
onderaardse gang (de)	tonnel	[tonnəl]
slotgracht (de)	grag	[χraχ]
ketting (de)	ketting	[kɛttiŋ]
schietgat (het)	skietgat	[skitχat]

prachtig (bn)	pragtig	[praχtəχ]
majestueus (bn)	majestueus	[majestuøəs]
onneembaar (bn)	onneembaar	[onneəmbār]
middeleeuws (bn)	Middeleeus	[middeliʊs]

93. Appartement

appartement (het)	woonstel	[voəŋstəl]
kamer (de)	kamer	[kamər]
slaapkamer (de)	slaapkamer	[slāp·kamər]
eetkamer (de)	eetkamer	[eət·kamər]
salon (de)	sitkamer	[sit·kamər]
studeerkamer (de)	studeerkamer	[studeər·kamər]

gang (de)	ingangsportaal	[inχaŋs·portāl]
badkamer (de)	badkamer	[bad·kamər]
toilet (het)	toilet	[tojlet]

plafond (het)	plafon	[plafon]
vloer (de)	vloer	[flur]
hoek (de)	hoek	[huk]

94. Appartement. Schoonmaken

schoonmaken (ww)	skoonmaak	[skoɛnmãk]
opbergen (in de kast, enz.)	bère	[bæərə]
stof (het)	stof	[stof]
stoffig (bn)	stoffig	[stoffəx]
stoffen (ww)	afstof	[afstof]
stofzuiger (de)	stofsuier	[stof·sœiər]
stofzuigen (ww)	stofsuig	[stofsœix]
vegen (de vloer ~)	vee	[feə]
veegsel (het)	veegsel	[feəxsəl]
orde (de)	orde	[ordə]
wanorde (de)	wanorde	[vanordə]
zwabber (de)	mop	[mop]
poetsdoek (de)	stoflap	[stoflap]
veger (de)	kort besem	[kort besem]
stofblik (het)	skoppie	[skoppi]

95. Meubels. Interieur

meubels (mv.)	meubels	[møəbɛls]
tafel (de)	tafel	[tafel]
stoel (de)	stoel	[stul]
bed (het)	bed	[bet]
bankstel (het)	rusbank	[rusbank]
fauteuil (de)	gemakstoel	[xemak·stul]
boekenkast (de)	boekkas	[buk·kas]
boekenrek (het)	rak	[rak]
kledingkast (de)	klerekas	[klerə·kas]
kapstok (de)	kapstok	[kapstok]
staande kapstok (de)	kapstok	[kapstok]
commode (de)	laaikas	[lãjkas]
salontafeltje (het)	koffietafel	[koffi·tafəl]
spiegel (de)	spieël	[spiɛl]
tapijt (het)	mat	[mat]
tapijtje (het)	matjie	[maki]
haard (de)	vuurherd	[fɪr·hert]
kaars (de)	kers	[kers]
kandelaar (de)	kandelaar	[kandelãr]
gordijnen (mv.)	gordyne	[xordajnə]
behang (het)	muurpapier	[mɪr·papir]
jaloezie (de)	blindings	[blindɪŋs]
bureaulamp (de)	tafellamp	[tafel·lamp]
wandlamp (de)	muurlamp	[mɪr·lamp]

| staande lamp (de) | staanlamp | [stān·lamp] |
| luchter (de) | kroonlugter | [kroən·luχtər] |

poot (ov. een tafel, enz.)	poot	[poət]
armleuning (de)	armleuning	[arm·løəniŋ]
rugleuning (de)	rugleuning	[ruχ·løəniŋ]
la (de)	laai	[läi]

96. Beddengoed

beddengoed (het)	beddegoed	[beddə·χut]
kussen (het)	kussing	[kussiŋ]
kussenovertrek (de)	kussingsloop	[kussiŋ·sloəp]
deken (de)	duvet	[dufet]
laken (het)	laken	[laken]
sprei (de)	bedsprei	[bed·spræj]

97. Keuken

keuken (de)	kombuis	[kombœis]
gas (het)	gas	[χas]
gasfornuis (het)	gasstoof	[χas·stoəf]
elektrisch fornuis (het)	elektriese stoof	[elektrisə stoəf]
oven (de)	oond	[oent]
magnetronoven (de)	mikrogolfoond	[mikroχolf·oent]

koelkast (de)	yskas	[ajs·kas]
diepvriezer (de)	vrieskas	[friskas]
vaatwasmachine (de)	skottelgoedwasser	[skottɛlχud·wassər]

vleesmolen (de)	vleismeul	[flæjs·møəl]
vruchtenpers (de)	versapper	[fersappər]
toaster (de)	broodrooster	[broəd·roəstər]
mixer (de)	menger	[meŋər]

koffiemachine (de)	koffiemasjien	[koffi·maʃin]
koffiepot (de)	koffiepot	[koffi·pot]
koffiemolen (de)	koffiemeul	[koffi·møəl]

fluitketel (de)	fluitketel	[flœit·ketəl]
theepot (de)	teepot	[teə·pot]
deksel (de/het)	deksel	[deksəl]
theezeefje (het)	teesiffie	[teə·siffi]

lepel (de)	lepel	[lepəl]
theelepeltje (het)	teelepeltjie	[teə·lepəlki]
eetlepel (de)	soplepel	[sop·lepəl]
vork (de)	vurk	[furk]
mes (het)	mes	[mes]

| vaatwerk (het) | tafelgerei | [tafel·χeræj] |
| bord (het) | bord | [bort] |

schoteltje (het)	**piering**	[piriŋ]
likeurglas (het)	**likeurglas**	[likøər·χlas]
glas (het)	**glas**	[χlas]
kopje (het)	**koppie**	[koppi]

suikerpot (de)	**suikerpot**	[sœikər·pot]
zoutvat (het)	**soutvaatjie**	[sæut·fāki]
pepervat (het)	**pepervaatjie**	[pepər·fāki]
boterschaaltje (het)	**botterbakkie**	[bottər·bakki]

pan (de)	**soppot**	[sop·pot]
bakpan (de)	**braaipan**	[brāj·pan]
pollepel (de)	**opskeplepel**	[opskep·lepəl]
vergiet (de/het)	**vergiet**	[ferχit]
dienblad (het)	**skinkbord**	[skink·bort]

fles (de)	**bottel**	[bottəl]
glazen pot (de)	**fles**	[fles]
blik (conserven~)	**blikkie**	[blikki]

flesopener (de)	**botteloopmaker**	[bottəl·oəpmakər]
blikopener (de)	**blikoopmaker**	[blik·oəpmakər]
kurkentrekker (de)	**kurktrekker**	[kurk·trɛkkər]
filter (de/het)	**filter**	[filtər]
filteren (ww)	**filter**	[filtər]

huisvuil (het)	**vullis**	[fullis]
vuilnisemmer (de)	**vullisbak**	[fullis·bak]

98. Badkamer

badkamer (de)	**badkamer**	[bad·kamər]
water (het)	**water**	[vatər]
kraan (de)	**kraan**	[krãn]
warm water (het)	**warme water**	[varmə vatər]
koud water (het)	**koue water**	[kæuə vatər]

tandpasta (de)	**tandepasta**	[tandə·pasta]
tanden poetsen (ww)	**tande borsel**	[tandə borsəl]
tandenborstel (de)	**tandeborsel**	[tandə·borsəl]

zich scheren (ww)	**skeer**	[skeər]
scheercrème (de)	**skeerroom**	[skeər·roəm]
scheermes (het)	**skeermes**	[skeər·mes]

wassen (ww)	**was**	[vas]
een bad nemen	**bad**	[bat]
douche (de)	**stort**	[stort]
een douche nemen	**stort**	[stort]

bad (het)	**bad**	[bat]
toiletpot (de)	**toilet**	[tojlet]
wastafel (de)	**wasbak**	[vas·bak]
zeep (de)	**seep**	[seəp]

zeepbakje (het)	seepbakkie	[seəp·bakki]
spons (de)	spons	[spɔŋs]
shampoo (de)	sjampoe	[ʃampu]
handdoek (de)	handdoek	[handduk]
badjas (de)	badjas	[batjas]

was (bijv. handwas)	was	[vas]
wasmachine (de)	wasmasjien	[vas·maʃin]
de was doen	die wasgoed was	[di vasχut vas]
waspoeder (de)	waspoeier	[vas·pujer]

99. Huishoudelijke apparaten

televisie (de)	TV-stel	[te·fe-stəl]
cassettespeler (de)	bandspeler	[band·spelər]
videorecorder (de)	videomasjien	[video·maʃin]
radio (de)	radio	[radio]
speler (de)	speler	[spelər]

videoprojector (de)	videoprojektor	[video·projektor]
home theater systeem (het)	tuisfliekteater	[tœis·flik·teatər]
DVD-speler (de)	DVD-speler	[de·fe·de-spelər]
versterker (de)	versterker	[fersterkər]
spelconsole (de)	videokonsole	[video·kɔŋsolə]

videocamera (de)	videokamera	[video·kamera]
fotocamera (de)	kamera	[kamera]
digitale camera (de)	digitale kamera	[diχitalə kamera]

stofzuiger (de)	stofsuier	[stof·sœiər]
strijkijzer (het)	strykyster	[strajk·ajstər]
strijkplank (de)	strykplank	[strajk·plank]

telefoon (de)	telefoon	[telefoən]
mobieltje (het)	selfoon	[sɛlfoən]
schrijfmachine (de)	tikmasjien	[tik·maʃin]
naaimachine (de)	naaimasjien	[naj·maʃin]

microfoon (de)	mikrofoon	[mikrofoən]
koptelefoon (de)	koptelefoon	[kop·telefoən]
afstandsbediening (de)	afstandsbeheer	[afstands·beheər]

CD (de)	CD	[se·də]
cassette (de)	kasset	[kasset]
vinylplaat (de)	plaat	[plāt]

100. Reparaties. Renovatie

renovatie (de)	opknapwerk	[opknap·werk]
renoveren (ww)	opknap	[opknap]
repareren (ww)	herstel	[herstəl]
op orde brengen	aan kant maak	[ān kant māk]

overdoen (ww)	oordoen	[oərdun]
verf (de)	verf	[fɛrf]
verven (muur ~)	verf	[fɛrf]
schilder (de)	skilder	[skildər]
kwast (de)	verfborsel	[fɛrf·borsəl]
kalk (de)	witkalk	[vitkalk]
kalken (ww)	wit	[vit]
behang (het)	muurpapier	[mɪr·papir]
behangen (ww)	behang	[behaŋ]
lak (de/het)	vernis	[fernis]
lakken (ww)	vernis	[fernis]

101. Loodgieterswerk

water (het)	water	[vatər]
warm water (het)	warme water	[varmə vatər]
koud water (het)	koue water	[kæʊə vatər]
kraan (de)	kraan	[krān]
druppel (de)	druppel	[druppəl]
druppelen (ww)	drup	[drup]
lekken (een lek hebben)	lek	[lek]
lekkage (de)	lekkasie	[lɛkkasi]
plasje (het)	poeletjie	[puləki]
buis, leiding (de)	pyp	[pajp]
stopkraan (de)	kraan	[krān]
verstopt raken (ww)	verstop raak	[ferstop rāk]
gereedschap (het)	gereedskap	[xereədskap]
Engelse sleutel (de)	skroefsleutel	[skruf·sløətəl]
losschroeven (ww)	losskroef	[losskruf]
aanschroeven (ww)	vasskroef	[fasskruf]
ontstoppen (riool, enz.)	oopmaak	[oəpmāk]
loodgieter (de)	loodgieter	[loədχitər]
kelder (de)	kelder	[kɛldər]
riolering (de)	riolering	[rioleriŋ]

102. Brand. Vuurzee

brand (de)	brand	[brant]
vlam (de)	vlam	[flam]
vonk (de)	vonk	[fonk]
rook (de)	rook	[roək]
fakkel (de)	fakkel	[fakkel]
kampvuur (het)	kampvuur	[kampfɪr]
benzine (de)	petrol	[petrol]
kerosine (de)	kerosien	[kerosin]

brandbaar (bn)	ontvambaar	[ontfambãr]
ontplofbaar (bn)	ontplofbaar	[ontplofbãr]
VERBODEN TE ROKEN!	ROOK VERBODE	[roǝk ferbodǝ]

veiligheid (de)	veiligheid	[fæjliχæjt]
gevaar (het)	gevaar	[χefãr]
gevaarlijk (bn)	gevaarlik	[χefãrlik]

in brand vliegen (ww)	vlam vat	[flam fat]
explosie (de)	ontploffing	[ontploffiŋ]
in brand steken (ww)	aan die brand steek	[ãn di brant steǝk]
brandstichter (de)	brandstigter	[brant·stiχtǝr]
brandstichting (de)	brandstigting	[brant·stiχtiŋ]

vlammen (ww)	brand	[brant]
branden (ww)	brand	[brant]
afbranden (ww)	afbrand	[afbrant]

de brandweer bellen	die brandweer roep	[di brantveǝr rup]
brandweerman (de)	brandweerman	[brantveǝr·man]
brandweerwagen (de)	brandweerwa	[brantveǝr·wa]
brandweer (de)	brandweer	[brantveǝr]
uitschuifbare ladder (de)	brandweerwaleer	[brantveǝr·wa·leǝr]

brandslang (de)	brandslang	[brant·slaŋ]
brandblusser (de)	brandblusser	[brant·blussǝr]
helm (de)	helmet	[hɛlmet]
sirene (de)	sirene	[sirenǝ]

roepen (ww)	skreeu	[skriʊ]
hulp roepen	hulp roep	[hulp rup]
redder (de)	redder	[rɛddǝr]
redden (ww)	red	[ret]

aankomen (per auto, enz.)	aankom	[ãnkom]
blussen (ww)	blus	[blus]
water (het)	water	[vatǝr]
zand (het)	sand	[sant]

ruïnes (mv.)	ruïnes	[ruïnes]
instorten (gebouw, enz.)	instort	[instort]
ineenstorten (ww)	val	[fal]
inzakken (ww)	instort	[instort]

| brokstuk (het) | brokstukke | [brokstukkǝ] |
| as (de) | as | [as] |

| verstikken (ww) | verstik | [ferstik] |
| omkomen (ww) | omkom | [omkom] |

Books. Thematische woordenschat Nederlands-Afrikaans - 9000 woorden

MENSELIJKE ACTIVITEITEN

Baan. Business. Deel 1

103. Kantoor. Op kantoor werken

kantoor (het)	kantoor	[kantoər]
kamer (de)	kantoor	[kantoər]
receptie (de)	ontvangs	[ontfaŋs]
secretaris (de)	sekretaris	[sekretaris]
secretaresse (de)	sekretaresse	[sekretarɛssə]
directeur (de)	direkteur	[direktøər]
manager (de)	bestuurder	[bestɪrdər]
boekhouder (de)	boekhouer	[bukhæʊər]
werknemer (de)	werknemer	[verknemər]
meubilair (het)	meubels	[møəbɛls]
tafel (de)	lessenaar	[lɛssenār]
bureaustoel (de)	draaistoel	[drāj·stul]
ladeblok (het)	laaikas	[lājkas]
kapstok (de)	kapstok	[kapstok]
computer (de)	rekenaar	[rekənār]
printer (de)	drukker	[drukkər]
fax (de)	faksmasjien	[faks·maʃin]
kopieerapparaat (het)	fotostaatmasjien	[fotostāt·maʃin]
papier (het)	papier	[papir]
kantoorartikelen (mv.)	kantoorbenodigdhede	[kantoər·benodiχdhedə]
muismat (de)	muismatjie	[mœis·maki]
blad (het)	blaai	[blāi]
ordner (de)	binder	[bindər]
catalogus (de)	katalogus	[kataloχus]
telefoongids (de)	telefoongids	[telefoən·χids]
documentatie (de)	dokumentasie	[dokumentasi]
brochure (de)	brosjure	[broʃurə]
flyer (de)	strooibiljet	[stroj·biljet]
monster (het), staal (de)	monsterkaart	[mɔŋstər·kārt]
training (de)	opleidingsvergadering	[oplæjdiŋs·ferχaderiŋ]
vergadering (de)	vergadering	[ferχaderiŋ]
lunchpauze (de)	middagpouse	[middaχ·pæʊsə]
de kopieën maken	aantal kopieë maak	[āntal kopiɛ māk]
opbellen (ww)	bel	[bəl]
antwoorden (ww)	antwoord	[antwoərt]
doorverbinden (ww)	deursit	[døərsit]

92

afspreken (ww)	reël	[reɛl]
demonstreren (ww)	demonstreer	[demɔŋstreər]
absent zijn (ww)	afwesig wees	[afwesəχ veəs]
afwezigheid (de)	afwesigheid	[afwesiχæjt]

104. Bedrijfsprocessen. Deel 1

| bedrijf (business) | besigheid | [besiχæjt] |
| zaak (de), beroep (het) | beroep | [berup] |

firma (de)	firma	[firma]
bedrijf (maatschap)	maatskappy	[mãtskappaj]
corporatie (de)	korporasie	[korporasi]
onderneming (de)	onderneming	[ondərnemiŋ]
agentschap (het)	agentskap	[aχentskap]

overeenkomst (de)	ooreenkoms	[oəreənkoms]
contract (het)	kontrak	[kontrak]
transactie (de)	transaksie	[traŋsaksi]
bestelling (de)	bestelling	[bestɛlliŋ]
voorwaarde (de)	voorwaarde	[foərwārdə]

in het groot (bw)	groothandels-	[χroət·handəls-]
groothandels- (abn)	groothandels-	[χroət·handəls-]
groothandel (de)	groothandel	[χroət·handəl]
kleinhandels- (abn)	kleinhandels-	[klæjn·handəls-]
kleinhandel (de)	kleinhandel	[klæjn·handəl]

concurrent (de)	konkurrent	[konkurrent]
concurrentie (de)	konkurrensie	[konkurreŋsi]
concurreren (ww)	kompeteer	[kompeteər]

| partner (de) | vennoot | [fɛnnoət] |
| partnerschap (het) | vennootskap | [fɛnnoətskap] |

crisis (de)	krisis	[krisis]
bankroet (het)	bankrotskap	[bankrotskap]
bankroet gaan (ww)	bankrot speel	[bankrot speəl]
moeilijkheid (de)	moeilikheid	[muilikhæjt]
probleem (het)	probleem	[probleəm]
catastrofe (de)	katastrofe	[katastrofə]

economie (de)	ekonomie	[ɛkonomi]
economisch (bn)	ekonomiese	[ɛkonomisə]
economische recessie (de)	ekonomiese agteruitgang	[ɛkonomisə aχtər·œitχaŋ]

| doel (het) | doel | [dul] |
| taak (de) | opdrag | [opdraχ] |

handelen (handel drijven)	handel	[handəl]
netwerk (het)	netwerk	[netwerk]
voorraad (de)	voorraad	[foərrāt]
assortiment (het)	reeks	[reəks]
leider (de)	leier	[læjer]

| groot (bn) | groot | [χroət] |
| monopolie (het) | monopolie | [monopoli] |

theorie (de)	teorie	[teori]
praktijk (de)	praktyk	[praktajk]
ervaring (de)	ervaring	[ɛrfariŋ]
tendentie (de)	tendens	[tendɛŋs]
ontwikkeling (de)	ontwikkeling	[ontwikkeliŋ]

105. Bedrijfsprocessen. Deel 2

| voordeel (het) | wins | [vins] |
| voordelig (bn) | voordelig | [foərdeləχ] |

delegatie (de)	delegasie	[deleχasi]
salaris (het)	salaris	[salaris]
corrigeren (fouten ~)	korrigeer	[korriχeər]
zakenreis (de)	sakereis	[sakeræjs]
commissie (de)	kommissie	[kommissi]

controleren (ww)	kontroleer	[kontroleər]
conferentie (de)	konferensie	[konferɛŋsi]
licentie (de)	lisensie	[lisɛŋsi]
betrouwbaar (partner, enz.)	betroubaar	[betræubār]

aanzet (de)	inisiatief	[inisiatif]
norm (bijv. ~ stellen)	norm	[norm]
omstandigheid (de)	omstandigheid	[omstandiχæjt]
taak, plicht (de)	taak	[tāk]

organisatie (bedrijf, zaak)	organisasie	[orχanisasi]
organisatie (proces)	organisasie	[orχanisasi]
georganiseerd (bn)	georganiseer	[χeorχaniseər]
afzegging (de)	kansellering	[kaŋsɛlleriŋ]
afzeggen (ww)	kanselleer	[kaŋsɛlleər]
verslag (het)	verslag	[ferslaχ]

patent (het)	patent	[patent]
patenteren (ww)	patenteer	[patenteər]
plannen (ww)	beplan	[beplan]

premie (de)	bonus	[bonus]
professioneel (bn)	professioneel	[profɛssioneəl]
procedure (de)	prosedure	[prosedurə]

onderzoeken (contract, enz.)	ondersoek	[ondərsuk]
berekening (de)	berekening	[berekeniŋ]
reputatie (de)	reputasie	[reputasi]
risico (het)	risiko	[risiko]

beheren (managen)	beheer	[beheər]
informatie (de)	informasie	[informasi]
eigendom (bezit)	eiendom	[æjendom]
unie (de)	unie	[uni]

levensverzekering (de)	lewensversekering	[levɛŋs·fersekeriŋ]
verzekeren (ww)	verseker	[fersekər]
verzekering (de)	versekering	[fersekeriŋ]

veiling (de)	veiling	[fæjliŋ]
verwittigen (ww)	laat weet	[lãt veət]
beheer (het)	beheer	[beheər]
dienst (de)	diens	[diŋs]

forum (het)	forum	[forum]
functioneren (ww)	funksioneer	[funksioneər]
stap, etappe (de)	stadium	[stadium]
juridisch (bn)	regs-	[reχs-]
jurist (de)	regsgeleerde	[reχs·χeleərdə]

106. Productie. Werken

industriële installatie (fabriek)	fabriek	[fabrik]
fabriek (de)	fabriek	[fabrik]
werkplaatsruimte (de)	werkplek	[verkplek]
productielocatie (de)	bedryf	[bedrajf]

industrie (de)	industrie	[industri]
industrieel (bn)	industrieel	[industriəl]
zware industrie (de)	swaar industrie	[swãr industri]
lichte industrie (de)	ligte industrie	[liχtə industri]

productie (de)	produkte	[produktə]
produceren (ww)	produseer	[produseər]
grondstof (de)	grondstowwe	[χront·stowə]

voorman, ploegbaas (de)	voorman	[foərman]
ploeg (de)	werkspan	[verks·pan]
arbeider (de)	werker	[verkər]

werkdag (de)	werksdag	[verks·daχ]
pauze (de)	pouse	[pæʊsə]
samenkomst (de)	vergadering	[ferχaderiŋ]
bespreken (spreken over)	bespreek	[bespreək]

plan (het)	plan	[plan]
het plan uitvoeren	die plan uitvoer	[di plan œitfur]
productienorm (de)	produksienorm	[produksi·norm]
kwaliteit (de)	kwaliteit	[kwalitæjt]
controle (de)	kontrole	[kontrolə]
kwaliteitscontrole (de)	kwaliteitskontrole	[kwalitæjts·kontrolə]

arbeidsveiligheid (de)	werkplekveiligheid	[verkplek·fæjliχæjt]
discipline (de)	dissipline	[dissiplinə]
overtreding (de)	oortreding	[oərtrediŋ]
overtreden (ww)	oortree	[oərtreə]

| staking (de) | staking | [stakiŋ] |
| staker (de) | staker | [stakər] |

T&P Books. Thematische woordenschat Nederlands-Afrikaans - 9000 woorden

| staken (ww) | staak | [stāk] |
| vakbond (de) | vakbond | [fakbont] |

uitvinden (machine, enz.)	uitvind	[œitfint]
uitvinding (de)	uitvinding	[œitfindiŋ]
onderzoek (het)	navorsing	[naforsiŋ]
verbeteren (beter maken)	verbeter	[ferbetər]
technologie (de)	tegnologie	[teχnoloχi]
technische tekening (de)	tegniese tekening	[teχnisə tekəniŋ]

vracht (de)	vrag	[fraχ]
lader (de)	laaier	[lājer]
laden (vrachtwagen)	laai	[lāi]
laden (het)	laai	[lāi]
lossen (ww)	uitlaai	[œitlāi]
lossen (het)	uitlaai	[œitlāi]

transport (het)	vervoer	[ferfur]
transportbedrijf (de)	vervoermaatskappy	[ferfur·mātskappaj]
transporteren (ww)	vervoer	[ferfur]

goederenwagon (de)	trok	[trok]
tank (bijv. ketelwagen)	tenk	[tɛnk]
vrachtwagen (de)	vragmotor	[fraχ·motor]

| machine (de) | werktuigmasjien | [verktœiχ·maʃin] |
| mechanisme (het) | meganisme | [meχanismə] |

industrieel afval (het)	industriële afval	[industriɛlə affal]
verpakking (de)	verpakking	[ferpakkiŋ]
verpakken (ww)	verpak	[ferpak]

107. Contract. Overeenstemming

contract (het)	kontrak	[kontrak]
overeenkomst (de)	ooreenkoms	[oəreənkoms]
bijlage (de)	addendum	[addendum]

handtekening (de)	handtekening	[hand·tekəniŋ]
ondertekenen (ww)	onderteken	[ondərtekən]
stempel (de)	stempel	[stempəl]
voorwerp (het) van de overeenkomst	onderwerp van ooreenkoms	[ondərwerp fan oəreənkoms]
clausule (de)	klousule	[klæʊsulə]
partijen (mv.)	partye	[partajə]
vestigingsadres (het)	wetlike adres	[vetlikə adres]

het contract verbreken (overtreden)	die kontrak verbreek	[di kontrak ferbreək]
verplichting (de)	verpligting	[ferpliχtiŋ]
verantwoordelijkheid (de)	verantwoordelikheid	[ferant·voərdelikhæjt]
overmacht (de)	oormag	[oərmaχ]
geschil (het)	geskil	[χeskil]
sancties (mv.)	boete	[butə]

96

108. Import & Export

import (de)	invoer	[infur]
importeur (de)	invoerder	[infurdər]
importeren (ww)	invoer	[infur]
import- (abn)	invoer-	[infur-]
uitvoer (export)	uitvoer	[œitfur]
exporteur (de)	uitvoerder	[œitfurdər]
exporteren (ww)	uitvoer	[œitfur]
uitvoer- (bijv., ~goederen)	uitvoer-	[œitfur-]
goederen (mv.)	goedere	[χuderə]
partij (de)	besending	[besendiŋ]
gewicht (het)	gewig	[χevəχ]
volume (het)	volume	[folumə]
kubieke meter (de)	kubieke meter	[kubikə metər]
producent (de)	produsent	[produsent]
transportbedrijf (de)	vervoermaatskappy	[ferfur·mātskappaj]
container (de)	houer	[hæʋər]
grens (de)	grens	[χrɛŋs]
douane (de)	doeane	[duanə]
douanerecht (het)	doeanereg	[duanə·reχ]
douanier (de)	doeanebeampte	[duanə·beamptə]
smokkelen (het)	smokkel	[smokkəl]
smokkelwaar (de)	smokkelgoed	[smokkəl·χut]

109. Financiën

aandeel (het)	aandeel	[āndeəl]
obligatie (de)	obligasie	[obliχasi]
wissel (de)	promesse	[promɛssə]
beurs (de)	beurs	[bøərs]
aandelenkoers (de)	aandeelkoers	[āndeəl·kurs]
dalen (ww)	daal	[dāl]
stijgen (ww)	styg	[stajχ]
deel (het)	aandeel	[āndeəl]
meerderheidsbelang (het)	meerderheidsbelang	[meərderhæjts·belaŋ]
investeringen (mv.)	belegging	[beleχχiŋ]
investeren (ww)	belè	[belɛ:]
procent (het)	persent	[persent]
rente (de)	rente	[rentə]
winst (de)	wins	[vins]
winstgevend (bn)	voordelig	[foərdeləχ]
belasting (de)	belasting	[belastiŋ]

valuta (vreemde ~)	valuta	[faluta]
nationaal (bn)	nasionaal	[naʃionãl]
ruil (de)	wissel	[vissəl]

| boekhouder (de) | boekhouer | [bukhæʋər] |
| boekhouding (de) | boekhouding | [bukhæʋdiŋ] |

bankroet (het)	bankrotskap	[bankrotskap]
ondergang (de)	ineenstorting	[ineɛŋstortiŋ]
faillissement (het)	bankrotskap	[bankrotskap]
geruïneerd zijn (ww)	geruïneer wees	[ɣeruïneər veəs]
inflatie (de)	inflasie	[inflasi]
devaluatie (de)	devaluasie	[defaluasi]

kapitaal (het)	kapitaal	[kapitãl]
inkomen (het)	inkomste	[inkomstə]
omzet (de)	omset	[omset]
middelen (mv.)	hulpbronne	[hulpbronnə]
financiële middelen (mv.)	monetère hulpbronne	[monetærə hulpbronnə]
operationele kosten (mv.)	oorhoofse koste	[oərhoefsə kostə]
reduceren (kosten ~)	verminder	[fermindər]

110. Marketing

marketing (de)	bemarking	[bemarkiŋ]
markt (de)	mark	[mark]
marktsegment (het)	marksegment	[mark·seχment]
product (het)	produk	[produk]
goederen (mv.)	goedere	[χuderə]

merk (het)	merk	[merk]
handelsmerk (het)	handelsmerk	[handəls·merk]
beeldmerk (het)	logo	[loχo]
logo (het)	logo	[loχo]

vraag (de)	vraag	[frãχ]
aanbod (het)	aanbod	[ãnbot]
behoefte (de)	behoefte	[behuftə]
consument (de)	verbruiker	[ferbrœiker]

analyse (de)	analise	[analisə]
analyseren (ww)	analiseer	[analiseər]
positionering (de)	plasing	[plasiŋ]
positioneren (ww)	plaas	[plãs]
prijs (de)	prys	[prajs]
prijspolitiek (de)	prysbeleid	[prajs·belæjt]
prijsvorming (de)	prysvorming	[prajs·formiŋ]

111. Reclame

| reclame (de) | reklame | [reklamə] |
| adverteren (ww) | adverteer | [adferteər] |

budget (het)	begroting	[beχrotiŋ]
advertentie, reclame (de)	advertensie	[adfertɛŋsi]
TV-reclame (de)	TV-advertensie	[te·fe-adfertɛŋsi]
radioreclame (de)	radioreklame	[radio·reklamə]
buitenreclame (de)	buitereklame	[bœitə·reklamə]

massamedia (de)	massamedia	[massa·media]
periodiek (de)	tydskrif	[tajdskrif]
imago (het)	imago	[imaχo]

| slagzin (de) | slagspreuk | [slaχ·sprøək] |
| motto (het) | motto | [motto] |

campagne (de)	veldtog	[fɛldtoχ]
reclamecampagne (de)	reklameveldtog	[reklamə·fɛldtoχ]
doelpubliek (het)	doelgroep	[dul·χrup]

visitekaartje (het)	besigheidskaartjie	[besiχæjts·kārki]
flyer (de)	strooibiljet	[stroj·biljet]
brochure (de)	brosjure	[broʃurə]
folder (de)	pamflet	[pamflet]
nieuwsbrief (de)	nuusbrief	[nɪsbrif]

gevelreclame (de)	reklamebord	[reklamə·bort]
poster (de)	plakkaat	[plakkāt]
aanplakbord (het)	aanplakbord	[ānplakbort]

112. Bankieren

| bank (de) | bank | [bank] |
| bankfiliaal (het) | tak | [tak] |

| bankbediende (de) | bankklerk | [bank·klerk] |
| manager (de) | bestuurder | [bestɪrdər] |

bankrekening (de)	bankrekening	[bank·rekəniŋ]
rekeningnummer (het)	rekeningnommer	[rekəniŋ·nommər]
lopende rekening (de)	tjekrekening	[ʧek·rekəniŋ]
spaarrekening (de)	spaarrekening	[spār·rekəniŋ]

| de rekening sluiten | die rekening sluit | [di rekəniŋ slœit] |
| opnemen (ww) | trek | [trek] |

storting (de)	deposito	[deposito]
overschrijving (de)	telegrafiese oorplasing	[teleχrafisə oərplasiŋ]
een overschrijving maken	oorplaas	[oərplās]

| som (de) | som | [som] |
| Hoeveel? | Hoeveel? | [hufeəl?] |

handtekening (de)	handtekening	[hand·tekəniŋ]
ondertekenen (ww)	onderteken	[ondərtekən]
kredietkaart (de)	kredietkaart	[kredit·kārt]
code (de)	kode	[kodə]

kredietkaartnummer (het)	kredietkaartnommer	[kredit·kärt·nommər]
geldautomaat (de)	OTM	[o·te·em]
cheque (de)	tjek	[tʃek]
chequeboekje (het)	tjekboek	[tʃek·buk]
lening, krediet (de)	lening	[leniŋ]
garantie (de)	waarborg	[värborχ]

113. Telefoon. Telefoongesprek

telefoon (de)	telefoon	[telefoən]
mobieltje (het)	selfoon	[sɛlfoən]
antwoordapparaat (het)	antwoordmasjien	[antwoərt·maʃin]
bellen (ww)	bel	[bəl]
belletje (telefoontje)	oproep	[oprup]
Hallo!	Hallo!	[hallo!]
vragen (ww)	vra	[fra]
antwoorden (ww)	antwoord	[antwoərt]
horen (ww)	hoor	[hoər]
goed (bw)	goed	[χut]
slecht (bw)	nie goed nie	[ni χut ni]
storingen (mv.)	steurings	[støəriŋs]
hoorn (de)	gehoorstuk	[χehoərstuk]
opnemen (ww)	optel	[optəl]
ophangen (ww)	afskakel	[afskakəl]
bezet (bn)	besig	[besəχ]
overgaan (ww)	lui	[lœi]
telefoonboek (het)	telefoongids	[telefoən·χids]
lokaal (bn)	lokale	[lokalə]
lokaal gesprek (het)	lokale oproep	[lokalə oprup]
interlokaal (bn)	langafstand	[lanχ·afstant]
interlokaal gesprek (het)	langafstand oproep	[lanχ·afstant oprup]
buitenlands (bn)	internasionale	[internaʃionalə]
buitenlands gesprek (het)	internasionale oproep	[internaʃionalə oprup]

114. Mobiele telefoon

mobieltje (het)	selfoon	[sɛlfoən]
scherm (het)	skerm	[skerm]
toets, knop (de)	knoppie	[knoppi]
simkaart (de)	SIMkaart	[sim·kärt]
batterij (de)	battery	[battəraj]
leeg zijn (ww)	pap wees	[pap veəs]
acculader (de)	batterylaaier	[battəraj·lajer]

menu (het)	spyskaart	[spajs·kärt]
instellingen (mv.)	instellings	[instɛlliŋs]
melodie (beltoon)	wysie	[vajsi]
selecteren (ww)	kies	[kis]

rekenmachine (de)	sakrekenaar	[sakrekənär]
voicemail (de)	stempos	[stem·pos]
wekker (de)	wekker	[vɛkkər]
contacten (mv.)	kontakte	[kontaktə]

| SMS-bericht (het) | SMS | [es·em·es] |
| abonnee (de) | intekenaar | [intekənär] |

115. Schrijfbehoeften

| balpen (de) | bolpen | [bol·pen] |
| vulpen (de) | vulpen | [ful·pen] |

potlood (het)	potlood	[potloət]
marker (de)	merkpen	[merk·pen]
viltstift (de)	viltpen	[filt·pen]

| notitieboekje (het) | notaboekie | [nota·buki] |
| agenda (boekje) | dagboek | [daχ·buk] |

liniaal (de/het)	liniaal	[liniäl]
rekenmachine (de)	sakrekenaar	[sakrekənär]
gom (de)	uitveër	[œitfeɛr]
punaise (de)	duimspyker	[dœim·spajkər]
paperclip (de)	skuifspeld	[skœif·spɛlt]

lijm (de)	gom	[χom]
nietmachine (de)	krammasjien	[kram·maʃin]
perforator (de)	ponsmasjien	[pɔŋs·maʃin]
potloodslijper (de)	skerpmaker	[skerp·makər]

116. Verschillende soorten documenten

verslag (het)	verslag	[ferslaχ]
overeenkomst (de)	ooreenkoms	[oəreənkoms]
aanvraagformulier (het)	aansoekvorm	[äŋsuk·form]
origineel, authentiek (bn)	outentiek	[æʊtentik]
badge, kaart (de)	lapelkaart	[lapəl·kärt]
visitekaartje (het)	besigheidskaartjie	[besiχæjts·kärki]

certificaat (het)	sertifikaat	[sertifikät]
cheque (de)	tjek	[tʃek]
rekening (in restaurant)	rekening	[rekəniŋ]
grondwet (de)	grondwet	[χront·wet]

| contract (het) | kontrak | [kontrak] |
| kopie (de) | kopie | [kopi] |

exemplaar (het)	kopie	[kopi]
douaneaangifte (de)	doeaneverklaring	[duanə·ferklarɪŋ]
document (het)	dokument	[dokument]
rijbewijs (het)	bestuurslisensie	[bestɪrs·lisɛŋsi]
bijlage (de)	addendum	[addendum]
formulier (het)	vorm	[form]

identiteitskaart (de)	identiteitskaart	[identitæjts·kārt]
aanvraag (de)	navraag	[nafrãχ]
uitnodigingskaart (de)	uitnodiging	[œitnodəχiŋ]
factuur (de)	rekening	[rekəniŋ]

wet (de)	wet	[vet]
brief (de)	brief	[brif]
briefhoofd (het)	briefhoof	[brifhoəf]
lijst (de)	lys	[lajs]
manuscript (het)	manuskrip	[manuskrip]
nieuwsbrief (de)	nuusbrief	[nɪsbrif]
briefje (het)	briefie	[brifi]

pasje (voor personeel, enz.)	lapelkaart	[lapəl·kārt]
paspoort (het)	paspoort	[paspoərt]
vergunning (de)	permit	[permit]
CV, curriculum vitae (het)	curriculum vitae	[kurrikulum fitaə]
schuldbekentenis (de)	skuldbekentenis	[skuld·bekentənis]
kwitantie (de)	kwitansie	[kwitaŋsi]
bon (kassabon)	strokie	[stroki]
rapport (het)	verslag	[ferslaχ]

tonen (paspoort, enz.)	wys	[vajs]
ondertekenen (ww)	onderteken	[ondərtekən]
handtekening (de)	handtekening	[hand·tekəniŋ]
stempel (de)	stempel	[stempəl]
tekst (de)	teks	[teks]
biljet (het)	kaartjie	[kārki]

doorhalen (doorstrepen)	doodtrek	[doədtrek]
invullen (een formulier ~)	invul	[inful]

vrachtbrief (de)	vragbrief	[fraχ·brif]
testament (het)	testament	[testament]

117. Soorten bedrijven

uitzendbureau (het)	arbeidsburo	[arbæjds·buro]
bewakingsfirma (de)	sekuriteitsfirma	[sekuritæjts·firma]
persbureau (het)	nuusagentskap	[nɪs·aχentskap]
reclamebureau (het)	reklameburo	[reklamə·buro]

antiek (het)	antiek	[antik]
verzekering (de)	versekering	[fersekeriŋ]
naaiatelier (het)	kleremaker	[klerə·makər]
banken (mv.)	bankwese	[bankwesə]
bar (de)	kroeg	[kruχ]

bouwbedrijven (mv.)	boubedryf	[bæʋbedrajf]
juwelen (mv.)	juweliersware	[juvelirs·warə]
juwelier (de)	juwelier	[juvelir]

wasserette (de)	wassery	[vasseraj]
alcoholische dranken (mv.)	alkoholiese dranke	[alkoholisə drankə]
nachtclub (de)	nagklub	[naχ·klup]
handelsbeurs (de)	beurs	[bøərs]
bierbrouwerij (de)	brouery	[bræʋeraj]
uitvaartcentrum (het)	begrafnisonderneming	[beχrafnis·ondərnemiŋ]

casino (het)	kasino	[kasino]
zakencentrum (het)	sakesentrum	[sakə·sentrum]
bioscoop (de)	bioskoop	[bioskoəp]
airconditioning (de)	lugversorger	[luχfersorχər]

handel (de)	handel	[handəl]
luchtvaartmaatschappij (de)	lugredery	[luχrederaj]
adviesbureau (het)	advieskantoor	[adfis·kantoər]
koerierdienst (de)	koerierdienste	[kurir·diŋstə]

tandheelkunde (de)	tandekliniek	[tandə·klinik]
design (het)	ontwerp	[ontwerp]
business school (de)	besigheidsskool	[besiχæjts·skoəl]
magazijn (het)	pakhuis	[pak·hœis]
kunstgalerie (de)	kunsgalery	[kuns·χaleraj]
ijsje (het)	roomys	[roəm·ajs]
hotel (het)	hotel	[hotəl]

vastgoed (het)	eiendom	[æjendom]
drukkerij (de)	drukkery	[drukkəraj]
industrie (de)	industrie	[industri]
Internet (het)	internet	[internet]
investeringen (mv.)	investerings	[infesteriŋs]

krant (de)	koerant	[kurant]
boekhandel (de)	boekhandel	[buk·handəl]
lichte industrie (de)	ligte industrie	[liχtə industri]

winkel (de)	winkel	[vinkəl]
uitgeverij (de)	uitgewery	[œitχevəraj]
medicijnen (mv.)	geneesmiddels	[χeneəs·middəls]
meubilair (het)	meubels	[møəbɛls]
museum (het)	museum	[musøəm]

olie (aardolie)	olie	[oli]
apotheek (de)	apteek	[apteək]
farmacie (de)	farmasie	[farmasi]
zwembad (het)	swembad	[swem·bat]
stomerij (de)	droogskoonmakers	[droəχ·skoən·makers]
voedingswaren (mv.)	voedingsware	[fudiŋs·warə]
reclame (de)	reklame	[reklamə]

radio (de)	radio	[radio]
afvalinzameling (de)	afvalinsameling	[affal·insameliŋ]
restaurant (het)	restaurant	[restɔurant]

tijdschrift (het)	tydskrif	[tajdskrif]
schoonheidssalon (de/het)	skoonheidssalon	[skoənhæjts·salon]
financiële diensten (mv.)	finansiële dienste	[finaŋsiɛlə diŋstə]
juridische diensten (mv.)	regsadviseur	[reχs·adfisøər]
boekhouddiensten (mv.)	boekhoudienste	[bukhæʊ·diŋstə]
audit diensten (mv.)	ouditeursdienste	[æʊditøərs·diŋstə]
sport (de)	sport	[sport]
supermarkt (de)	supermark	[supermark]
televisie (de)	televisie	[telefisi]
theater (het)	teater	[teatər]
toerisme (het)	reisbedryf	[ræjs·bedrajf]
transport (het)	vervoer	[ferfur]
postorderbedrijven (mv.)	posorderbedryf	[pos·ordər·bedrajf]
kleding (de)	klerasie	[klerasi]
dierenarts (de)	veearts	[fee·arts]

Baan. Business. Deel 2

118. Show. Tentoonstelling

beurs (de)	skou	[skæʊ]
vakbeurs, handelsbeurs (de)	handelsskou	[handəls·skæʊ]
deelneming (de)	deelneming	[deəlnemiŋ]
deelnemen (ww)	deelneem	[deəlneəm]
deelnemer (de)	deelnemer	[deəlnemər]
directeur (de)	bestuurder	[bestɪrdər]
organisatiecomité (het)	organisasiekantoor	[orχanisasi·kantoər]
organisator (de)	organiseerder	[orχaniseərdər]
organiseren (ww)	organiseer	[orχaniseər]
deelnemingsaanvraag (de)	deelnemingsvorm	[deəlnemiŋs·form]
invullen (een formulier ~)	invul	[inful]
details (mv.)	besonderhede	[besondərhedə]
informatie (de)	informasie	[informasi]
prijs (de)	prys	[prajs]
inclusief (bijv. ~ BTW)	insluitend	[inslœitent]
inbegrepen (alles ~)	insluit	[inslœit]
betalen (ww)	betaal	[betāl]
registratietarief (het)	registrasiefooi	[reχistrasi·foj]
ingang (de)	ingang	[inχaŋ]
paviljoen (het), hal (de)	paviljoen	[pafiljun]
registreren (ww)	registreer	[reχistreər]
badge, kaart (de)	lapelkaart	[lapəl·kārt]
beursstand (de)	stalletjie	[stalləki]
reserveren (een stand ~)	bespreek	[bespreək]
vitrine (de)	uistalkas	[œistalkas]
licht (het)	kollig	[kolləχ]
design (het)	ontwerp	[ontwerp]
plaatsen (ww)	sit	[sit]
geplaatst zijn (ww)	geplaas wees	[χeplās veəs]
distributeur (de)	verdeler	[ferdelər]
leverancier (de)	verskaffer	[ferskaffər]
leveren (ww)	verskaf	[ferskaf]
land (het)	land	[lant]
buitenlands (bn)	buitelands	[bœitəlands]
product (het)	produk	[produk]
associatie (de)	vereniging	[ferenəχiŋ]
conferentiezaal (de)	konferensiesaal	[konferɛnsi·sāl]

| congres (het) | kongres | [konχres] |
| wedstrijd (de) | wedstryd | [vedstrajt] |

bezoeker (de)	besoeker	[besukər]
bezoeken (ww)	besoek	[besuk]
afnemer (de)	kliënt	[kliɛnt]

119. Massamedia

krant (de)	koerant	[kurant]
tijdschrift (het)	tydskrif	[tajdskrif]
pers (gedrukte media)	pers	[pers]
radio (de)	radio	[radio]
radiostation (het)	omroep	[omrup]
televisie (de)	televisie	[telefisi]

presentator (de)	aanbieder	[ānbidər]
nieuwslezer (de)	nuusleser	[nɪslesər]
commentator (de)	kommentator	[kommentator]

journalist (de)	joernalis	[jurnalis]
correspondent (de)	korrespondent	[korrespondɛnt]
fotocorrespondent (de)	persfotograaf	[pers·fotoχrāf]
reporter (de)	verslaggewer	[ferslaχ·χevər]

| redacteur (de) | redakteur | [redaktøər] |
| chef-redacteur (de) | hoofredakteur | [hoəf·redaktøər] |

zich abonneren op	inteken op ...	[intekən op ...]
abonnement (het)	intekening	[intekəniŋ]
abonnee (de)	intekenaar	[intekənār]
lezen (ww)	lees	[leəs]
lezer (de)	leser	[lesər]

oplage (de)	oplaag	[oplāχ]
maand-, maandelijks (bn)	maandeliks	[māndəliks]
wekelijks (bn)	wekliks	[veəkliks]
nummer (het)	nommer	[nommər]
vers (~ van de pers)	nuwe	[nuvə]

kop (de)	opskrif	[opskrif]
korte artikel (het)	kort artikel	[kort artikəl]
rubriek (de)	kolom	[kolom]
artikel (het)	artikel	[artikəl]
pagina (de)	bladsy	[bladsaj]

reportage (de)	veslag	[feslaχ]
gebeurtenis (de)	gebeurtenis	[χebøərtenis]
sensatie (de)	sensasie	[sɛŋsasi]
schandaal (het)	skandaal	[skandāl]
schandalig (bn)	skandelik	[skandəlik]
groot (~ schandaal, enz.)	groot	[χroət]
programma (het)	program	[proχram]
interview (het)	onderhoud	[ondərhæut]

| live uitzending (de) | regstreekse uitsending | [reχstreəksə œitsendiɲ] |
| kanaal (het) | kanaal | [kanãl] |

120. Landbouw

landbouw (de)	landbou	[landbæʋ]
boer (de)	boer	[bur]
boerin (de)	boervrou	[bur·fræʋ]
landbouwer (de)	boer	[bur]

| tractor (de) | trekker | [trɛkkər] |
| maaidorser (de) | stroper | [stropər] |

ploeg (de)	ploeg	[pluχ]
ploegen (ww)	ploeg	[pluχ]
akkerland (het)	ploegland	[pluχlant]
voor (de)	voor	[foər]

zaaien (ww)	saai	[sãi]
zaaimachine (de)	saaier	[sãjer]
zaaien (het)	saai	[sãi]

| zeis (de) | sens | [sɛŋs] |
| maaien (ww) | maai | [mãi] |

| schop (de) | graaf | [χrãf] |
| spitten (ww) | omspit | [omspit] |

schoffel (de)	skoffel	[skoffəl]
wieden (ww)	skoffel	[skoffəl]
onkruid (het)	onkruid	[onkrœit]

gieter (de)	gieter	[χitər]
begieten (water geven)	nat gooi	[nat χoj]
bewatering (de)	nat gooi	[nat χoj]

| riek, hooivork (de) | gaffel | [χaffəl] |
| hark (de) | hark | [hark] |

kunstmest (de)	misstof	[misstof]
bemesten (ww)	bemes	[bemes]
mest (de)	misstof	[misstof]

veld (het)	veld	[fɛlt]
wei (de)	weiland	[væjlant]
moestuin (de)	groentetuin	[χruntə·tœin]
boomgaard (de)	boord	[boərt]

weiden (ww)	wei	[væj]
herder (de)	herder	[herdər]
weiland (de)	weiland	[væjlant]

| veehouderij (de) | veeboerdery | [fee·burderaj] |
| schapenteelt (de) | skaapboerdery | [skãp·burderaj] |

plantage (de)	aanplanting	[ānplantiŋ]
rijtje (het)	bedding	[beddiŋ]
broeikas (de)	broeikas	[bruikas]

droogte (de)	droogte	[droəχtə]
droog (bn)	droog	[droəχ]

graan (het)	graan	[χrān]
graangewassen (mv.)	graangewasse	[χrān·χəwassə]
oogsten (ww)	oes	[us]

molenaar (de)	meulenaar	[møələnār]
molen (de)	meul	[møəl]
malen (graan ~)	maal	[māl]
bloem (bijv. tarwebloem)	meelblom	[meəl·blom]
stro (het)	strooi	[stroj]

121. Gebouw. Bouwproces

bouwplaats (de)	bouperseel	[bæʊ·perseəl]
bouwen (ww)	bou	[bæʊ]
bouwvakker (de)	bouwerker	[bæʊ·verkər]

project (het)	projek	[projek]
architect (de)	argitek	[arχitek]
arbeider (de)	werker	[verkər]

fundering (de)	fondament	[fondament]
dak (het)	dak	[dak]
heipaal (de)	heipaal	[hæjpāl]
muur (de)	muur	[mɪr]

betonstaal (het)	betonstaal	[betoŋ·stāl]
steigers (mv.)	steiers	[stæjers]

beton (het)	beton	[beton]
graniet (het)	graniet	[χranit]
steen (de)	klip	[klip]
baksteen (de)	baksteen	[baksteən]

zand (het)	sand	[sant]
cement (de/het)	sement	[sement]
pleister (het)	pleister	[plæjstər]
pleisteren (ww)	pleister	[plæjstər]

verf (de)	verf	[ferf]
verven (muur ~)	verf	[ferf]
ton (de)	drom	[drom]

kraan (de)	kraan	[krān]
heffen, hijsen (ww)	optel	[optəl]
neerlaten (ww)	laat sak	[lāt sak]
bulldozer (de)	stootskraper	[stoət·skrapər]
graafmachine (de)	graafmasjien	[χrāf·maʃin]

graafbak (de)	bak	[bak]
graven (tunnel, enz.)	grawe	[χravə]
helm (de)	helmet	[hɛlmet]

122. Wetenschap. Onderzoek. Wetenschappers

wetenschap (de)	wetenskap	[vetɛŋskap]
wetenschappelijk (bn)	wetenskaplik	[vetɛŋskaplik]
wetenschapper (de)	wetenskaplike	[vetɛŋskaplikə]
theorie (de)	teorie	[teori]

axioma (het)	aksioma	[aksioma]
analyse (de)	analise	[analisə]
analyseren (ww)	analiseer	[analiseər]
argument (het)	argument	[arχument]
substantie (de)	substansie	[substaŋsi]

hypothese (de)	hipotese	[hipotesə]
dilemma (het)	dilemma	[dilɛmma]
dissertatie (de)	proefskrif	[prufskrif]
dogma (het)	dogma	[doχma]

doctrine (de)	doktrine	[doktrinə]
onderzoek (het)	navorsing	[naforsiŋ]
onderzoeken (ww)	navors	[nafors]
toetsing (de)	toetse	[tutsə]
laboratorium (het)	laboratorium	[laboratorium]

methode (de)	metode	[metodə]
molecule (de/het)	molekule	[molekulə]
monitoring (de)	monitering	[moniteriŋ]
ontdekking (de)	ontdekking	[ontdɛkkiŋ]

postulaat (het)	postulaat	[postulãt]
principe (het)	beginsel	[beχinsəl]
voorspelling (de)	voorspelling	[foərspɛlliŋ]
een prognose maken	voorspel	[foərspəl]

synthese (de)	sintese	[sintesə]
tendentie (de)	tendens	[tendɛŋs]
theorema (het)	stelling	[stɛlliŋ]

leerstellingen (mv.)	leer	[leər]
feit (het)	feit	[fæjt]

expeditie (de)	ekspedisie	[ɛkspedisi]
experiment (het)	eksperiment	[ɛksperiment]

academicus (de)	akademikus	[akademikus]
bachelor (bijv. BA, LLB)	baccalaureus	[bakalɔurøəs]
doctor (de)	doktor	[doktor]
universitair docent (de)	medeprofessor	[medə·profɛssor]
master, magister (de)	Magister	[maχistər]
professor (de)	professor	[profɛssor]

Beroepen en ambachten

123. Zoeken naar werk. Ontslag

baan (de)	baantjie	[bānki]
werknemers (mv.)	personeel	[personeel]
personeel (het)	personeel	[personeel]
carrière (de)	loopbaan	[loəpbān]
vooruitzichten (mv.)	vooruitsigte	[foərœit·siχtə]
meesterschap (het)	meesterskap	[meəsterskap]
keuze (de)	seleksie	[seleksi]
uitzendbureau (het)	arbeidsburo	[arbæjds·buro]
CV, curriculum vitae (het)	curriculum vitae	[kurrikulum fitaə]
sollicitatiegesprek (het)	werksonderhoud	[werk·ondərhæʊt]
vacature (de)	vakature	[fakaturə]
salaris (het)	salaris	[salaris]
vaste salaris (het)	vaste salaris	[fastə salaris]
loon (het)	loon	[loən]
betrekking (de)	posisie	[posisi]
taak, plicht (de)	taak	[tāk]
takenpakket (het)	reeks opdragte	[reəks opdraχtə]
bezig (~ zijn)	besig	[besəχ]
ontslagen (ww)	afdank	[afdank]
ontslag (het)	afdanking	[afdankiŋ]
werkloosheid (de)	werkloosheid	[verkloəshæjt]
werkloze (de)	werkloos	[verkloəs]
pensioen (het)	pensioen	[pɛnsiun]
met pensioen gaan	met pensioen gaan	[met pɛnsiun χān]

124. Zakenmensen

directeur (de)	direkteur	[direktøər]
beheerder (de)	bestuurder	[bestɪrdər]
hoofd (het)	baas	[bās]
baas (de)	hoof	[hoəf]
superieuren (mv.)	hoofde	[hoəfdə]
president (de)	direkteur	[direktøər]
voorzitter (de)	voorsitter	[foərsittər]
adjunct (de)	adjunk	[adjunk]
assistent (de)	assistent	[assistent]

| secretaris (de) | sekretaris | [sekretaris] |
| persoonlijke assistent (de) | persoonlike assistent | [persoɘnlikə assistent] |

zakenman (de)	sakeman	[sakəman]
ondernemer (de)	entrepreneur	[ɛntrəprenøər]
oprichter (de)	stigter	[stiχtər]
oprichten (een nieuw bedrijf ~)	stig	[stiχ]

stichter (de)	stigter	[stiχtər]
partner (de)	vennoot	[fɛnnoət]
aandeelhouder (de)	aandeelhouer	[āndeəl·hæʊər]

miljonair (de)	miljoenêr	[miljunær]
miljardair (de)	miljardêr	[miljardær]
eigenaar (de)	eienaar	[æjenār]
landeigenaar (de)	grondeienaar	[χront·æjenār]

klant (de)	kliënt	[kliɛnt]
vaste klant (de)	vaste kliënt	[fastə kliɛnt]
koper (de)	koper	[kopər]
bezoeker (de)	besoeker	[besukər]
professioneel (de)	professioneel	[profɛssioneəl]
expert (de)	kenner	[kɛnnər]
specialist (de)	spesialis	[spesialis]

| bankier (de) | bankier | [bankir] |
| makelaar (de) | makelaar | [makəlār] |

kassier (de)	kassier	[kassir]
boekhouder (de)	boekhouer	[bukhæʊər]
bewaker (de)	veiligheidswag	[fæjliχæjts·waχ]

investeerder (de)	belegger	[beleχər]
schuldenaar (de)	skuldenaar	[skuldenār]
crediteur (de)	krediteur	[kreditøər]
lener (de)	lener	[lenər]

| importeur (de) | invoerder | [infurdər] |
| exporteur (de) | uitvoerder | [œitfurdər] |

producent (de)	produsent	[produsent]
distributeur (de)	verdeler	[ferdelər]
bemiddelaar (de)	tussenpersoon	[tussən·persoən]

adviseur, consulent (de)	raadgewer	[rāt·χevər]
vertegenwoordiger (de)	verkoopsagent	[ferkoəps·aχent]
agent (de)	agent	[aχent]
verzekeringsagent (de)	versekeringsagent	[fersəkeriŋs·aχent]

125. Dienstverlenende beroepen

| kok (de) | kok | [kok] |
| chef-kok (de) | sjef | [ʃef] |

bakker (de)	bakker	[bakkər]
barman (de)	kroegman	[kruχman]
kelner, ober (de)	kelner	[kɛlnər]
serveerster (de)	kelnerin	[kɛlnərin]

advocaat (de)	advokaat	[adfokãt]
jurist (de)	prokureur	[prokurøər]
notaris (de)	notaris	[notaris]

elektricien (de)	elektrisiën	[ɛlektrisiɛn]
loodgieter (de)	loodgieter	[loədχitər]
timmerman (de)	timmerman	[timmerman]

masseur (de)	masseerder	[masseərdər]
masseuse (de)	masseerster	[masseərstər]
dokter, arts (de)	dokter	[doktər]

taxichauffeur (de)	taxibestuurder	[taksi·bestɪrdər]
chauffeur (de)	bestuurder	[bestɪrdər]
koerier (de)	koerier	[kurir]

kamermeisje (het)	kamermeisie	[kamər·mæjsi]
bewaker (de)	veiligheidswag	[fæjliχæjts·waχ]
stewardess (de)	lugwaardin	[luχ·wãrdin]

meester (de)	onderwyser	[ondərwajsər]
bibliothecaris (de)	bibliotekaris	[bibliotekaris]
vertaler (de)	vertaler	[fertalər]
tolk (de)	tolk	[tolk]
gids (de)	gids	[χids]

kapper (de)	haarkapper	[hãr·kappər]
postbode (de)	posbode	[pos·bodə]
verkoper (de)	verkoper	[ferkopər]

tuinman (de)	tuinman	[tœin·man]
huisbediende (de)	bediende	[bedində]
dienstmeisje (het)	bediende	[bedində]
schoonmaakster (de)	skoonmaakster	[skoən·mãkstər]

126. Militaire beroepen en rangen

soldaat (rang)	soldaat	[soldãt]
sergeant (de)	sersant	[sersant]
luitenant (de)	luitenant	[lœitənant]
kapitein (de)	kaptein	[kaptæjn]

majoor (de)	majoor	[majoər]
kolonel (de)	kolonel	[kolonəl]
generaal (de)	generaal	[χenerãl]
maarschalk (de)	maarskalk	[mãrskalk]
admiraal (de)	admiraal	[admirãl]
militair (de)	leër	[leɛr]
soldaat (de)	soldaat	[soldãt]

| officier (de) | offisier | [offisir] |
| commandant (de) | kommandant | [kommandant] |

grenswachter (de)	grenswag	[xrɛŋs·waχ]
marconist (de)	radio-operateur	[radio-operatøər]
verkenner (de)	verkenner	[fərkɛnnər]
sappeur (de)	sappeur	[sappøər]
schutter (de)	skutter	[skuttər]
stuurman (de)	navigator	[nafiχator]

127. Ambtenaren. Priesters

| koning (de) | koning | [koniŋ] |
| koningin (de) | koningin | [koniŋin] |

| prins (de) | prins | [prins] |
| prinses (de) | prinses | [prinsəs] |

| tsaar (de) | tsaar | [tsãr] |
| tsarina (de) | tsarina | [tsarina] |

president (de)	president	[president]
minister (de)	minister	[ministər]
eerste minister (de)	eerste minister	[eərstə ministər]
senator (de)	senator	[senator]

diplomaat (de)	diplomaat	[diplomãt]
consul (de)	konsul	[koŋsul]
ambassadeur (de)	ambassadeur	[ambassadøər]
adviseur (de)	adviseur	[adfisøər]

ambtenaar (de)	amptenaar	[amptənar]
prefect (de)	prefek	[prefek]
burgemeester (de)	burgermeester	[burgər·meəstər]

| rechter (de) | regter | [reχtər] |
| aanklager (de) | aanklaer | [ãnklaər] |

missionaris (de)	sendeling	[sendəliŋ]
monnik (de)	monnik	[monnik]
abt (de)	ab	[ap]
rabbi, rabbijn (de)	rabbi	[rabbi]

vizier (de)	visier	[fisir]
sjah (de)	sjah	[ʃah]
sjeik (de)	sjeik	[ʃæjk]

128. Agrarische beroepen

imker (de)	byeboer	[bajebur]
herder (de)	herder	[herdər]
landbouwkundige (de)	landboukundige	[landbæʊ·kundiχə]

113

veehouder (de)	veeteler	[feɵ·telər]
dierenarts (de)	veearts	[feɵ·arts]

landbouwer (de)	boer	[bur]
wijnmaker (de)	wynmaker	[vajn·makər]
zoöloog (de)	dierkundige	[dir·kundiχə]
cowboy (de)	cowboy	[kovboj]

129. Kunst beroepen

acteur (de)	akteur	[aktøər]
actrice (de)	aktrise	[aktrisə]

zanger (de)	sanger	[saŋər]
zangeres (de)	sangeres	[saŋəres]

danser (de)	danser	[daŋsər]
danseres (de)	danseres	[daŋsəres]

artiest (mann.)	verhoogkunstenaar	[ferhoəχ·kunstənãr]
artiest (vrouw.)	verhoogkunstenares	[ferhoəχ·kunstənares]

muzikant (de)	musikant	[musikant]
pianist (de)	pianis	[pianis]
gitarist (de)	kitaarspeler	[kitãr·spelər]

orkestdirigent (de)	dirigent	[diriχent]
componist (de)	komponis	[komponis]
impresario (de)	impresario	[impresario]

filmregisseur (de)	filmregisseur	[film·reχissøər]
filmproducent (de)	produsent	[produsent]
scenarioschrijver (de)	draaiboekskrywer	[drãjbuk·skrajvər]
criticus (de)	kritikus	[kritikus]

schrijver (de)	skrywer	[skrajvər]
dichter (de)	digter	[diχtər]
beeldhouwer (de)	beeldhouer	[beəldhæʊər]
kunstenaar (de)	kunstenaar	[kunstenãr]

jongleur (de)	jongleur	[jonχløər]
clown (de)	hanswors	[haŋswors]
acrobaat (de)	akrobaat	[akrobãt]
goochelaar (de)	goëlaar	[χoɛlãr]

130. Verschillende beroepen

dokter, arts (de)	dokter	[doktər]
ziekenzuster (de)	verpleegster	[ferpleəχ·stər]
psychiater (de)	psigiater	[psiχiatər]
tandarts (de)	tandarts	[tand·arts]
chirurg (de)	chirurg	[ʃirurχ]

astronaut (de)	astronout	[astronæʊt]
astronoom (de)	astronoom	[astronoəm]
piloot (de)	piloot	[piloət]

chauffeur (de)	bestuurder	[bestɪrdər]
machinist (de)	treindrywer	[træjn·drajvər]
mecanicien (de)	werktuigkundige	[verktœiχ·kundiχə]

mijnwerker (de)	mynwerker	[majn·werkər]
arbeider (de)	werker	[verkər]
bankwerker (de)	slotmaker	[slot·makər]
houtbewerker (de)	skrynwerker	[skrajn·werkər]
draaier (de)	draaibankwerker	[drãjbank·werkər]
bouwvakker (de)	bouwerker	[bæʊ·verkər]
lasser (de)	sweiser	[swæjsər]

professor (de)	professor	[profɛssor]
architect (de)	argitek	[arχitek]
historicus (de)	historikus	[historikus]
wetenschapper (de)	wetenskaplike	[vetɛŋskaplikə]
fysicus (de)	fisikus	[fisikus]
scheikundige (de)	skeikundige	[skæjkundiχə]

archeoloog (de)	argeoloog	[arχeoloəχ]
geoloog (de)	geoloog	[χeoloəχ]
onderzoeker (de)	navorser	[naforsər]

babysitter (de)	babasitter	[babasittər]
leraar, pedagoog (de)	onderwyser	[ondərwajsər]

redacteur (de)	redakteur	[redaktøər]
chef-redacteur (de)	hoofredakteur	[hoəf·redaktøər]
correspondent (de)	korrespondent	[korrespondɛnt]
typiste (de)	tikster	[tikstər]

designer (de)	ontwerper	[ontwerpər]
computerexpert (de)	rekenaarkenner	[rekənãr·kɛnnər]
programmeur (de)	programmeur	[proχrammøər]
ingenieur (de)	ingenieur	[inχeniøər]

matroos (de)	matroos	[matroəs]
zeeman (de)	seeman	[seəman]
redder (de)	redder	[rɛddər]

brandweerman (de)	brandweerman	[brantveər·man]
politieagent (de)	polisieman	[polisi·man]
nachtwaker (de)	bewaker	[bevakər]
detective (de)	speurder	[spøərdər]

douanier (de)	doeanebeampte	[duanə·beamptə]
lijfwacht (de)	lyfwag	[lajf·waχ]
gevangenisbewaker (de)	tronkbewaarder	[tronk·bevãrdər]
inspecteur (de)	inspekteur	[inspektøər]

sportman (de)	sportman	[sportman]
trainer (de)	breier	[bræjer]

slager, beenhouwer (de)	slagter	[slaχtər]
schoenlapper (de)	skoenmaker	[skun·makər]
handelaar (de)	handelaar	[handəlãr]
lader (de)	laaier	[lãjer]

| kledingstilist (de) | modeontwerper | [modə·ontwerpər] |
| model (het) | model | [modəl] |

131. Beroepen. Sociale status

| scholier (de) | skoolseun | [skoəl·søən] |
| student (de) | student | [student] |

filosoof (de)	filosoof	[filosoəf]
econoom (de)	ekonoom	[ɛkonoəm]
uitvinder (de)	uitvinder	[œitfindər]

werkloze (de)	werkloos	[verkloəs]
gepensioneerde (de)	pensioentrekker	[pɛnsiun·trɛkkər]
spion (de)	spioen	[spiun]

gedetineerde (de)	gevangene	[χefaŋənə]
staker (de)	staker	[stakər]
bureaucraat (de)	burokraat	[burokrãt]
reiziger (de)	reisiger	[ræjsiχər]

homoseksueel (de)	gay	[χaaj]
hacker (computerkraker)	kuberkraker	[kubər·krakər]
hippie (de)	hippie	[hippi]

bandiet (de)	bandiet	[bandit]
huurmoordenaar (de)	huurmoordenaar	[hɪr·moərdenãr]
drugsverslaafde (de)	dwelmslaaf	[dwɛlm·slãf]
drugshandelaar (de)	dwelmhandelaar	[dwɛlm·handəlãr]
prostituee (de)	prostituut	[prostitɪt]
pooier (de)	pooier	[pojer]

tovenaar (de)	towenaar	[tovenãr]
tovenares (de)	heks	[heks]
piraat (de)	piraat, seerower	[pirãt], [see·rovər]
slaaf (de)	slaaf	[slãf]
samoerai (de)	samoerai	[samuraj]
wilde (de)	wilde	[vildə]

Sport

132. Soorten sporten. Sporters

sportman (de)	**sportman**	[sportman]
soort sport (de/het)	**sportsoorte**	[sport·soərtə]
basketbal (het)	**basketbal**	[basketbal]
basketbalspeler (de)	**basketbalspeler**	[basketbal·spelər]
baseball (het)	**bofbal**	[bofbal]
baseballspeler (de)	**bofbalspeler**	[bofbal·spelər]
voetbal (het)	**sokker**	[sokkər]
voetballer (de)	**sokkerspeler**	[sokkər·spelər]
doelman (de)	**doelwagter**	[dul·waχtər]
hockey (het)	**hokkie**	[hokki]
hockeyspeler (de)	**hokkiespeler**	[hokki·spelər]
volleybal (het)	**vlugbal**	[fluχbal]
volleybalspeler (de)	**vlugbalspeler**	[fluχbal·spelər]
boksen (het)	**boks**	[boks]
bokser (de)	**bokser**	[boksər]
worstelen (het)	**stoei**	[stui]
worstelaar (de)	**stoeier**	[stujer]
karate (de)	**karate**	[karatə]
karateka (de)	**karatevegter**	[karatə·feχtər]
judo (de)	**judo**	[judo]
judoka (de)	**judoka**	[judoka]
tennis (het)	**tennis**	[tɛnnis]
tennisspeler (de)	**tennisspeler**	[tɛnnis·spelər]
zwemmen (het)	**swem**	[swem]
zwemmer (de)	**swemmer**	[swemmər]
schermen (het)	**skerm**	[skerm]
schermer (de)	**skermer**	[skermər]
schaak (het)	**skaak**	[skāk]
schaker (de)	**skaakspeler**	[skāk·spelər]
alpinisme (het)	**alpinisme**	[alpinismə]
alpinist (de)	**alpinis**	[alpinis]
hardlopen (het)	**hardloop**	[hardloəp]

renner (de)	hardloper	[hardlopər]
atletiek (de)	atletiek	[atletik]
atleet (de)	atleet	[atleət]

| paardensport (de) | perdry | [perdraj] |
| ruiter (de) | ruiter | [rœitər] |

kunstschaatsen (het)	kunsskaats	[kuns·skãts]
kunstschaatser (de)	kunsskaatser	[kuns·skãtsər]
kunstschaatsster (de)	kunsskaatser	[kuns·skãtsər]

| gewichtheffen (het) | gewigoptel | [χeviχ·optəl] |
| gewichtheffer (de) | gewigopteller | [χeviχ·optɛllər] |

| autoraces (mv.) | motorwedren | [motor·wedrən] |
| coureur (de) | renjaer | [renjaər] |

| wielersport (de) | fiets | [fits] |
| wielrenner (de) | fietser | [fitsər] |

verspringen (het)	verspring	[fer·spriŋ]
polsstokspringen (het)	polsstokspring	[polsstok·spriŋ]
verspringer (de)	springer	[spriŋər]

133. Soorten sporten. Diversen

Amerikaans voetbal (het)	sokker	[sokkər]
badminton (het)	pluimbal	[plœimbal]
biatlon (de)	tweekamp	[tweəkamp]
biljart (het)	biljart	[biljart]

bobsleeën (het)	bobslee	[bobsleə]
bodybuilding (de)	liggaamsbou	[liχχãmsbæʊ]
waterpolo (het)	waterpolo	[vatər·polo]
handbal (de)	handbal	[handbal]
golf (het)	gholf	[golf]

roeisport (de)	roei	[rui]
duiken (het)	duik	[dœik]
langlaufen (het)	veldski	[fɛlt·ski]
tafeltennis (het)	tafeltennis	[tafel·tɛnnis]

zeilen (het)	seil	[sæjl]
rally (de)	tydren jaag	[tajdren jãχ]
rugby (het)	rugby	[ragbi]
snowboarden (het)	sneeuplankry	[sniʊ·plankraj]
boogschieten (het)	boogskiet	[boəχ·skit]

134. Fitnessruimte

| lange halter (de) | staafgewig | [stãf·χevəχ] |
| halters (mv.) | handgewigte | [hand·χeviχtə] |

training machine (de)	oefenmasjien	[ufen·maʃin]
hometrainer (de)	oefenfiets	[ufen·fits]
loopband (de)	trapmeul	[trapmøəl]

rekstok (de)	rekstok	[rekstok]
brug (de) gelijke leggers	brug	[bruχ]
paardsprong (de)	springperd	[spriŋ·pert]
mat (de)	oefenmat	[ufen·mat]

springtouw (het)	springtou	[spriŋ·tæʊ]
aerobics (de)	aërobiese oefeninge	[aɛrobisə ufeniŋə]
yoga (de)	joga	[joga]

135. Hockey

hockey (het)	hokkie	[hokki]
hockeyspeler (de)	hokkiespeler	[hokki·spelər]
hockey spelen	hokkie speel	[hokki speəl]
ijs (het)	ys	[ajs]

puck (de)	skyf	[skajf]
hockeystick (de)	hokkiestok	[hokki·stok]
schaatsen (mv.)	ysskaatse	[ajs·skãtsə]

boarding (de)	bord	[bort]
schot (het)	skoot	[skoət]

doelman (de)	doelwagter	[dul·waχtər]
goal (de)	doelpunt	[dulpunt]

periode (de)	periode	[periodə]
tweede periode (de)	tweede periode	[tweədə periodə]
reservebank (de)	plaasvervangersbank	[plãs·ferfaŋərs·bank]

136. Voetbal

voetbal (het)	sokker	[sokkər]
voetballer (de)	sokkerspeler	[sokkər·spelər]
voetbal spelen	sokker speel	[sokkər speəl]

eredivisie (de)	seniorliga	[senior·liχa]
voetbalclub (de)	sokkerklub	[sokkər·klup]
trainer (de)	breier	[bræjer]
eigenaar (de)	eienaar	[æjenãr]

team (het)	span	[span]
aanvoerder (de)	spankaptein	[spanə·kaptæjn]
speler (de)	speler	[spelər]
reservespeler (de)	plaasvervanger	[plãs·ferfaŋər]

aanvaller (de)	voorspeler	[foər·spelər]
centrale aanvaller (de)	middelvoorspeler	[middəlfoər·spelər]

doelpuntmaker (de)	doelpuntmaker	[dulpunt·makər]
verdediger (de)	verdediger	[ferdediχər]
middenvelder (de)	middelveldspeler	[middəlfɛld·spelər]
match, wedstrijd (de)	wedstryd	[vedstrajt]
elkaar ontmoeten (ww)	ontmoet	[ontmut]
finale (de)	finale	[finalə]
halve finale (de)	semi-finale	[semi-finalə]
kampioenschap (het)	kampioenskap	[kampiunskap]
helft (de)	helfte	[hɛlftə]
eerste helft (de)	eerste helfte	[eərstə hɛlftə]
pauze (de)	rustyd	[rustajt]
doel (het)	doel	[dul]
doelman (de)	doelwagter	[dul·waχtər]
doelpaal (de)	doelpale	[dul·palə]
lat (de)	dwarslat	[dwars·lat]
doelnet (het)	net	[net]
bal (de)	bal	[bal]
pass (de)	deurgee	[døərχeə]
schot (het), schop (de)	skop	[skop]
schieten (de bal ~)	skop	[skop]
vrije schop (directe ~)	vryskop	[frajskop]
hoekschop, corner (de)	hoekskop	[hukskop]
aanval (de)	aanval	[ānfal]
tegenaanval (de)	teenaanval	[teən·ānfal]
combinatie (de)	kombinasie	[kombinasi]
scheidsrechter (de)	skeidsregter	[skæjds·reχtər]
fluiten (ww)	die fluitjie blaas	[di flœiki blās]
fluitsignaal (het)	fluitsienjaal	[flœit·sinjāl]
overtreding (de)	oortreding	[oərtrediŋ]
uit het veld te sturen	van die veld stuur	[fan di fɛlt stɪr]
gele kaart (de)	geel kaart	[χeəl kārt]
rode kaart (de)	rooi kaart	[roj kārt]
diskwalificatie (de)	diskwalifikasie	[diskvalifikasi]
diskwalificeren (ww)	diskwalifiseer	[diskvalifiseər]
strafschop, penalty (de)	strafskop	[strafskop]
muur (de)	muur	[mɪr]
scoren (ww)	doel aanteken	[dul āntekən]
goal (de), doelpunt (het)	doelpunt	[dulpunt]
vervanging (de)	plaasvervanging	[plās·ferfaŋiŋ]
vervangen (ov.ww.)	vervang	[ferfaŋ]
regels (mv.)	reëls	[reɛls]
tactiek (de)	taktiek	[taktik]
stadion (het)	stadion	[stadion]
tribune (de)	tribune	[tribunə]
fan, supporter (de)	ondersteuner	[ondərstøənər]
schreeuwen (ww)	skreeu	[skriʊ]

| scorebord (het) | telbord | [tɛlbort] |
| stand (~ is 3-1) | stand | [stant] |

nederlaag (de)	nederlaag	[nedərlāχ]
verliezen (ww)	verloor	[ferloər]
gelijkspel (het)	gelykspel	[χelajkspəl]
in gelijk spel eindigen	gelykop speel	[χelajkop speəl]

overwinning (de)	oorwinning	[oərwinniŋ]
overwinnen (ww)	wen	[ven]
kampioen (de)	kampioen	[kampiun]
best (bn)	beste	[bestə]
feliciteren (ww)	gelukwens	[χelukwɛŋs]

commentator (de)	kommentator	[kommentator]
becommentariëren (ww)	verslag lewer	[ferslaχ levər]
uitzending (de)	uitsending	[œitsendiŋ]

137. Alpine skiën

skiën (ww)	ski	[skı]
skigebied (het)	berg ski-oord	[berχ ski-oərt]
skilift (de)	skihysbak	[ski·hajsbak]

skistokken (mv.)	skistokke	[ski·stokkə]
helling (de)	helling	[hɛlliŋ]
slalom (de)	slalom	[slalom]

138. Tennis. Golf

golf (het)	gholf	[golf]
golfclub (de)	gholfklub	[golf·klup]
golfer (de)	gholfspeler	[golf·spelər]

hole (de)	putjie	[puki]
golfclub (de)	gholfstok	[golf·stok]
trolley (de)	gholfkarretjie	[golf·karrəki]

tennis (het)	tennis	[tɛnnis]
tennisveld (het)	tennisbaan	[tɛnnis·bān]
opslag (de)	afslaan	[afslān]
serveren, opslaan (ww)	afslaan	[afslān]
racket (het)	raket	[raket]
net (het)	net	[net]
bal (de)	bal	[bal]

139. Schaken

| schaak (het) | skaak | [skāk] |
| schaakstukken (mv.) | skaakstukke | [skāk·stukkə] |

121

schaker (de)	skaakspeler	[skāk·spelər]
schaakbord (het)	skaakbord	[skāk·bort]
schaakstuk (het)	stuk	[stuk]

| witte stukken (mv.) | wit | [vit] |
| zwarte stukken (mv.) | swart | [swart] |

pion (de)	pion	[pion]
loper (de)	loper	[lopər]
paard (het)	ruiter	[rœitər]
toren (de)	toring	[toriŋ]
dame, koningin (de)	dame	[damə]
koning (de)	koning	[koniŋ]

zet (de)	skuif	[skœif]
zetten (ww)	skuif	[skœif]
opofferen (ww)	opoffer	[opoffər]
rokade (de)	rokade	[rokadə]
schaak (het)	skaak	[skāk]
schaakmat (het)	skaakmat	[skāk·mat]

schaakwedstrijd (de)	skaakwedstryd	[skāk·wedstrajt]
grootmeester (de)	Grootmeester	[xroet·meestər]
combinatie (de)	kombinasie	[kombinasi]
partij (de)	spel	[spəl]
dammen (de)	damspel	[dam·spəl]

140. Boksen

boksen (het)	boks	[boks]
boksgevecht (het)	geveg	[xefex]
bokswedstrijd (de)	boksgeveg	[boks·xefəx]
ronde (de)	rondte	[rondtə]

| ring (de) | kryt | [krajt] |
| gong (de) | gong | [xoŋ] |

stoot (de)	hou	[hæʊ]
knock-down (de)	uitklophou	[œitklophæʊ]
knock-out (de)	uitklophou	[œitklophæʊ]
knock-out slaan (ww)	uitklophou plant	[œitklophæʊ plant]
bokshandschoen (de)	bokshandskoen	[boks·handskun]
referee (de)	skeidsregter	[skæjds·rextər]

lichtgewicht (het)	liggegewig	[lixxə·xevəx]
middengewicht (het)	middelgewig	[middəl·xevəx]
zwaargewicht (het)	swaargewig	[swār·xevəx]

141. Sporten. Diversen

| Olympische Spelen (mv.) | Olimpiese Spele | [olimpisə spelə] |
| winnaar (de) | oorwinnaar | [oərwinnār] |

| overwinnen (ww) | wen | [ven] |
| winnen (ww) | wen | [ven] |

| leider (de) | leier | [læjer] |
| leiden (ww) | lei | [læj] |

eerste plaats (de)	eerste plek	[eerstə plek]
tweede plaats (de)	tweede plek	[tweedə plek]
derde plaats (de)	derde plek	[derdə plek]

medaille (de)	medalje	[medalje]
trofee (de)	trofee	[trofeə]
beker (de)	beker	[bekər]
prijs (de)	prys	[prajs]
hoofdprijs (de)	hoofprys	[hoef·prajs]
record (het)	rekord	[rekort]

| finale (de) | finale | [finalə] |
| finale (bn) | finale | [finalə] |

| kampioen (de) | kampioen | [kampiun] |
| kampioenschap (het) | kampioenskap | [kampiunskap] |

stadion (het)	stadion	[stadion]
tribune (de)	tribune	[tribunə]
fan, supporter (de)	ondersteuner	[ondərstøønər]
tegenstander (de)	teëstander	[tɛɛstandər]

| start (de) | wegspringplek | [veχspriŋ·plek] |
| finish (de) | eindstreep | [æjnd·streəp] |

| nederlaag (de) | nederlaag | [nedərlãχ] |
| verliezen (ww) | verloor | [ferloər] |

rechter (de)	skeidsregter	[skæjds·reχtər]
jury (de)	beoordelaars	[be·oərdelãrs]
stand (~ is 3-1)	stand	[stant]
gelijkspel (het)	gelykspel	[χelajkspəl]
in gelijk spel eindigen	gelykop speel	[χelajkop speəl]
punt (het)	punt	[punt]
uitslag (de)	puntestand	[puntəstant]

| periode (de) | periode | [periodə] |
| pauze (de) | rustyd | [rustajt] |

doping (de)	opkikkers	[opkikkərs]
straffen (ww)	straf	[straf]
diskwalificeren (ww)	diskwalifiseer	[diskwalifiseər]

toestel (het)	apparaat	[apparãt]
speer (de)	spies	[spis]
kogel (de)	koeël	[kuɛl]
bal (de)	bal	[bal]

| doel (het) | doelwit | [dulwit] |
| schietkaart (de) | teiken | [tæjkən] |

schieten (ww)	skiet	[skit]
precies (bijv. precieze schot)	akkuraat	[akkurāt]

trainer, coach (de)	breier	[bræjer]
trainen (ww)	afrig	[afrəχ]
zich trainen (ww)	oefen	[ufen]
training (de)	oefen	[ufen]

gymnastiekzaal (de)	gimnastieksaal	[χimnastik·sāl]
oefening (de)	oefening	[ufeniŋ]
opwarming (de)	opwarm	[opwarm]

Onderwijs

142. School

school (de)	skool	[skoəl]
schooldirecteur (de)	prinsipaal	[prinsipāl]
leerling (de)	leerder	[leərdər]
leerlinge (de)	leerder	[leərdər]
scholier (de)	skoolseun	[skoəl·søən]
scholiere (de)	skooldogter	[skoəl·doχtər]
leren (lesgeven)	leer	[leər]
studeren (bijv. een taal ~)	leer	[leər]
van buiten leren	van buite leer	[fan bœitə leər]
leren (bijv. ~ tellen)	leer	[leər]
in school zijn	op skool wees	[op skoəl veəs]
(schooljongen zijn)		
naar school gaan	skooltoe gaan	[skoəltu χān]
alfabet (het)	alfabet	[alfabet]
vak (schoolvak)	vak	[fak]
klaslokaal (het)	klaskamer	[klas·kamər]
les (de)	les	[les]
pauze (de)	pouse	[pæusə]
bel (de)	skoolbel	[skoəl·bəl]
schooltafel (de)	skoolbank	[skoəl·bank]
schoolbord (het)	bord	[bort]
cijfer (het)	simbool	[simboəl]
goed cijfer (het)	goeie punt	[χuje punt]
slecht cijfer (het)	slegte punt	[sleχtə punt]
fout (de)	fout	[fæut]
fouten maken	foute maak	[fæutə māk]
corrigeren (fouten ~)	korrigeer	[korriχeər]
spiekbriefje (het)	afskryfbriefie	[afskrajf·brifi]
huiswerk (het)	huiswerk	[hœis·werk]
oefening (de)	oefening	[ufeniŋ]
aanwezig zijn (ww)	aanwesig wees	[ānwesəχ veəs]
absent zijn (ww)	afwesig wees	[afwesəχ veəs]
school verzuimen	stokkies draai	[stokkis drāj]
bestraffen (een stout kind ~)	straf	[straf]
bestraffing (de)	straf	[straf]
gedrag (het)	gedrag	[χedraχ]

cijferlijst (de)	rapport	[rapport]
potlood (het)	potlood	[potloət]
gom (de)	uitveër	[œitfɛcr]
krijt (het)	kryt	[krajt]
pennendoos (de)	potloodsakkie	[potloət·sakki]

boekentas (de)	boekesak	[bukə·sak]
pen (de)	pen	[pen]
schrift (de)	skryfboek	[skrajf·buk]
leerboek (het)	handboek	[hand·buk]
passer (de)	passer	[passər]

| technisch tekenen (ww) | tegniese tekeninge maak | [teχnisə tekənikə mãk] |
| technische tekening (de) | tegniese tekening | [teχnisə tekəniŋ] |

gedicht (het)	gedig	[χedəχ]
van buiten (bw)	van buite	[fan bœitə]
van buiten leren	van buite leer	[fan bœitə leər]

vakantie (de)	skoolvakansie	[skoəl·fakaŋsi]
met vakantie zijn	met vakansie wees	[met fakaŋsi veəs]
vakantie doorbrengen	jou vakansie deurbring	[jæʊ fakaŋsi døərbriŋ]

toets (schriftelijke ~)	toets	[tuts]
opstel (het)	opstel	[opstəl]
dictee (het)	diktee	[dikteə]

| examen (het) | eksamen | [ɛksamen] |
| experiment (het) | eksperiment | [ɛksperiment] |

143. Hogeschool. Universiteit

academie (de)	akademie	[akademi]
universiteit (de)	universiteit	[unifersitæjt]
faculteit (de)	fakulteit	[fakultæjt]

student (de)	student	[student]
studente (de)	student	[student]
leraar (de)	lektor	[lektor]

| collegezaal (de) | lesingsaal | [lesiŋ·sãl] |
| afgestudeerde (de) | gegradueerde | [χeχradueərdə] |

| diploma (het) | sertifikaat | [sertifikãt] |
| dissertatie (de) | proefskrif | [prufskrif] |

| onderzoek (het) | navorsing | [naforsiŋ] |
| laboratorium (het) | laboratorium | [laboratorium] |

| college (het) | lesing | [lesiŋ] |
| medestudent (de) | medestudent | [medə·student] |

| studiebeurs (de) | beurs | [bøərs] |
| academische graad (de) | akademiese graad | [akademisə χrãt] |

144. Wetenschappen. Disciplines

wiskunde (de)	wiskunde	[vɪskundə]
algebra (de)	algebra	[alχebra]
meetkunde (de)	meetkunde	[meetkundə]
astronomie (de)	astronomie	[astronomi]
biologie (de)	biologie	[bioloχi]
geografie (de)	geografie	[χeoχrafi]
geologie (de)	geologie	[χeoloχi]
geschiedenis (de)	geskiedenis	[χeskidenis]
geneeskunde (de)	geneeskunde	[χeneəs·kundə]
pedagogiek (de)	pedagogie	[pedaχoχi]
rechten (mv.)	regte	[reχtə]
fysica, natuurkunde (de)	fisika	[fisika]
scheikunde (de)	chemie	[χemi]
filosofie (de)	filosofie	[filosofi]
psychologie (de)	sielkunde	[silkundə]

145. Schrift. Spelling

grammatica (de)	grammatika	[χrammatika]
vocabulaire (het)	woordeskat	[voərdeskat]
fonetiek (de)	fonetika	[fonetika]
zelfstandig naamwoord (het)	selfstandige naamwoord	[sɛlfstandiχə nãmwoərt]
bijvoeglijk naamwoord (het)	byvoeglike naamwoord	[bajfuχlikə nãmvoərt]
werkwoord (het)	werkwoord	[verk·woərt]
bijwoord (het)	bijwoord	[bij·woərt]
voornaamwoord (het)	voornaamwoord	[foərnãm·voərt]
tussenwerpsel (het)	tussenwerpsel	[tussən·werpsəl]
voorzetsel (het)	voorsetsel	[foərsetsəl]
stam (de)	stam	[stam]
achtervoegsel (het)	agtervoegsel	[aχtər·fuχsəl]
voorvoegsel (het)	voorvoegsel	[foər·fuχsəl]
lettergreep (de)	lettergreep	[lɛttər·χreəp]
achtervoegsel (het)	agtervoegsel, suffiks	[aχtər·fuχsəl], [suffiks]
nadruk (de)	klemteken	[klem·tekən]
afkappingsteken (het)	afkappingsteken	[afkappiŋs·tekən]
punt (de)	punt	[punt]
komma (de/het)	komma	[komma]
puntkomma (de)	kommapunt	[komma·punt]
dubbelpunt (de)	dubbelpunt	[dubbəl·punt]
beletselteken (het)	beletselteken	[beletsəl·tekən]
vraagteken (het)	vraagteken	[frãχ·tekən]
uitroepteken (het)	uitroepteken	[œitrup·tekən]

aanhalingstekens (mv.)	aanhalingstekens	[ānhaliŋs·tekəŋs]
tussen aanhalingstekens (bw)	tussen aanhalingstekens	[tussən ānhaliŋs·tekəŋs]
haakjes (mv.)	hakies	[hakis]
tussen haakjes (bw)	tussen hakies	[tussən hakis]

streepje (het)	koppelteken	[koppəl·tekən]
gedachtestreepje (het)	strepie	[strepi]
spatie	spasie	[spasi]
(~ tussen twee woorden)		

letter (de)	letter	[lɛttər]
hoofdletter (de)	hoofletter	[hoəf·lɛttər]

klinker (de)	klinker	[klinkər]
medeklinker (de)	konsonant	[kɔŋsonant]

zin (de)	sin	[sin]
onderwerp (het)	onderwerp	[ondərwerp]
gezegde (het)	predikaat	[predikāt]

regel (in een tekst)	reël	[reɛl]
alinea (de)	paragraaf	[paraχrāf]

woord (het)	woord	[voərt]
woordgroep (de)	woordgroep	[voərt·χrup]
uitdrukking (de)	uitdrukking	[œitdrukkiŋ]
synoniem (het)	sinoniem	[sinonim]
antoniem (het)	antoniem	[antonim]

regel (de)	reël	[reɛl]
uitzondering (de)	uitsondering	[œitsondəriŋ]
correct (bijv. ~e spelling)	korrek	[korrek]

vervoeging, conjugatie (de)	vervoeging	[ferfuχiŋ]
verbuiging, declinatie (de)	verbuiging	[ferbœəχiŋ]
naamval (de)	naamval	[nāmfal]
vraag (de)	vraag	[frāχ]
onderstrepen (ww)	onderstreep	[ondərstreəp]
stippellijn (de)	stippellyn	[stippəl·lajn]

146. Vreemde talen

taal (de)	taal	[tāl]
vreemd (bn)	vreemd	[freəmt]
vreemde taal (de)	vreemde taal	[freəmdə tāl]
leren (bijv. van buiten ~)	studeer	[studeər]
studeren (Nederlands ~)	leer	[leər]

lezen (ww)	lees	[leəs]
spreken (ww)	praat	[prāt]
begrijpen (ww)	verstaan	[ferstān]
schrijven (ww)	skryf	[skrajf]
snel (bw)	vinnig	[finnəχ]
langzaam (bw)	stadig	[stadəχ]

vloeiend (bw)	vlot	[flot]
regels (mv.)	reëls	[reɛls]
grammatica (de)	grammatika	[χrammatika]
vocabulaire (het)	woordeskat	[voərdeskat]
fonetiek (de)	fonetika	[fonetika]

leerboek (het)	handboek	[hand·buk]
woordenboek (het)	woordeboek	[voərdə·buk]
leerboek (het) voor zelfstudie	selfstudie boek	[sɛlfstudi buk]
taalgids (de)	taalgids	[tāl·χids]

cassette (de)	kasset	[kasset]
videocassette (de)	videoband	[video·bant]
CD (de)	CD	[se·de]
DVD (de)	DVD	[de·fe·de]

alfabet (het)	alfabet	[alfabet]
spellen (ww)	spel	[spel]
uitspraak (de)	uitspraak	[œitsprāk]
accent (het)	aksent	[aksent]

| woord (het) | woord | [voərt] |
| betekenis (de) | betekenis | [betekənis] |

cursus (de)	kursus	[kursus]
zich inschrijven (ww)	inskryf	[inskrajf]
leraar (de)	onderwyser	[ondərwajsər]

vertaling (een ~ maken)	vertaling	[fertaliŋ]
vertaling (tekst)	vertaling	[fertaliŋ]
vertaler (de)	vertaler	[fertalər]
tolk (de)	tolk	[tolk]

| polyglot (de) | poliglot | [poliχlot] |
| geheugen (het) | geheue | [χəhøə] |

147. Sprookjesfiguren

Sinterklaas (de)	Kersvader	[kers·fadər]
Assepoester (de)	Assepoester	[assepustər]
zeemeermin (de)	meermin	[meərmin]
Neptunus (de)	Neptunus	[neptunus]

magiër, tovenaar (de)	towenaar	[tovenār]
goede heks (de)	feetjie	[feəki]
magisch (bn)	magies	[maχis]
toverstokje (het)	towerstaf	[tovər·staf]

sprookje (het)	sprokie	[sproki]
wonder (het)	wonderwerk	[vondərwerk]
dwerg (de)	dwerg	[dwerχ]
veranderen in …	verander in ...	[ferandər in ...]
(anders worden)		
geest (de)	gees	[χeəs]

spook (het)	spook	[spoek]
monster (het)	monster	[mɔŋstər]
draak (de)	draak	[drãk]
reus (de)	reus	[røəs]

148. Dierenriem

Ram (de)	Ram	[ram]
Stier (de)	Stier	[stir]
Tweelingen (mv.)	Tweelinge	[tweeliŋə]
Kreeft (de)	Kreef	[kreəf]
Leeuw (de)	Leeu	[liʊ]
Maagd (de)	Maagd	[mãχt]

Weegschaal (de)	Weegskaal	[veəχskãl]
Schorpioen (de)	Skerpioen	[skerpiun]
Boogschutter (de)	Boogskutter	[boəχskuttər]
Steenbok (de)	Steenbok	[steənbok]
Waterman (de)	Waterman	[vatərman]
Vissen (mv.)	Visse	[fissə]

karakter (het)	karakter	[karaktər]
karaktertrekken (mv.)	karaktertrekke	[karaktər·trɛkkə]
gedrag (het)	gedrag	[χedraχ]
waarzeggen (ww)	waarsê	[vãrsɛ:]
waarzegster (de)	waarsêer	[vãrsɛər]
horoscoop (de)	horoskoop	[horoskoəp]

Kunst

149. Theater

theater (het)	teater	[teatər]
opera (de)	opera	[opera]
operette (de)	operette	[opɛrɛttə]
ballet (het)	ballet	[ballet]
affiche (de/het)	plakkaat	[plakkāt]
theatergezelschap (het)	teatergeselskap	[teatər·χesɛlskap]
tournee (de)	toer	[tur]
op tournee zijn	op toer wees	[op tur veəs]
repeteren (ww)	repeteer	[repeteər]
repetitie (de)	repetisie	[repetisi]
repertoire (het)	repertoire	[repertuarə]
voorstelling (de)	voorstelling	[foərstɛlliŋ]
spektakel (het)	opvoering	[opfuriŋ]
toneelstuk (het)	toneelstuk	[toneəl·stuk]
biljet (het)	kaartjie	[kārki]
kassa (de)	loket	[lokət]
foyer (de)	voorportaal	[foər·portāl]
garderobe (de)	bewaarkamer	[bevār·kamər]
garderobe nummer (het)	bewaarkamerkaartjie	[bevār·kamər·kārki]
verrekijker (de)	verkyker	[ferkajkər]
plaatsaanwijzer (de)	plekaanwyser	[plek·ānwajsər]
parterre (de)	stalles	[stalles]
balkon (het)	balkon	[balkon]
gouden rang (de)	eerste balkon	[eərstə balkon]
loge (de)	losie	[losi]
rij (de)	ry	[raj]
plaats (de)	sitplek	[sitplek]
publiek (het)	gehoor	[χehoər]
kijker (de)	toehoorders	[tuhoərders]
klappen (ww)	klap	[klap]
applaus (het)	applous	[applæʊs]
ovatie (de)	toejuiging	[tujœəχiŋ]
toneel (op het ~ staan)	verhoog	[ferhoəχ]
gordijn, doek (het)	gordyn	[χordajn]
toneeldecor (het)	dekor	[dekor]
backstage (de)	agter die verhoog	[aχtər di ferhoəχ]
scène (de)	toneel	[toneəl]
bedrijf (het)	bedryf	[bedrajf]
pauze (de)	pouse	[pæʊsə]

131

150. Bioscoop

| acteur (de) | akteur | [aktøər] |
| actrice (de) | aktrise | [aktrisə] |

bioscoop (de)	filmbedryf	[film·bedrajf]
speelfilm (de)	fliek	[flik]
aflevering (de)	episode	[ɛpisodə]

detectivefilm (de)	speurfliek	[spøər·flik]
actiefilm (de)	aksiefliek	[aksi·flik]
avonturenfilm (de)	avontuurfliek	[afontɪr·flik]
sciencefictionfilm (de)	wetenskapfiksiefilm	[vetɛŋskapfiksi·film]
griezelfilm (de)	gruwelfliek	[χruvɛl·flik]

komedie (de)	komedie	[komedi]
melodrama (het)	melodrama	[melodrama]
drama (het)	drama	[drama]

speelfilm (de)	rolprent	[rolprent]
documentaire (de)	dokumentêre rolprent	[dokumentɛrə rolprent]
tekenfilm (de)	tekenfilm	[tekən·film]
stomme film (de)	stilprent	[stil·prent]
rol (de)	rol	[rol]
hoofdrol (de)	hoofrol	[hoəf·rol]
spelen (ww)	speel	[speəl]

filmster (de)	filmster	[film·stər]
bekend (bn)	bekend	[bekent]
beroemd (bn)	beroemd	[berumt]
populair (bn)	gewild	[χevilt]

scenario (het)	draaiboek	[drãjbuk]
scenarioschrijver (de)	draaiboekskrywer	[drãjbuk·skrajvər]
regisseur (de)	filmregisseur	[film·reχissøər]
filmproducent (de)	produsent	[produsent]
assistent (de)	assistent	[assistent]
cameraman (de)	kameraman	[kameraman]
stuntman (de)	waaghals	[vãχhals]
stuntdubbel (de)	dubbel	[dubbəl]

auditie (de)	filmtoets	[film·tuts]
opnamen (mv.)	skiet	[skit]
filmploeg (de)	filmspan	[film·span]
filmset (de)	rolprentstel	[rolprent·stəl]
filmcamera (de)	kamera	[kamera]

| bioscoop (de) | bioskoop | [bioskoəp] |
| scherm (het) | skerm | [skerm] |

geluidsspoor (de)	klankbaan	[klank·bãn]
speciale effecten (mv.)	spesiale effekte	[spesialə ɛffektə]
ondertiteling (de)	onderskrif	[ondərskrif]
voortiteling, aftiteling (de)	erkenning	[ɛrkɛnniŋ]
vertaling (de)	vertaling	[fertaliŋ]

151. Schilderij

kunst (de)	kuns	[kuns]
schone kunsten (mv.)	skone kunste	[skonə kunstə]
kunstgalerie (de)	kunsgalery	[kuns·χalεraj]
kunsttentoonstelling (de)	kunsuitstalling	[kuns·œitstalliŋ]
schilderkunst (de)	skildery	[skilderaj]
grafiek (de)	grafiese kuns	[χrafisə kuns]
abstracte kunst (de)	abstrakte kuns	[abstraktə kuns]
impressionisme (het)	impressionisme	[imprεssionismə]
schilderij (het)	skildery	[skilderaj]
tekening (de)	tekening	[tekəniŋ]
poster (de)	plakkaat	[plakkãt]
illustratie (de)	illustrasie	[illustrasi]
miniatuur (de)	miniatuur	[miniatɪr]
kopie (de)	kopie	[kopi]
reproductie (de)	reproduksie	[reproduksi]
mozaïek (het)	mosaiek	[mosajek]
gebrandschilderd glas (het)	gebrandskilderde venster	[χebrandskilderdə fεŋstər]
fresco (het)	fresko	[fresko]
gravure (de)	gravure	[χrafurə]
buste (de)	borsbeeld	[borsbeəlt]
beeldhouwwerk (het)	beeldhouwerk	[beəldhæʊverk]
beeld (bronzen ~)	standbeeld	[standbeəlt]
gips (het)	gips	[χips]
gipsen (bn)	gips-	[χips-]
portret (het)	portret	[portret]
zelfportret (het)	selfportret	[sεlf·portret]
landschap (het)	landskap	[landskap]
stilleven (het)	stillewe	[stillevə]
karikatuur (de)	karikatuur	[karikatɪr]
schets (de)	skets	[skets]
verf (de)	verf	[ferf]
aquarel (de)	waterverf	[vatər·ferf]
olieverf (de)	olieverf	[oli·ferf]
potlood (het)	potlood	[potloət]
Oostindische inkt (de)	Indiese ink	[indisə ink]
houtskool (de)	houtskool	[hæʊts·koəl]
tekenen (met krijt)	teken	[tekən]
schilderen (ww)	skilder	[skildər]
poseren (ww)	poseer	[poseər]
naaktmodel (man)	naakmodel	[nãkmodəl]
naaktmodel (vrouw)	naakmodel	[nãkmodəl]
kunstenaar (de)	kunstenaar	[kunstenãr]
kunstwerk (het)	kunswerk	[kuns·werk]

meesterwerk (het)	meesterstuk	[meester·stuk]
studio, werkruimte (de)	studio	[studio]
schildersdoek (het)	doek	[duk]
schildersezel (de)	skildersesel	[skilders·esəl]
palet (het)	palet	[palet]
lijst (een vergulde ~)	raam	[rām]
restauratie (de)	restourasie	[restæʊrasi]
restaureren (ww)	restoureer	[restæʊreer]

152. Literatuur & Poëzie

literatuur (de)	literatuur	[literatɪr]
auteur (de)	skrywer	[skrajvər]
pseudoniem (het)	skuilnaam	[skœil·nām]
boek (het)	boek	[buk]
boekdeel (het)	deel	[deəl]
inhoudsopgave (de)	inhoudsopgawe	[inhæʊds·opχavə]
pagina (de)	bladsy	[bladsaj]
hoofdpersoon (de)	hoofkarakter	[hoəf·karaktər]
handtekening (de)	outograaf	[æʊtoχrāf]
verhaal (het)	kortverhaal	[kort·ferhāl]
novelle (de)	novelle	[nofɛllə]
roman (de)	roman	[roman]
werk (literatuur)	werk	[verk]
fabel (de)	fabel	[fabəl]
detectiveroman (de)	speurroman	[spøər·roman]
gedicht (het)	gedig	[χedəχ]
poëzie (de)	digkuns	[diχkuns]
epos (het)	epos	[ɛpos]
dichter (de)	digter	[diχtər]
fictie (de)	fiksie	[fiksi]
sciencefiction (de)	wetenskapsfiksie	[vetɛŋskaps·fiksi]
avonturenroman (de)	avonture	[afonturə]
opvoedkundige literatuur (de)	opvoedkundige literatuur	[opfutkundiχə literatɪr]
kinderliteratuur (de)	kinderliteratuur	[kindər·literatɪr]

153. Circus

circus (de/het)	sirkus	[sirkus]
chapiteau circus (de/het)	rondreisende sirkus	[rondræjsendə sirkus]
programma (het)	program	[proχram]
voorstelling (de)	voorstelling	[foərstɛlliŋ]
nummer (circus ~)	nommer	[nommər]
arena (de)	sirkusring	[sirkus·riŋ]
pantomime (de)	pantomime	[pantomimə]

clown (de)	hanswors	[haŋswors]
acrobaat (de)	akrobaat	[akrobāt]
acrobatiek (de)	akrobatiek	[akrobatik]
gymnast (de)	gimnas	[ximnas]
gymnastiek (de)	gimnastiek	[ximnastik]
salto (de)	salto	[salto]

sterke man (de)	atleet	[atleət]
temmer (de)	temmer	[tɛmmər]
ruiter (de)	ruiter	[rœitər]
assistent (de)	assistent	[assistent]

stunt (de)	waaghalsige toertjie	[vāxhalsixə turki]
goocheltruc (de)	goëltoertjie	[xoɛl·turki]
goochelaar (de)	goëlaar	[xoɛlār]

jongleur (de)	jongleur	[jonxløər]
jongleren (ww)	jongleer	[jonxleər]
dierentrainer (de)	dresseerder	[drɛsseer·dər]
dressuur (de)	dressering	[drɛsseriŋ]
dresseren (ww)	afrig	[afrəx]

154. Muziek. Popmuziek

muziek (de)	musiek	[musik]
muzikant (de)	musikant	[musikant]
muziekinstrument (het)	musiekinstrument	[musik·instrument]
spelen (bijv. gitaar ~)	speel ...	[speəl ...]

gitaar (de)	kitaar	[kitār]
viool (de)	viool	[fioəl]
cello (de)	tjello	[ʧello]
contrabas (de)	kontrabas	[kontrabas]
harp (de)	harp	[harp]

piano (de)	piano	[piano]
vleugel (de)	vleuelklavier	[fløɛl·klafir]
orgel (het)	orrel	[orrəl]

blaasinstrumenten (mv.)	blaasinstrumente	[blās·instrumentə]
hobo (de)	hobo	[hobo]
saxofoon (de)	saksofoon	[saksofoən]
klarinet (de)	klarinet	[klarinet]
fluit (de)	dwarsfluit	[dwars·flœit]
trompet (de)	trompet	[trompet]

accordeon (de/het)	trekklavier	[trɛkklafir]
trommel (de)	trommel	[tromməl]

duet (het)	duet	[duet]
trio (het)	trio	[trio]
kwartet (het)	kwartet	[kwartet]
koor (het)	koor	[koər]
orkest (het)	orkes	[orkes]

popmuziek (de)	popmusiek	[pop·musik]
rockmuziek (de)	rockmusiek	[rok·musik]
rockgroep (de)	rockgroep	[rok·χrup]
jazz (de)	jazz	[jazz]

| idool (het) | held | [hɛlt] |
| bewonderaar (de) | bewonderaar | [bevondərār] |

concert (het)	konsert	[kɔŋsert]
symfonie (de)	simfonie	[simfoni]
compositie (de)	komposisie	[komposisi]
componeren (muziek ~)	komponeer	[komponeər]

zang (de)	sang	[saŋ]
lied (het)	lied	[lit]
melodie (de)	wysie	[vajsi]
ritme (het)	ritme	[ritmə]
blues (de)	blues	[blues]

bladmuziek (de)	bladmusiek	[blad·musik]
dirigeerstok (baton)	dirigeerstok	[diriχeər·stok]
strijkstok (de)	strykstok	[strajk·stok]
snaar (de)	snaar	[snār]
koffer (de)	houer	[hæʊər]

Rusten. Entertainment. Reizen

155. Trip. Reizen

toerisme (het)	toerisme	[turismə]
toerist (de)	toeris	[turis]
reis (de)	reis	[ræjs]
avontuur (het)	avontuur	[afontɪr]
tocht (de)	reis	[ræjs]
vakantie (de)	vakansie	[fakaŋsi]
met vakantie zijn	met vakansie wees	[met fakaŋsi veəs]
rust (de)	rus	[rus]
trein (de)	trein	[træjn]
met de trein	per trein	[pər træjn]
vliegtuig (het)	vliegtuig	[fliχtœiχ]
met het vliegtuig	per vliegtuig	[pər fliχtœiχ]
met de auto	per motor	[pər motor]
per schip (bw)	per skip	[pər skip]
bagage (de)	bagasie	[baχasi]
valies (de)	tas	[tas]
bagagekarretje (het)	bagasiekarretjie	[baχasi·karrəki]
paspoort (het)	paspoort	[paspoərt]
visum (het)	visum	[fisum]
kaartje (het)	kaartjie	[kārki]
vliegticket (het)	lugkaartjie	[luχ·kārki]
reisgids (de)	reisgids	[ræjsχids]
kaart (de)	kaart	[kārt]
gebied (landelijk ~)	gebied	[χebit]
plaats (de)	plek	[plek]
exotische bestemming (de)	eksotiese dinge	[ɛksotisə diŋə]
exotisch (bn)	eksoties	[ɛksotis]
verwonderlijk (bn)	verbasend	[ferbasent]
groep (de)	groep	[χrup]
rondleiding (de)	uitstappie	[œitstappi]
gids (de)	gids	[χids]

156. Hotel

motel (het)	motel	[motəl]
3-sterren	drie-ster	[dri-stər]
5-sterren	vyf-ster	[fajf-stər]

overnachten (ww)	oornag	[oərnaχ]
kamer (de)	kamer	[kamər]
eenpersoonskamer (de)	enkelkamer	[ɛnkəl·kamər]
tweepersoonskamer (de)	dubbelkamer	[dubbəl·kamər]

| halfpension (het) | met aandete, bed en ontbyt | [met ãndetə], [bet en ontbajt] |
| volpension (het) | volle losies | [follə losis] |

met badkamer	met bad	[met bat]
met douche	met stortbad	[met stort·bat]
satelliet-tv (de)	satelliet-TV	[satɛllit-te·fe]
airconditioner (de)	lugversorger	[luχfersorχər]
handdoek (de)	handdoek	[handduk]
sleutel (de)	sleutel	[sløətəl]

administrateur (de)	bestuurder	[bestırdər]
kamermeisje (het)	kamermeisie	[kamər·mæjsi]
piccolo (de)	hoteljoggie	[hotəl·joχi]
portier (de)	portier	[portir]

restaurant (het)	restaurant	[restourant]
bar (de)	kroeg	[kruχ]
ontbijt (het)	ontbyt	[ontbajt]
avondeten (het)	aandete	[ãndetə]
buffet (het)	buffetete	[buffetetə]

| hal (de) | voorportaal | [foər·portãl] |
| lift (de) | hysbak | [hajsbak] |

| NIET STOREN | MOENIE STEUR NIE | [muni støər ni] |
| VERBODEN TE ROKEN! | ROOK VERBODE | [roək ferbodə] |

157. Boeken. Lezen

boek (het)	boek	[buk]
auteur (de)	outeur	[æʊtøər]
schrijver (de)	skrywer	[skrajvər]
schrijven (een boek)	skryf	[skrajf]

lezer (de)	leser	[lesər]
lezen (ww)	lees	[leəs]
lezen (het)	lees	[leəs]

| stil (~ lezen) | stil | [stil] |
| hardop (~ lezen) | hardop | [hardop] |

uitgeven (boek ~)	uitgee	[œitχeə]
uitgeven (het)	uitgee	[œitχeə]
uitgever (de)	uitgewer	[œitχevər]
uitgeverij (de)	uitgewery	[œitχeveraj]

verschijnen (bijv. boek)	verskyn	[ferskajn]
verschijnen (het)	verskyn	[ferskajn]
oplage (de)	oplaag	[oplãχ]

boekhandel (de)	boekhandel	[buk·handəl]
bibliotheek (de)	biblioteek	[biblioteək]
novelle (de)	novelle	[nofɛllə]
verhaal (het)	kortverhaal	[kort·ferhāl]
roman (de)	roman	[roman]
detectiveroman (de)	speurroman	[spøər·roman]
memoires (mv.)	memoires	[memuares]
legende (de)	legende	[leχendə]
mythe (de)	mite	[mitə]
gedichten (mv.)	poësie	[poɛsi]
autobiografie (de)	outobiografie	[æʊtobioχrafi]
bloemlezing (de)	bloemlesing	[blumlesiŋ]
sciencefiction (de)	wetenskapsfiksie	[vetɛŋskaps·fiksi]
naam (de)	titel	[titel]
inleiding (de)	inleiding	[inlæjdiŋ]
voorblad (het)	titelblad	[titel·blat]
hoofdstuk (het)	hoofstuk	[hoəfstuk]
fragment (het)	fragment	[fraχment]
episode (de)	episode	[ɛpisodə]
intrige (de)	plot	[plot]
inhoud (de)	inhoud	[inhæʊt]
inhoudsopgave (de)	inhoudsopgawe	[inhæʊds·opχavə]
hoofdpersonage (het)	hoofkarakter	[hoəf·karaktər]
boekdeel (het)	deel	[deəl]
omslag (de/het)	omslag	[omslaχ]
boekband (de)	band	[bant]
bladwijzer (de)	bladwyser	[blat·vajsər]
pagina (de)	bladsy	[bladsaj]
bladeren (ww)	deurblaai	[døərblāi]
marges (mv.)	marges	[marχəs]
annotatie (de)	annotasie	[annotasi]
opmerking (de)	voetnota	[fut·nota]
tekst (de)	teks	[teks]
lettertype (het)	lettertipe	[lɛttər·tipə]
drukfout (de)	drukfout	[druk·fæʊt]
vertaling (de)	vertaling	[fertaliŋ]
vertalen (ww)	vertaal	[fertāl]
origineel (het)	oorspronklike	[oərspronklikə]
beroemd (bn)	beroemd	[berumt]
onbekend (bn)	onbekend	[onbekent]
interessant (bn)	interessante	[interessantə]
bestseller (de)	blitsverkoper	[blits·ferkopər]
woordenboek (het)	woordeboek	[voərdə·buk]
leerboek (het)	handboek	[hand·buk]
encyclopedie (de)	ensiklopedie	[ɛŋsiklopedi]

158. Jacht. Vissen

jacht (de)	jag	[jaχ]
jagen (ww)	jag	[jaχ]
jager (de)	jagter	[jaχtər]
schieten (ww)	skiet	[skit]
geweer (het)	geweer	[χeveər]
patroon (de)	patroon	[patroən]
hagel (de)	hael	[haəl]

val (de)	slagyster	[slaχ·ajstər]
valstrik (de)	valstrik	[falstrik]
in de val trappen	in die valstrik trap	[in di falstrik trap]
een val zetten	n valstrik lê	[ə falstrik lɛ:]

stroper (de)	wildstroper	[vilt·stropər]
wild (het)	wild	[vilt]
jachthond (de)	jaghond	[jaχ·hont]
safari (de)	safari	[safari]
opgezet dier (het)	opgestopte dier	[opχestoptə dir]

visser (de)	visterman	[fisterman]
visvangst (de)	vis vang	[fis faŋ]
vissen (ww)	vis vang	[fis faŋ]

hengel (de)	visstok	[fis·stok]
vislijn (de)	vislyn	[fis·lajn]
haak (de)	vishoek	[fis·huk]
dobber (de)	vlotter	[flottər]
aas (het)	aas	[ās]

de hengel uitwerpen	lyngooi	[lajnχoj]
bijten (ov. de vissen)	byt	[bajt]
vangst (de)	vang	[faŋ]
wak (het)	gat in die ys	[χat in di ajs]

net (het)	visnet	[fis·net]
boot (de)	boot	[boət]
het net uitwerpen	die net gooi	[di net χoj]
het net binnenhalen	die net intrek	[di net intrek]
in het net vallen	in die net val	[in di net fal]

walvisvangst (de)	walvisvanger	[valfis·vaŋər]
walvisvaarder (de)	walvisboot	[valfis·boət]
harpoen (de)	harpoen	[harpun]

159. Spellen. Biljart

biljart (het)	biljart	[biljart]
biljartzaal (de)	biljartkamer	[biljart·kamər]
biljartbal (de)	bal	[bal]
keu (de)	biljartstok	[biljart·stok]
gat (het)	sakkie	[sakki]

160. Spellen. Speelkaarten

ruiten (mv.)	diamante	[diamantə]
schoppen (mv.)	skoppens	[skoppɛns]
klaveren (mv.)	harte	[hartə]
harten (mv.)	klawers	[klavərs]

aas (de)	aas	[ās]
koning (de)	koning	[koniŋ]
dame (de)	dame	[damə]
boer (de)	boer	[bur]

speelkaart (de)	speelkaart	[speəl·kārt]
kaarten (mv.)	kaarte	[kārtə]
troef (de)	troefkaart	[truf·kārt]
pak (het) kaarten	pak kaarte	[pak kārtə]

punt (bijv. vijftig ~en)	punt	[punt]
uitdelen (kaarten ~)	uitdeel	[œitdeəl]
schudden (de kaarten ~)	skommel	[skommǝl]
beurt (de)	beurt	[bøərt]
valsspeler (de)	valsspeler	[fals·spelǝr]

161. Casino. Roulette

casino (het)	kasino	[kasino]
roulette (de)	roulette	[ræʊlɛt]
inzet (de)	inset	[inset]
een bod doen	wed	[vet]

rood (de)	rooi	[roj]
zwart (de)	swart	[swart]

inzetten op rood	wed op rooi	[vet op roj]
inzetten op zwart	wed op swart	[vet op swart]

croupier (de)	kroepier	[krupir]
de cilinder draaien	die wiel draai	[di vil drāi]

spelregels (mv.)	reëls	[reɛls]
fiche (pokerfiche, etc.)	tjip	[ʧip]

winnen (ww)	wen	[ven]
winst (de)	wins	[vins]

verliezen (ww)	verloor	[ferloər]
verlies (het)	verlies	[ferlis]

speler (de)	speler	[spelər]
blackjack (kaartspel)	blackjack	[blɛk ʤɛk]
dobbelspel (het)	dobbelspel	[dobbəl·spəl]
dobbelstenen (mv.)	dobbelsteen	[dobbəl·steən]
speelautomaat (de)	muntoutomaat	[munt·æʊtomāt]

162. Rusten. Spellen. Diversen

wandelen (on.ww.)	**wandel**	[vandəl]
wandeling (de)	**wandeling**	[vandəliŋ]
trip (per auto)	**motorrit**	[motor·rit]
avontuur (het)	**avontuur**	[afontɪr]
picknick (de)	**piekniek**	[piknik]
spel (het)	**spel**	[spel]
speler (de)	**speler**	[spelər]
partij (de)	**spel**	[spel]
collectioneur (de)	**versamelaar**	[fersamelãr]
collectioneren (ww)	**versamel**	[fersaməl]
collectie (de)	**versameling**	[fersameliŋ]
kruiswoordraadsel (het)	**blokkiesraaisel**	[blokkis·rãisəl]
hippodroom (de)	**perderesiesbaan**	[perdə·resisbãn]
discotheek (de)	**disko**	[disko]
sauna (de)	**sauna**	[sɔuna]
loterij (de)	**lotery**	[loteraj]
trektocht (kampeertocht)	**kampeeruitstappie**	[kampeər·ajtstappi]
kamp (het)	**kamp**	[kamp]
tent (de)	**tent**	[tɛnt]
kompas (het)	**kompas**	[kompas]
rugzaktoerist (de)	**kampeerder**	[kampeərdər]
bekijken (een film ~)	**kyk**	[kajk]
kijker (televisie~)	**kyker**	[kajkər]
televisie-uitzending (de)	**TV-program**	[te·fe-proχram]

163. Fotografie

fotocamera (de)	**kamera**	[kamera]
foto (de)	**foto**	[foto]
fotograaf (de)	**fotograaf**	[fotoχrãf]
fotostudio (de)	**fotostudio**	[foto·studio]
fotoalbum (het)	**fotoalbum**	[foto·album]
lens (de), objectief (het)	**kameralens**	[kamera·lɛŋs]
telelens (de)	**telefotolens**	[telefoto·lɛŋs]
filter (de/het)	**filter**	[filtər]
lens (de)	**lens**	[lɛŋs]
optiek (de)	**optiek**	[optik]
diafragma (het)	**diafragma**	[diafraχma]
belichtingstijd (de)	**beligtingstyd**	[beliχtiŋs·tajt]
zoeker (de)	**soeker**	[sukər]
digitale camera (de)	**digitale kamera**	[diχitalə kamera]
statief (het)	**driepoot**	[dripoət]

flits (de)	flits	[flits]
fotograferen (ww)	fotografeer	[fotoχrafeər]
foto's maken	fotografeer	[fotoχrafeər]
zich laten fotograferen	jou portret laat maak	[jæʊ portret lāt māk]

focus (de)	fokus	[fokus]
scherpstellen (ww)	fokus	[fokus]
scherp (bn)	skerp	[skerp]
scherpte (de)	skerpheid	[skerphæjt]

| contrast (het) | kontras | [kontras] |
| contrastrijk (bn) | kontrasryk | [kontrasrajk] |

kiekje (het)	kiekie	[kiki]
negatief (het)	negatief	[neχatif]
filmpje (het)	rolfilm	[rolfilm]
beeld (frame)	raampie	[rāmpi]
afdrukken (foto's ~)	druk	[druk]

164. Strand. Zwemmen

strand (het)	strand	[strant]
zand (het)	sand	[sant]
leeg (~ strand)	verlate	[ferlatə]

bruine kleur (de)	sonbruin kleur	[sonbrœin kløər]
zonnebaden (ww)	bruinbrand	[brœinbrant]
gebruind (bn)	bruingebrand	[brœiŋəbrant]
zonnecrème (de)	sonskermroom	[sɔŋ·skerm·roəm]

bikini (de)	bikini	[bikini]
badpak (het)	baaikostuum	[bāj·kostɪm]
zwembroek (de)	baaibroek	[bāj·bruk]

zwembad (het)	swembad	[swem·bat]
zwemmen (ww)	swem	[swem]
douche (de)	stort	[stort]
zich omkleden (ww)	verklee	[ferkleə]
handdoek (de)	handdoek	[handduk]

| boot (de) | boot | [boət] |
| motorboot (de) | motorboot | [motor·boət] |

waterski's (mv.)	waterski	[vatər·ski]
waterfiets (de)	waterfiets	[vatər·fits]
surfen (het)	branderplankry	[brandərplank·raj]
surfer (de)	branderplankryer	[brandərplank·rajer]

scuba, aqualong (de)	duiklong	[dœiklɔŋ]
zwemvliezen (mv.)	paddavoet	[padda·fut]
duikmasker (het)	duikmasker	[dœik·maskər]
duiker (de)	duiker	[dœikər]
duiken (ww)	duik	[dœik]
onder water (bw)	onder water	[ondər vatər]

parasol (de)	strandsambreel	[strand·sambreel]
ligstoel (de)	strandstoel	[strand·stul]
zonnebril (de)	sonbril	[son·bril]
luchtmatras (de/het)	opblaasmatras	[opblās·matras]

| spelen (ww) | speel | [speel] |
| gaan zwemmen (ww) | gaan swem | [χān swem] |

bal (de)	strandbal	[strand·bal]
opblazen (oppompen)	opblaas	[opblās]
lucht-, opblaasbare (bn)	opblaas-	[opblās-]

golf (hoge ~)	golf	[χolf]
boei (de)	boei	[bui]
verdrinken (ww)	verdrink	[ferdrink]

redden (ww)	red	[ret]
reddingsvest (de)	reddingsbaadjie	[rɛddiŋs·bādʒi]
waarnemen (ww)	dophou	[dophæʊ]
redder (de)	lewensredder	[levɛŋs·rɛddər]

TECHNISCHE APPARATUUR. VERVOER

Technische apparatuur

165. Computer

computer (de)	rekenaar	[rekənār]
laptop (de)	skootrekenaar	[skoət·rekənār]
aanzetten (ww)	aanskakel	[āŋskakəl]
uitzetten (ww)	afskakel	[afskakəl]
toetsenbord (het)	toetsbord	[tuts·bort]
toets (enter~)	toets	[tuts]
muis (de)	muis	[mœis]
muismat (de)	muismatjie	[mœis·maki]
knopje (het)	knop	[knop]
cursor (de)	loper	[lopər]
monitor (de)	monitor	[monitor]
scherm (het)	skerm	[skerm]
harde schijf (de)	harde skyf	[hardə skajf]
volume (het)	harde skyf se vermoë	[hardə skajf sə fermoɛ]
van de harde schijf		
geheugen (het)	geheue	[χəhøə]
RAM-geheugen (het)	RAM-geheue	[ram-χehøøə]
bestand (het)	lêer	[lɛər]
folder (de)	gids	[χids]
openen (ww)	oopmaak	[oəpmāk]
sluiten (ww)	sluit	[slœit]
opslaan (ww)	bewaar	[bevār]
verwijderen (wissen)	uitvee	[œitfeə]
kopiëren (ww)	kopieer	[kopir]
sorteren (ww)	sorteer	[sorteər]
overplaatsen (ww)	oorplaas	[oərplās]
programma (het)	program	[proχram]
software (de)	sagteware	[saχtevarə]
programmeur (de)	programmeur	[proχrammøər]
programmeren (ww)	programmeer	[proχrammeər]
hacker (computerkraker)	kuberkraker	[kubər·krakər]
wachtwoord (het)	wagwoord	[vaχ·woərt]
virus (het)	virus	[firus]
ontdekken (virus ~)	opspoor	[opspoər]

| byte (de) | greep | [ɣreəp] |
| megabyte (de) | megagreep | [meɣaɣreəp] |

| data (de) | data | [data] |
| databank (de) | databasis | [data·basis] |

kabel (USB-~, enz.)	kabel	[kabəl]
afsluiten (ww)	ontkoppel	[ontkoppəl]
aansluiten op (ww)	konnekteer	[konnekteər]

166. Internet. E-mail

internet (het)	internet	[internet]
browser (de)	webblaaier	[veb·blãjer]
zoekmachine (de)	soekenjin	[suk·ɛnʤin]
internetprovider (de)	verskaffer	[ferskaffər]

webmaster (de)	webmeester	[veb·meəstər]
website (de)	webwerf	[veb·werf]
webpagina (de)	webblad	[veb·blat]

| adres (het) | adres | [adres] |
| adresboek (het) | adresboek | [adres·buk] |

postvak (het)	posbus	[pos·bus]
post (de)	pos	[pos]
vol (~ postvak)	vol	[fol]

bericht (het)	boodskap	[boədskap]
binnenkomende berichten (mv.)	inkomende boodskappe	[inkomendə boədskappə]
uitgaande berichten (mv.)	uitgaande boodskappe	[œitɣãndə boədskappə]

verzender (de)	sender	[sendər]
verzenden (ww)	verstuur	[ferstɪr]
verzending (de)	versending	[fersendiŋ]

| ontvanger (de) | ontvanger | [ontfaŋər] |
| ontvangen (ww) | ontvang | [ontfaŋ] |

| correspondentie (de) | korrespondensie | [korrespondɛŋsi] |
| corresponderen (met ...) | korrespondeer | [korrespondeər] |

bestand (het)	lêer	[lɛər]
downloaden (ww)	aflaai	[aflãi]
creëren (ww)	skep	[skep]
verwijderen (een bestand ~)	uitvee	[œitfeə]
verwijderd (bn)	uitgevee	[œitɣefeə]

verbinding (de)	konneksie	[konneksi]
snelheid (de)	spoed	[sput]
modem (de)	modem	[modem]
toegang (de)	toegang	[tuɣaŋ]
poort (de)	portaal	[portãl]

| aansluiting (de) | aansluiting | [āŋslœitiŋ] |
| zich aansluiten (ww) | aansluit by ... | [āŋslœit baj ...] |

| selecteren (ww) | kies | [kis] |
| zoeken (ww) | soek | [suk] |

167. Elektriciteit

elektriciteit (de)	elektrisiteit	[ɛlektrisitæjt]
elektrisch (bn)	elektries	[ɛlektris]
elektriciteitscentrale (de)	kragstasie	[kraχ·stasi]
energie (de)	krag	[kraχ]
elektrisch vermogen (het)	elektriese krag	[ɛlektrisə kraχ]

lamp (de)	gloeilamp	[χlui·lamp]
zaklamp (de)	flits	[flits]
straatlantaarn (de)	straatlig	[strātləχ]

licht (elektriciteit)	lig	[liχ]
aandoen (ww)	aanskakel	[āŋskakəl]
uitdoen (ww)	afskakel	[afskakəl]
het licht uitdoen	die lig afskakel	[di liχ afskakəl]
doorbranden (gloeilamp)	doodbrand	[doədbrant]
kortsluiting (de)	kortsluiting	[kort·slœitiŋ]
onderbreking (de)	gebreekte kabel	[χebreəktə kabəl]
contact (het)	kontak	[kontak]

schakelaar (de)	ligskakelaar	[liχ·skakelār]
stopcontact (het)	muurprop	[mɪrprop]
stekker (de)	prop	[prop]
verlengsnoer (de)	verlengkabel	[ferleŋ·kabəl]
zekering (de)	sekering	[sekəriŋ]
kabel (de)	kabel	[kabəl]
bedrading (de)	bedrading	[bedradiŋ]

ampère (de)	ampère	[ampɛ:r]
stroomsterkte (de)	stroomsterkte	[stroəm·sterktə]
volt (de)	volt	[folt]
spanning (de)	spanning	[spanniŋ]

| elektrisch toestel (het) | elektriese toestel | [ɛlektrisə tustəl] |
| indicator (de) | aanduier | [āndœiər] |

elektricien (de)	elektrisiën	[ɛlektrisiɛn]
solderen (ww)	soldeer	[soldeər]
soldeerbout (de)	soldeerbout	[soldeər·bæʊt]
stroom (de)	elektriese stroom	[ɛlektrisə stroəm]

168. Gereedschappen

| werktuig (stuk gereedschap) | werktuig | [verktœiχ] |
| gereedschap (het) | gereedskap | [χereədskap] |

uitrusting (de)	toerusting	[turustiŋ]
hamer (de)	hamer	[hamər]
schroevendraaier (de)	skroewedraaier	[skruvə·drãjer]
bijl (de)	byl	[bajl]

zaag (de)	saag	[sãχ]
zagen (ww)	saag	[sãχ]
schaaf (de)	skaaf	[skãf]
schaven (ww)	skaaf	[skãf]
soldeerbout (de)	soldeerbout	[soldeər·bæʊt]
solderen (ww)	soldeer	[soldeər]

vijl (de)	vyl	[fajl]
nijptang (de)	knyptang	[knajptaŋ]
combinatietang (de)	tang	[taŋ]
beitel (de)	beitel	[bæjtəl]

boorkop (de)	boor	[boər]
boormachine (de)	elektriese boor	[ɛlektrisə boər]
boren (ww)	boor	[boər]

mes (het)	mes	[mes]
zakmes (het)	sakmes	[sakmes]
lemmet (het)	lem	[lem]

scherp (bijv. ~ mes)	skerp	[skerp]
bot (bn)	stomp	[stomp]
bot raken (ww)	stomp raak	[stomp rãk]
slijpen (een mes ~)	slyp	[slajp]

bout (de)	bout	[bæʊt]
moer (de)	moer	[mur]
schroefdraad (de)	draad	[drãt]
houtschroef (de)	houtskroef	[hæʊt·skruf]

spijker (de)	spyker	[spajkər]
kop (de)	kop	[kop]

liniaal (de/het)	meetlat	[meətlat]
rolmeter (de)	meetband	[meət·bant]
waterpas (de/het)	waterpas	[vatərpas]
loep (de)	vergrootglas	[ferχroət·χlas]

meetinstrument (het)	meetinstrument	[meət·instrument]
opmeten (ww)	meet	[meət]
schaal (meetschaal)	skaal	[skãl]
gegevens (mv.)	lesings	[lesiŋs]

compressor (de)	kompressor	[komprɛssor]
microscoop (de)	mikroskoop	[mikroskoəp]

pomp (de)	pomp	[pomp]
robot (de)	robot	[robot]
laser (de)	laser	[lasər]
moersleutel (de)	moersleutel	[mur·sləətəl]
plakband (de)	plakband	[plak·bant]

lijm (de)	**gom**	[χom]
schuurpapier (het)	**skuurpapier**	[skɪr·papir]
veer (de)	**veer**	[feǝr]
magneet (de)	**magneet**	[maχneǝt]
handschoenen (mv.)	**handskoene**	[handskunǝ]

touw (bijv. henneptouw)	**tou**	[tæʊ]
snoer (het)	**tou**	[tæʊ]
draad (de)	**draad**	[drãt]
kabel (de)	**kabel**	[kabǝl]

moker (de)	**voorhamer**	[foǝr·hamǝr]
breekijzer (het)	**breekyster**	[breǝkajstǝr]
ladder (de)	**leer**	[leǝr]
trapje (inklapbaar ~)	**trapleer**	[traplęǝr]

aanschroeven (ww)	**vasskroef**	[fasskruf]
losschroeven (ww)	**losskroef**	[losskruf]
dichtpersen (ww)	**saampars**	[sãmpars]
vastlijmen (ww)	**vasplak**	[fasplak]
snijden (ww)	**sny**	[snaj]

defect (het)	**fout**	[fæʊt]
reparatie (de)	**herstelwerk**	[herstǝl·werk]
repareren (ww)	**herstel**	[herstǝl]
regelen (een machine ~)	**stel**	[stǝl]

checken (ww)	**nagaan**	[naχãn]
controle (de)	**kontrole**	[kontrolǝ]
gegevens (mv.)	**lesings**	[lesiŋs]

degelijk (bijv. ~ machine)	**betroubaar**	[betræʊbãr]
ingewikkeld (bn)	**ingewikkelde**	[inχǝwikkɛldǝ]

roesten (ww)	**roes**	[rus]
roestig (bn)	**verroes**	[ferrus]
roest (de/het)	**roes**	[rus]

Vervoer

169. Vliegtuig

vliegtuig (het)	vliegtuig	[fliҳtœiҳ]
vliegticket (het)	lugkaartjie	[luҳ·kãrki]
luchtvaartmaatschappij (de)	lugredery	[luҳrederaj]
luchthaven (de)	lughawe	[luҳhavə]
supersonisch (bn)	supersonies	[supersonis]
gezagvoerder (de)	kaptein	[kaptæjn]
bemanning (de)	bemanning	[bemanniŋ]
piloot (de)	piloot	[piloət]
stewardess (de)	lugwaardin	[luҳ·wãrdin]
stuurman (de)	navigator	[nafiҳator]
vleugels (mv.)	vlerke	[flerkə]
staart (de)	stert	[stert]
cabine (de)	stuurkajuit	[stɪr·kajœit]
motor (de)	enjin	[ɛndʒin]
landingsgestel (het)	landingstel	[landiŋ·stəl]
turbine (de)	turbine	[turbinə]
propeller (de)	skroef	[skruf]
zwarte doos (de)	swart boks	[swart boks]
stuur (het)	stuurstang	[stɪr·staŋ]
brandstof (de)	brandstof	[brantstof]
veiligheidskaart (de)	veiligheidskaart	[fæjliҳæjts·kãrt]
zuurstofmasker (het)	suurstofmasker	[sɪrstof·maskər]
uniform (het)	uniform	[uniform]
reddingsvest (de)	reddingsbaadjie	[rɛddiŋs·bãdʒi]
parachute (de)	valskerm	[fal·skerm]
opstijgen (het)	opstyging	[opstajҳiŋ]
opstijgen (ww)	opstyg	[opstajҳ]
startbaan (de)	landingsbaan	[landiŋs·bãn]
zicht (het)	uitsig	[œitsəҳ]
vlucht (de)	vlug	[fluҳ]
hoogte (de)	hoogte	[hoəҳtə]
luchtzak (de)	lugsak	[luҳsak]
plaats (de)	sitplek	[sitplek]
koptelefoon (de)	koptelefoon	[kop·telefoən]
tafeltje (het)	voutafeltjie	[fæʊ·tafɛlki]
venster (het)	vliegtuigvenster	[fliҳtœiҳ·fɛŋstər]
gangpad (het)	paadjie	[pãdʒi]

170. Trein

trein (de)	trein	[træjn]
elektrische trein (de)	voorstedelike trein	[foərstedelikə træjn]
sneltrein (de)	sneltrein	[snɛl·træjn]
diesellocomotief (de)	diesellokomotief	[disəl·lokomotif]
stoomlocomotief (de)	stoomlokomotief	[stoəm·lokomotif]
rijtuig (het)	passasierswa	[passasirs·wa]
restauratierijtuig (het)	eetwa	[eət·wa]
rails (mv.)	spoorstawe	[spoər·stavə]
spoorweg (de)	spoorweg	[spoər·weχ]
dwarsligger (de)	dwarslëer	[dwarslɛər]
perron (het)	perron	[perron]
spoor (het)	spoor	[spoər]
semafoor (de)	semafoor	[semafoər]
halte (bijv. kleine treinhalte)	stasie	[stasi]
machinist (de)	treindrywer	[træjn·drajvər]
kruier (de)	portier	[portir]
conducteur (de)	kondukteur	[konduktøər]
passagier (de)	passasier	[passasir]
controleur (de)	kondukteur	[konduktøər]
gang (in een trein)	gang	[χaŋ]
noodrem (de)	noodrem	[noədrem]
coupé (de)	kompartiment	[kompartiment]
bed (slaapplaats)	bed	[bet]
bovenste bed (het)	boonste bed	[boəŋstə bet]
onderste bed (het)	onderste bed	[ondərstə bet]
beddengoed (het)	beddegoed	[beddə·χut]
kaartje (het)	kaartjie	[kārki]
dienstregeling (de)	diensrooster	[diŋs·roəstər]
informatiebord (het)	informasiebord	[informasi·bort]
vertrekken (De trein vertrekt …)	vertrek	[fertrek]
vertrek (ov. een trein)	vertrek	[fertrek]
aankomen (ov. de treinen)	aankom	[ānkom]
aankomst (de)	aankoms	[ānkoms]
aankomen per trein	aankom per trein	[ānkom pər træjn]
in de trein stappen	in die trein klim	[in di træjn klim]
uit de trein stappen	uit die trein klim	[œit di træjn klim]
treinwrak (het)	treinbotsing	[træjn·botsiŋ]
ontspoord zijn	ontspoor	[ontspoər]
stoomlocomotief (de)	stoomlokomotief	[stoəm·lokomotif]
stoker (de)	stoker	[stokər]
stookplaats (de)	stookplek	[stoəkplek]
steenkool (de)	steenkool	[steən·koəl]

151

171. Schip

schip (het)	**skip**	[skip]
vaartuig (het)	**vaartuig**	[fārtœiχ]
stoomboot (de)	**stoomboot**	[stoəm·boət]
motorschip (het)	**rivierboot**	[rifir·boət]
lijnschip (het)	**toerskip**	[tur·skip]
kruiser (de)	**kruiser**	[krœisər]
jacht (het)	**jag**	[jaχ]
sleepboot (de)	**sleepboot**	[sleəp·boət]
duwbak (de)	**vragskuit**	[fraχ·skœit]
ferryboot (de)	**veerboot**	[feər·boət]
zeilboot (de)	**seilskip**	[sæjl·skip]
brigantijn (de)	**skoenerbrik**	[skunər·brik]
ijsbreker (de)	**ysbreker**	[ajs·brekər]
duikboot (de)	**duikboot**	[dœik·boət]
boot (de)	**roeiboot**	[ruiboət]
sloep (de)	**bootjie**	[boəki]
reddingssloep (de)	**reddingsboot**	[rɛddiŋs·boət]
motorboot (de)	**motorboot**	[motor·boət]
kapitein (de)	**kaptein**	[kaptæjn]
zeeman (de)	**seeman**	[seəman]
matroos (de)	**matroos**	[matroəs]
bemanning (de)	**bemanning**	[bemanniŋ]
bootsman (de)	**bootsman**	[boətsman]
scheepsjongen (de)	**skeepsjonge**	[skeəps·joŋə]
kok (de)	**kok**	[kok]
scheepsarts (de)	**skeepsdokter**	[skeəps·doktər]
dek (het)	**dek**	[dek]
mast (de)	**mas**	[mas]
zeil (het)	**seil**	[sæjl]
ruim (het)	**skeepsruim**	[skeəps·rœim]
voorsteven (de)	**boeg**	[buχ]
achtersteven (de)	**agterstewe**	[aχtərstevə]
roeispaan (de)	**roeispaan**	[ruis·pān]
schroef (de)	**skroef**	[skruf]
kajuit (de)	**kajuit**	[kajœit]
officierskamer (de)	**offisierskajuit**	[offisirs·kajœit]
machinekamer (de)	**enjinkamer**	[ɛndʒin·kamər]
brug (de)	**brug**	[bruχ]
radiokamer (de)	**radiokamer**	[radio·kamər]
radiogolf (de)	**golf**	[χolf]
logboek (het)	**logboek**	[loχbuk]
verrekijker (de)	**verkyker**	[ferkajkər]
klok (de)	**bel**	[bel]

vlag (de)	vlag	[flaχ]
kabel (de)	kabel	[kabəl]
knoop (de)	knoop	[knoəp]

| leuning (de) | dekleuning | [dek·løəniŋ] |
| trap (de) | gangplank | [χaŋ·plank] |

anker (het)	anker	[ankər]
het anker lichten	anker lig	[ankər ləχ]
het anker neerlaten	anker uitgooi	[ankər œitχoj]
ankerketting (de)	ankerketting	[ankər·kɛttiŋ]

haven (bijv. containerhaven)	hawe	[havə]
kaai (de)	kaai	[kāi]
aanleggen (ww)	vasmeer	[fasmeər]
wegvaren (ww)	vertrek	[fertrek]

reis (de)	reis	[ræjs]
cruise (de)	cruise	[kru:s]
koers (de)	koers	[kurs]
route (de)	roete	[rutə]

vaarwater (het)	vaarwater	[fār·vatər]
zandbank (de)	sandbank	[sand·bank]
stranden (ww)	strand	[strant]

storm (de)	storm	[storm]
signaal (het)	sienjaal	[sinjāl]
zinken (ov. een boot)	sink	[sink]
Man overboord!	Man oorboord!	[man oərboərd!]
SOS (noodsignaal)	SOS	[sos]
reddingsboei (de)	reddingsboei	[rɛddiŋs·bui]

172. Vliegveld

luchthaven (de)	lughawe	[luχhavə]
vliegtuig (het)	vliegtuig	[fliχtœiχ]
luchtvaartmaatschappij (de)	lugredery	[luχrederaj]
luchtverkeersleider (de)	lugverkeersleier	[luχ·ferkeərs·læjer]

vertrek (het)	vertrek	[fertrek]
aankomst (de)	aankoms	[ānkoms]
aankomen (per vliegtuig)	aankom	[ānkom]

| vertrektijd (de) | vertrektyd | [fertrək·tajt] |
| aankomstuur (het) | aankomstyd | [ānkoms·tajt] |

| vertraagd zijn (ww) | vertraag wees | [fertrāχ veəs] |
| vluchtvertraging (de) | vlugvertraging | [fluχ·fertraχiŋ] |

informatiebord (het)	informasiebord	[informasi·bort]
informatie (de)	informasie	[informasi]
aankondigen (ww)	aankondig	[ānkondəχ]
vlucht (bijv. KLM ~)	vlug	[fluχ]

| douane (de) | doeane | [duanə] |
| douanier (de) | doeanebeampte | [duanə·beamptə] |

douaneaangifte (de)	doeaneverklaring	[duanə·ferklariŋ]
invullen (douaneaangifte ~)	invul	[inful]
paspoortcontrole (de)	paspoortkontrole	[paspoərt·kontrolə]

bagage (de)	bagasie	[baχasi]
handbagage (de)	handbagasie	[hand·baχasi]
bagagekarretje (het)	bagasiekarretjie	[baχasi·karrəki]

landing (de)	landing	[landiŋ]
landingsbaan (de)	landingsbaan	[landiŋs·bān]
landen (ww)	land	[lant]
vliegtuigtrap (de)	vliegtuigtrap	[fliχtœiχ·trap]

inchecken (het)	na die vertrektoonbank	[na di fertrək·toənbank]
incheckbalie (de)	vertrektoonbank	[fertrək·toənbank]
inchecken (ww)	na die vertrektoonbank gaan	[na di fertrək·toənbank χān]

| instapkaart (de) | instapkaart | [instap·kārt] |
| gate (de) | vertrekuitgang | [fertrek·œitχaŋ] |

transit (de)	transito	[traŋsito]
wachten (ww)	wag	[vaχ]
wachtzaal (de)	vertreksaal	[fertrək·sāl]
begeleiden (uitwuiven)	afsien	[afsin]
afscheid nemen (ww)	afskeid neem	[afskæjt neəm]

173. Fiets. Motorfiets

fiets (de)	fiets	[fits]
bromfiets (de)	bromponie	[bromponi]
motorfiets (de)	motorfiets	[motorfits]

met de fiets rijden	per fiets ry	[pər fits raj]
stuur (het)	stuurstang	[stɪr·staŋ]
pedaal (de/het)	pedaal	[pedāl]
remmen (mv.)	remme	[remmə]
fietszadel (de/het)	fietssaal	[fits·sāl]

pomp (de)	pomp	[pomp]
bagagedrager (de)	bagasierak	[baχasi·rak]
fietslicht (het)	fietslamp	[fits·lamp]
helm (de)	helmet	[hɛlmet]

wiel (het)	wiel	[vil]
spatbord (het)	modderskerm	[moddər·skerm]
velg (de)	velling	[fɛlliŋ]
spaak (de)	speek	[speək]

Auto's

174. Soorten auto's

auto (de)	motor	[motor]
sportauto (de)	sportmotor	[sport·motor]
limousine (de)	limousine	[limæʊsinə]
terreinwagen (de)	veldvoertuig	[fɛlt·furtœiχ]
cabriolet (de)	met afslaandak	[met afslãndak]
minibus (de)	bussie	[bussi]
ambulance (de)	ambulans	[ambulaŋs]
sneeuwruimer (de)	sneeuploeg	[sniʊ·pluχ]
vrachtwagen (de)	vragmotor	[fraχ·motor]
tankwagen (de)	tenkwa	[tɛnk·wa]
bestelwagen (de)	bestelwa	[bestəl·wa]
trekker (de)	padtrekker	[pad·trɛkkər]
aanhangwagen (de)	aanhangwa	[ãnhaŋ·wa]
comfortabel (bn)	gemaklik	[χemaklik]
tweedehands (bn)	gebruik	[χebrœik]

175. Auto's. Carrosserie

motorkap (de)	enjinkap	[ɛnʤin·kap]
spatbord (het)	modderskerm	[moddər·skerm]
dak (het)	dak	[dak]
voorruit (de)	voorruit	[foər·rœit]
achterruit (de)	truspieël	[tru·spiɛl]
ruitensproeier (de)	voorruitsproer	[foər·rœitsprur]
wisserbladen (mv.)	ruitveërs	[rœit·feɛrs]
zijruit (de)	syvenster	[saj·fɛŋstər]
raamlift (de)	vensterhyser	[fɛŋstər·hajsər]
antenne (de)	lugdraad	[luχdrãt]
zonnedak (het)	sondak	[sondak]
bumper (de)	buffer	[buffər]
koffer (de)	bagasiebak	[baχasi·bak]
imperiaal (de/het)	dakreling	[dak·reliŋ]
portier (het)	deur	[døər]
handvat (het)	handvatsel	[hand·fatsəl]
slot (het)	deurslot	[døər·slot]
nummerplaat (de)	nommerplaat	[nommər·plãt]
knalpot (de)	knaldemper	[knal·dempər]

| benzinetank (de) | petroltenk | [petrol·tɛnk] |
| uitlaatpijp (de) | uitlaatpyp | [œitlāt·pajp] |

gas (het)	gaspedaal	[χas·pedāl]
pedaal (de/het)	pedaal	[pedāl]
gaspedaal (de/het)	gaspedaal	[χas·pedāl]

rem (de)	rem	[rem]
rempedaal (de/het)	rempedaal	[rem·pedāl]
remmen (ww)	remtrap	[remtrap]
handrem (de)	parkeerrem	[parkeər·rem]

koppeling (de)	koppelaar	[koppelār]
koppelingspedaal (de/het)	koppelaarpedaal	[koppelār·pedāl]
koppelingsschijf (de)	koppelaarskyf	[koppelār·skajf]
schokdemper (de)	skokbreker	[skok·brekər]

wiel (het)	wiel	[vil]
reservewiel (het)	spaarwiel	[spār·wil]
band (de)	band	[bant]
wieldop (de)	wieldop	[wil·dop]

aandrijfwielen (mv.)	dryfwiele	[drajf·wilə]
met voorwielaandrijving	voorwielaandrywing	[foərwil·āndrajviŋ]
met achterwielaandrijving	agterwielaandrywing	[aχtərwil·āndrajviŋ]
met vierwielaandrijving	vierwielaandrywing	[firwil·āndrajviŋ]

versnellingsbak (de)	ratkas	[ratkas]
automatisch (bn)	outomaties	[æʊtomatis]
mechanisch (bn)	meganies	[meχanis]
versnellingspook (de)	ratwisselaar	[ratwisselār]

| voorlicht (het) | koplig | [koplǝχ] |
| voorlichten (mv.) | kopligte | [kopliχtǝ] |

dimlicht (het)	dempstraal	[demp·strāl]
grootlicht (het)	hoofstraal	[hoəf·strāl]
stoplicht (het)	remlig	[remlǝχ]

standlichten (mv.)	parkeerlig	[parkeər·lǝχ]
noodverlichting (de)	gevaarligte	[χefār·liχtǝ]
mistlichten (mv.)	mislampe	[mis·lampǝ]
pinker (de)	draaiwyser	[drāj·vajsər]
achteruitrijdlicht (het)	trulig	[trulǝχ]

176. Auto's. Passagiersruimte

interieur (het)	interieur	[interiøər]
leren (van leer gemaak)	leer-	[leər-]
fluwelen (abn)	fluweel-	[fluveəl-]
bekleding (de)	bekleding	[beklediŋ]

| toestel (het) | instrument | [instrument] |
| instrumentenbord (het) | voorpaneel | [foər·paneəl] |

snelheidsmeter (de)	spoedmeter	[spud·metər]
pijltje (het)	wyster	[vajstər]
kilometerteller (de)	afstandmeter	[afstant·metər]
sensor (de)	sensor	[sɛŋsor]
niveau (het)	vlak	[flak]
controlelampje (het)	waarskulig	[vãrskuləχ]
stuur (het)	stuurwiel	[stɪr·wil]
toeter (de)	toeter	[tutər]
knopje (het)	knop	[knop]
schakelaar (de)	skakelaar	[skakəlãr]
stoel (bestuurders~)	sitplek	[sitplek]
rugleuning (de)	rugsteun	[ruχ·støən]
hoofdsteun (de)	kopstut	[kopstut]
veiligheidsgordel (de)	veiligheidsgordel	[fæjliχæjts·χordəl]
de gordel aandoen	die gordel vasmaak	[di χordəl fasmãk]
regeling (de)	verstelling	[ferstɛlliŋ]
airbag (de)	lugsak	[luχsak]
airconditioner (de)	lugversorger	[luχfersorχər]
radio (de)	radio	[radio]
CD-speler (de)	CD-speler	[se·de spelər]
aanzetten (bijv. radio ~)	aanskakel	[ãŋskakəl]
antenne (de)	lugdraad	[luχdrãt]
handschoenenkastje (het)	paneelkassie	[paneəl·kassi]
asbak (de)	asbak	[asbak]

177. Auto's. Motor

motor (de)	motor, enjin	[motor], [ɛndʒin]
diesel- (abn)	diesel	[disəl]
benzine- (~motor)	petrol	[petrol]
motorinhoud (de)	enjininhoud	[ɛndʒin·inhæʊt]
vermogen (het)	krag	[kraχ]
paardenkracht (de)	perdekrag	[perdə·kraχ]
zuiger (de)	suier	[sœier]
cilinder (de)	silinder	[silindər]
klep (de)	klep	[klep]
injectie (de)	inspuiting	[inspœitiŋ]
generator (de)	generator	[χenerator]
carburator (de)	vergasser	[ferχassər]
motorolie (de)	motorolie	[motor·oli]
radiator (de)	verkoeler	[ferkulər]
koelvloeistof (de)	koelmiddel	[kul·middəl]
ventilator (de)	waaier	[vãjer]
accu (de)	battery	[battəraj]
starter (de)	aansitter	[ãŋsittər]

contact (ontsteking)	ontsteking	[ontstekiŋ]
bougie (de)	vonkprop	[fonk·prop]
pool (de)	pool	[poəl]
positieve pool (de)	positiewe pool	[positivə poəl]
negatieve pool (de)	negatiewe pool	[neχativə poəl]
zekering (de)	sekering	[sekəriŋ]
luchtfilter (de)	lugfilter	[luχ·filtər]
oliefilter (de)	oliefilter	[oli·filtər]
benzinefilter (de)	brandstoffilter	[brantstof·filtər]

178. Auto's. Botsing. Reparatie

auto-ongeval (het)	motorbotsing	[motor·botsiŋ]
verkeersongeluk (het)	verkeersongeluk	[ferkeərs·onχəluk]
aanrijden	bots	[bots]
(tegen een boom, enz.)		
verongelukken (ww)	verongeluk	[feronχəluk]
beschadiging (de)	skade	[skadə]
heelhuids (bn)	onbeskadig	[onbeskadəχ]
pech (de)	onklaar raak	[onklãr räk]
kapot gaan (zijn gebroken)	onklaar raak	[onklãr räk]
sleeptouw (het)	sleeptou	[sleəp·tæʊ]
lek (het)	papwiel	[pap·wil]
lekke krijgen (band)	pap wees	[pap veəs]
oppompen (ww)	oppomp	[oppomp]
druk (de)	druk	[druk]
checken (ww)	nagaan	[naχãn]
reparatie (de)	herstel	[herstəl]
garage (de)	garage	[χaraʒə]
wisselstuk (het)	onderdeel	[ondərdeəl]
onderdeel (het)	onderdeel	[ondərdeəl]
bout (de)	bout	[bæʊt]
schroef (de)	skroef	[skruf]
moer (de)	moer	[mur]
sluitring (de)	waster	[vastər]
kogellager (de/het)	koeëllaer	[kuɛllaər]
pijp (de)	pyp	[pajp]
pakking (de)	pakstuk	[pakstuk]
kabel (de)	kabel	[kabəl]
dommekracht (de)	domkrag	[domkraχ]
moersleutel (de)	moersleutel	[mur·sløətəl]
hamer (de)	hamer	[hamər]
pomp (de)	pomp	[pomp]
schroevendraaier (de)	skroewedraaier	[skruvə·dräjer]
brandblusser (de)	brandblusser	[brant·blussər]
gevarendriehoek (de)	gevaardriehoek	[χefãr·drihuk]

afslaan (ophouden te werken)	stol	[stol]
uitvallen (het)	stol	[stol]
zijn gebroken	stukkend wees	[stukkent vees]

oververhitten (ww)	oorverhit	[oərferhit]
verstopt raken (ww)	verstop raak	[ferstop rāk]
bevriezen (autodeur, enz.)	vries	[fris]
barsten (leidingen, enz.)	bars	[bars]

druk (de)	druk	[druk]
niveau (bijv. olieniveau)	vlak	[flak]
slap (de drijfriem is ~)	slap	[slap]

deuk (de)	duik	[dœik]
geklop (vreemde geluiden)	klopgeluid	[klop·χəlœit]
barst (de)	kraak	[krāk]
kras (de)	skraap	[skrāp]

179. Auto's. Weg

weg (de)	pad	[pat]
snelweg (de)	deurpad	[døərpat]
autoweg (de)	deurpad	[døərpat]
richting (de)	rigting	[riχtiŋ]
afstand (de)	afstand	[afstant]

brug (de)	brug	[bruχ]
parking (de)	parkeerterrein	[parkeər·terræjn]
plein (het)	plein	[plæjn]
verkeersknooppunt (het)	padknoop	[pad·knoəp]
tunnel (de)	tonnel	[tonnəl]

benzinestation (het)	petrolstasie	[petrol·stasi]
parking (de)	parkeerterrein	[parkeər·terræjn]
benzinepomp (de)	petrolpomp	[petrol·pomp]
garage (de)	garage	[χaraʒə]
tanken (ww)	volmaak	[folmāk]
brandstof (de)	brandstof	[brantstof]
jerrycan (de)	petrolblik	[petrol·blik]

asfalt (het)	teer	[teər]
markering (de)	padmerktekens	[pad·merktekɛŋs]
trottoirband (de)	randsteen	[rand·steən]
geleiderail (de)	skutreling	[skut·reliŋ]
greppel (de)	donga	[donχa]
vluchtstrook (de)	skouer	[skæʊər]
lichtmast (de)	lamppaal	[lamp·pāl]

besturen (een auto ~)	bestuur	[bestɪr]
afslaan (naar rechts ~)	draai	[drāi]
U-bocht maken (ww)	U-draai maak	[u-drāj māk]
achteruit (de)	tru-	[tru-]
toeteren (ww)	toeter	[tutər]

toeter (de)	toeter	[tutər]
vastzitten (in modder)	vassteek	[fassteək]
spinnen (wielen gaan ~)	die wiele laat tol	[di vilə lãt tol]
uitzetten (ww)	afskakel	[afskakəl]

snelheid (de)	spoed	[sput]
een snelheidsovertreding maken	die spoedgrens oortree	[di sputχrɛŋs oərtreə]
verkeerslicht (het)	robot	[robot]
rijbewijs (het)	bestuurslisensie	[bestɪrs·lisɛŋsi]

overgang (de)	treinoorgang	[træjn·oərχaŋ]
kruispunt (het)	kruispunt	[krœis·punt]
zebrapad (oversteekplaats)	sebraoorgang	[sebra·oərχaŋ]
bocht (de)	draai	[drãi]
voetgangerszone (de)	voetgangerstraat	[futχaŋər·strãt]

180. Verkeersborden

verkeersregels (mv.)	padreëls	[pad·reɛls]
verkeersbord (het)	padteken	[pad·tekən]
inhalen (het)	verbysteek	[fərbajsteək]
bocht (de)	draai	[drãi]
U-bocht, kering (de)	U-draai	[u-drãi]
Rotonde (de)	verkeerssirkel	[fərkeərs·sirkəl]

Verboden richting	Geen toegang	[χeən tuχaŋ]
Verboden toegang	Geen voertuie toegelaat nie	[χeən furtœiə tuχelãt ni]
Inhalen verboden	Verbysteek verbode	[fərbajsteək ferbodə]
Parkeerverbod	Parkeerverbod	[parkeər·ferbot]
Verbod stil te staan	Nie stilhou nie	[ni stilhæʊ ni]

Gevaarlijke bocht	gevaarlike draai	[χefãrlikə drãi]
Gevaarlijke daling	steil afdraande	[stæjl afdrãndə]
Eenrichtingsweg	eenrigtingverkeer	[eənriχtiŋ·ferkeər]
Voetgangers	Voetoorgang voor	[futoərχaŋ foər]
Slipgevaar	Glibberige pad voor	[χlibbəriχə pat foər]
Voorrang verlenen	TOEGEE	[tuχeə]

MENSEN. GEBEURTENISSEN IN HET LEVEN

Gebeurtenissen in het leven

181. Vakanties. Evenement

feest (het)	partytjie	[partajki]
nationale feestdag (de)	nasionale dag	[naʃionale daχ]
feestdag (de)	openbare vakansiedag	[openbare fakaŋsi·daχ]
herdenken (ww)	herdenk	[herdenk]
gebeurtenis (de)	gebeurtenis	[χebøɘrtenis]
evenement (het)	gebeurtenis	[χebøɘrtenis]
banket (het)	banket	[banket]
receptie (de)	onthaal	[onthāl]
feestmaal (het)	feesmaal	[feɘs·māl]
verjaardag (de)	verjaardag	[ferjār·daχ]
jubileum (het)	jubileum	[jubiløɘm]
vieren (ww)	vier	[fir]
Nieuwjaar (het)	Nuwejaar	[nuvejār]
Gelukkig Nieuwjaar!	Voorspoedige Nuwejaar	[foɘrspudiχe nuvejār]
Sinterklaas (de)	Kersvader	[kers·fadɘr]
Kerstfeest (het)	Kersfees	[kersfeɘs]
Vrolijk kerstfeest!	Geseënde Kersfees	[χeseɛnde kersfeɛs]
kerstboom (de)	Kersboom	[kers·boɘm]
vuurwerk (het)	vuurwerk	[fɪrwerk]
bruiloft (de)	bruilof	[brœilof]
bruidegom (de)	bruidegom	[brœideχom]
bruid (de)	bruid	[brœit]
uitnodigen (ww)	uitnooi	[œitnoj]
uitnodigingskaart (de)	uitnodiging	[œitnodeχiŋ]
gast (de)	gas	[χas]
op bezoek gaan	besoek	[besuk]
gasten verwelkomen	die gaste ontmoet	[di χaste ontmut]
geschenk, cadeau (het)	present	[present]
geven (iets cadeau ~)	gee	[χeɘ]
geschenken ontvangen	presente ontvang	[presente ontfaŋ]
boeket (het)	boeket	[buket]
felicitaties (mv.)	gelukwense	[χelukwɛŋse]
feliciteren (ww)	gelukwens	[χelukwɛŋs]
wenskaart (de)	geleentheidskaartjie	[χeleenthæjts·kārki]

toast (de)	heildronk	[hæjldronk]
aanbieden (een drankje ~)	aanbied	[ãnbit]
champagne (de)	sjampanje	[ʃampanje]

plezier hebben (ww)	jouself geniet	[jæusɛlf χenit]
plezier (het)	pret	[pret]
vreugde (de)	vreugde	[frøəχdə]

| dans (de) | dans | [daŋs] |
| dansen (ww) | dans | [daŋs] |

| wals (de) | wals | [vals] |
| tango (de) | tango | [tanχo] |

182. Begrafenissen. Begrafenis

kerkhof (het)	begraafplaas	[beχrãf·plãs]
graf (het)	graf	[χraf]
kruis (het)	kruis	[krœis]
grafsteen (de)	grafsteen	[χrafsteən]
omheining (de)	heining	[hæjniŋ]
kapel (de)	kapel	[kapəl]

dood (de)	dood	[doət]
sterven (ww)	doodgaan	[doədχãn]
overledene (de)	oorledene	[oərledenə]
rouw (de)	rou	[ræʊ]

begraven (ww)	begrawe	[beχravə]
begrafenisonderneming (de)	begrafnisonderneming	[beχrafnis·ondərnemiŋ]
begrafenis (de)	begrafnis	[beχrafnis]

krans (de)	krans	[kraŋs]
doodskist (de)	doodskis	[doədskis]
lijkwagen (de)	lykswa	[lajks·wa]
lijkkleed (de)	lykkleed	[lajk·kleət]

begrafenisstoet (de)	begrafnisstoet	[beχrafnis·stut]
urn (de)	urn	[urn]
crematorium (het)	krematorium	[krematorium]

overlijdensbericht (het)	doodsberig	[doəds·berəχ]
huilen (wenen)	huil	[hœil]
snikken (huilen)	snik	[snik]

183. Oorlog. Soldaten

peloton (het)	peleton	[peleton]
compagnie (de)	kompanie	[kompani]
regiment (het)	regiment	[reχiment]
leger (armee)	leër	[leɛr]
divisie (de)	divisie	[difisi]

| sectie (de) | afdeling | [afdeliŋ] |
| troep (de) | leërskare | [leɛrskarə] |

| soldaat (militair) | soldaat | [soldãt] |
| officier (de) | offisier | [offisir] |

soldaat (rang)	soldaat	[soldãt]
sergeant (de)	sersant	[sersant]
luitenant (de)	luitenant	[lœitənant]
kapitein (de)	kaptein	[kaptæjn]
majoor (de)	majoor	[majoər]
kolonel (de)	kolonel	[kolonəl]
generaal (de)	generaal	[χenerãl]

matroos (de)	matroos	[matroəs]
kapitein (de)	kaptein	[kaptæjn]
bootsman (de)	bootsman	[boətsman]
artillerist (de)	artilleris	[artilleris]
valschermjager (de)	valskermsoldaat	[falskerm·soldãt]
piloot (de)	piloot	[piloət]
stuurman (de)	navigator	[nafiχator]
mecanicien (de)	werktuigkundige	[verktœiχ·kundiχə]

sappeur (de)	sappeur	[sappøər]
parachutist (de)	valskermspringer	[falskerm·spriŋər]
verkenner (de)	verkenner	[ferkɛnnər]
scherpschutter (de)	skerpskut	[skerp·skut]

patrouille (de)	patrollie	[patrolli]
patrouilleren (ww)	patrolleer	[patrolleər]
wacht (de)	wag	[vaχ]
krijger (de)	vegter	[feχtər]
patriot (de)	patriot	[patriot]
held (de)	held	[hɛlt]
heldin (de)	heldin	[hɛldin]

| verrader (de) | verraaier | [ferrãjer] |
| verraden (ww) | verraai | [ferrãi] |

| deserteur (de) | droster | [drostər] |
| deserteren (ww) | dros | [dros] |

huurling (de)	huursoldaat	[hɪr·soldãt]
rekruut (de)	rekruteer	[rekruteər]
vrijwilliger (de)	vrywilliger	[frajvilliχər]

gedode (de)	dooie	[doje]
gewonde (de)	gewonde	[χevondə]
krijgsgevangene (de)	krygsgevangene	[krajχs·χefaŋənə]

184. Oorlog. Militaire acties. Deel 1

| oorlog (de) | oorlog | [oərloχ] |
| oorlog voeren (ww) | oorlog voer | [oərloχ fur] |

burgeroorlog (de)	burgeroorlog	[burgər·oərloχ]
achterbaks (bw)	valslik	[falslik]
oorlogsverklaring (de)	oorlogsverklaring	[oərloχs·fərklariŋ]
verklaren (de oorlog ~)	oorlog verklaar	[oərloχ fərklãr]
agressie (de)	aggressie	[aχrɛssi]
aanvallen (binnenvallen)	aanval	[ãnfal]

binnenvallen (ww)	binneval	[binnəfal]
invaller (de)	binnevaller	[binnəfallər]
veroveraar (de)	veroweraar	[feroverãr]

verdediging (de)	verdediging	[ferdedəχiŋ]
verdedigen (je land ~)	verdedig	[ferdedəχ]
zich verdedigen (ww)	jouself verdedig	[jæusɛlf ferdedəχ]

vijand (de)	vyand	[fajant]
tegenstander (de)	teëstander	[teɛstandər]
vijandelijk (bn)	vyandig	[fajandəχ]

| strategie (de) | strategie | [strateχi] |
| tactiek (de) | taktiek | [taktik] |

order (de)	bevel	[befəl]
bevel (het)	bevel	[befəl]
bevelen (ww)	beveel	[befeəl]
opdracht (de)	opdrag	[opdraχ]
geheim (bn)	geheim	[χəhæjm]

slag (de)	slag	[slaχ]
veldslag (de)	veldslag	[fɛltslaχ]
strijd (de)	geveg	[χefeχ]

aanval (de)	aanval	[ãnfal]
bestorming (de)	bestorming	[bestormiŋ]
bestormen (ww)	bestorm	[bestorm]
bezetting (de)	beleg	[beleχ]

| aanval (de) | aanval | [ãnfal] |
| in het offensief te gaan | tot die offensief oorgaan | [tot di offɛŋsif oərχãn] |

| terugtrekking (de) | terugtrekking | [teruχ·trɛkkiŋ] |
| zich terugtrekken (ww) | terugtrek | [teruχtrek] |

| omsingeling (de) | omsingeling | [omsinχəliŋ] |
| omsingelen (ww) | omsingel | [omsiŋəl] |

bombardement (het)	bombardement	[bombardement]
bombarderen (ww)	bombardeer	[bombardeər]
ontploffing (de)	ontploffing	[ontploffiŋ]

| schot (het) | skoot | [skoət] |
| schieten (het) | skiet | [skit] |

mikken op (ww)	mik op	[mik op]
aanleggen (een wapen ~)	rig	[riχ]
treffen (doelwit ~)	tref	[tref]

zinken (tot zinken brengen)	sink	[sink]
kogelgat (het)	gat	[χat]
zinken (gezonken zijn)	sink	[sink]

front (het)	front	[front]
evacuatie (de)	evakuasie	[ɛfakuasi]
evacueren (ww)	evakueer	[ɛfakueər]

loopgraaf (de)	loopgraaf	[loəpχrāf]
prikkeldraad (de)	doringdraad	[doriŋ·drāt]
verdedigingsobstakel (het)	versperring	[fersperriŋ]
wachttoren (de)	wagtoring	[vaχ·toriŋ]

hospitaal (het)	militêre hospitaal	[militærə hospitāl]
verwonden (ww)	wond	[vont]
wond (de)	wond	[vont]
gewonde (de)	gewonde	[χevondə]
gewond raken (ww)	gewond	[χevont]
ernstig (~e wond)	ernstig	[ɛrnstəχ]

185. Oorlog. Militaire acties. Deel 2

krijgsgevangenschap (de)	gevangenskap	[χefaŋənskap]
krijgsgevangen nemen	gevange neem	[χefaŋə neəm]
krijgsgevangene zijn	in gevangenskap wees	[in χefaŋənskap veəs]
krijgsgevangen genomen worden	in gevangenskap geneem word	[in χefaŋənskap χeneəm vort]

concentratiekamp (het)	konsentrasiekamp	[koŋsentrasi·kamp]
krijgsgevangene (de)	krygsgevangene	[krajχs·χefaŋənə]
vluchten (ww)	ontsnap	[ontsnap]

verraden (ww)	verraai	[ferrāi]
verrader (de)	verraaier	[ferrājer]
verraad (het)	verraad	[ferrāt]

fusilleren (executeren)	eksekuteer	[ɛksekuteər]
executie (de)	eksekusie	[ɛksekusi]

uitrusting (de)	toerusting	[turustiŋ]
schouderstuk (het)	skouerstrook	[skæʊer·stroək]
gasmasker (het)	gasmasker	[χas·maskər]

portofoon (de)	veldradio	[fɛlt·radio]
geheime code (de)	geheime kode	[χəhæjmə kodə]
samenzwering (de)	geheimhouding	[χəhæjm·hæʊdiŋ]
wachtwoord (het)	wagwoord	[vaχ·woərt]

mijn (landmijn)	landmyn	[land·majn]
ondermijnen (legden mijnen)	bemyn	[bemajn]
mijnenveld (het)	mynveld	[majn·fɛlt]

luchtalarm (het)	lugalarm	[luχ·alarm]
alarm (het)	alarm	[alarm]

| signaal (het) | sienjaal | [sinjāl] |
| vuurpijl (de) | fakkel | [fakkel] |

staf (generale ~)	hoofkwartier	[hoəf·kwartir]
verkenning (de)	verkenningstog	[ferkɛnniŋs·toχ]
toestand (de)	toestand	[tustant]
rapport (het)	verslag	[ferslaχ]
hinderlaag (de)	hinderlaag	[hindər·lāχ]
versterking (de)	versterking	[ferstərkiŋ]

doel (bewegend ~)	doel	[dul]
proefterrein (het)	proefterrein	[pruf·terræjn]
manoeuvres (mv.)	militêre oefening	[militærə ufeniŋ]

paniek (de)	paniek	[panik]
verwoesting (de)	verwoesting	[ferwustiŋ]
verwoestingen (mv.)	verwoesting	[ferwustiŋ]
verwoesten (ww)	verwoes	[ferwus]

overleven (ww)	oorleef	[oərleəf]
ontwapenen (ww)	ontwapen	[ontvapen]
behandelen (een pistool ~)	hanteer	[hanteər]

| Geeft acht! | Aandag! | [āndaχ!] |
| Op de plaats rust! | Op die plek rus! | [op di plek rus!] |

heldendaad (de)	heldedaad	[hɛldə·dāt]
eed (de)	eed	[eət]
zweren (een eed doen)	sweer	[sweər]

decoratie (de)	dekorasie	[dekorasiə]
onderscheiden	toeken	[tuken]
(een ereteken geven)		
medaille (de)	medalje	[medaljə]
orde (de)	orde	[ordə]

overwinning (de)	oorwinning	[oərwinniŋ]
verlies (het)	nederlaag	[nedərlāχ]
wapenstilstand (de)	wapenstilstand	[vapɛn·stilstant]

wimpel (vaandel)	vaandel	[fāndəl]
roem (de)	roem	[rum]
parade (de)	parade	[paradə]
marcheren (ww)	marseer	[marseər]

186. Wapens

wapens (mv.)	wapens	[vapɛns]
vuurwapens (mv.)	vuurwapens	[fɪr·vapɛns]
koude wapens (mv.)	messe	[mɛssə]

chemische wapens (mv.)	chemiese wapens	[χemisə vapɛns]
kern-, nucleair (bn)	kern-	[kern-]
kernwapens (mv.)	kernwapens	[kern·vapɛns]

bom (de)	bom	[bom]
atoombom (de)	atoombom	[atoəm·bom]
pistool (het)	pistool	[pistoəl]
geweer (het)	geweer	[χeveər]
machinepistool (het)	aanvalsgeweer	[ānvals·χeveər]
machinegeweer (het)	masjiengeweer	[maʃin·χeveər]
loop (schietbuis)	loop	[loəp]
loop (bijv. geweer met kortere ~)	loop	[loəp]
kaliber (het)	kaliber	[kalibər]
trekker (de)	sneller	[snɛllər]
korrel (de)	visier	[fisir]
magazijn (het)	magasyn	[maχasajn]
geweerkolf (de)	kolf	[kolf]
granaat (handgranaat)	handgranaat	[hand·χranāt]
explosieven (mv.)	springstof	[spriŋstof]
kogel (de)	koeël	[kuɛl]
patroon (de)	patroon	[patroən]
lading (de)	lading	[ladiŋ]
ammunitie (de)	ammunisie	[ammunisi]
bommenwerper (de)	bomwerper	[bom·werpər]
straaljager (de)	straalvegter	[strāl·feχtər]
helikopter (de)	helikopter	[helikoptər]
afweergeschut (het)	lugafweer	[luχafweər]
tank (de)	tenk	[tɛnk]
kanon (tank met een ~ van 76 mm)	tenkkanon	[tɛnk·kanon]
artillerie (de)	artillerie	[artilleri]
kanon (het)	kanon	[kanon]
aanleggen (een wapen ~)	aanlê	[ānlɛ:]
projectiel (het)	projektiel	[projektil]
mortiergranaat (de)	mortierbom	[mortir·bom]
mortier (de)	mortier	[mortir]
granaatscherf (de)	skrapnel	[skrapnəl]
duikboot (de)	duikboot	[dœik·boət]
torpedo (de)	torpedo	[torpedo]
raket (de)	vuurpyl	[fɪr·pajl]
laden (geweer, kanon)	laai	[lāi]
schieten (ww)	skiet	[skit]
richten op (mikken)	rig op	[riχ op]
bajonet (de)	bajonet	[bajonet]
degen (de)	rapier	[rapir]
sabel (de)	sabel	[sabəl]
speer (de)	spies	[spis]

boog (de)	boog	[boəχ]
pijl (de)	pyl	[pajl]
musket (de)	musket	[musket]
kruisboog (de)	kruisboog	[krœis·boəχ]

187. Oude mensen

primitief (bn)	primitief	[primitif]
voorhistorisch (bn)	prehistories	[prehistoris]
eeuwenoude (~ beschaving)	antiek	[antik]

Steentijd (de)	Steentydperk	[steən·tajtperk]
Bronstijd (de)	Bronstydperk	[brɔŋs·tajtperk]
IJstijd (de)	Ystydperk	[ajs·tajtperk]

stam (de)	stam	[stam]
menseneter (de)	mensvreter	[mɛŋs·fretər]
jager (de)	jagter	[jaχtər]
jagen (ww)	jag	[jaχ]
mammoet (de)	mammoet	[mammut]

grot (de)	grot	[χrot]
vuur (het)	vuur	[fɪr]

kampvuur (het)	kampvuur	[kampfɪr]
rotstekening (de)	rotstekening	[rots·tekəniŋ]

werkinstrument (het)	werktuig	[verktœiχ]
speer (de)	spies	[spis]
stenen bijl (de)	klipbyl	[klip·bajl]

oorlog voeren (ww)	oorlog voer	[oərloχ fur]
temmen (bijv. wolf ~)	tem	[tem]

idool (het)	afgod	[afχot]
aanbidden (ww)	aanbid	[ānbit]

bijgeloof (het)	bygeloof	[bajχəloəf]
ritueel (het)	ritueel	[ritueəl]

evolutie (de)	evolusie	[ɛfolusi]
ontwikkeling (de)	ontwikkeling	[ontwikkeliŋ]

verdwijning (de)	verdwyning	[ferdwajniŋ]
zich aanpassen (ww)	jou aanpas	[jæʊ ānpas]

archeologie (de)	argeologie	[arχeoloχi]
archeoloog (de)	argeoloog	[arχeoloəχ]
archeologisch (bn)	argeologies	[arχeoloχis]

opgravingsplaats (de)	opgravingsplek	[opχraviŋs·plek]
opgravingen (mv.)	opgravingsplekke	[opχraviŋs·plɛkkə]
vondst (de)	vonds	[fonds]
fragment (het)	fragment	[fraχment]

188. Middeleeuwen

volk (het)	volk	[folk]
volkeren (mv.)	bevolking	[befolkiŋ]
stam (de)	stam	[stam]
stammen (mv.)	stamme	[stammə]
barbaren (mv.)	barbare	[barbarə]
Galliërs (mv.)	Galliërs	[χalliɛrs]
Goten (mv.)	Gote	[χote]
Slaven (mv.)	Slawe	[slavə]
Vikings (mv.)	Vikings	[vikiŋs]
Romeinen (mv.)	Romeine	[romæjnə]
Romeins (bn)	Romeins	[romæjns]
Byzantijnen (mv.)	Bisantyne	[bisantajnə]
Byzantium (het)	Bisantium	[bisantium]
Byzantijns (bn)	Bisantyns	[bisantajns]
keizer (bijv. Romeinse ~)	keiser	[kæjsər]
opperhoofd (het)	leier	[læjer]
machtig (bn)	magtig	[maχtəχ]
koning (de)	koning	[koniŋ]
heerser (de)	heerser	[heərsər]
ridder (de)	ridder	[riddər]
feodaal (de)	feodale heerser	[feodalə heərsər]
feodaal (bn)	feodaal	[feodāl]
vazal (de)	vasal	[fasal]
hertog (de)	hertog	[hertoχ]
graaf (de)	graaf	[χrāf]
baron (de)	baron	[baron]
bisschop (de)	biskop	[biskop]
harnas (het)	harnas	[harnas]
schild (het)	skild	[skilt]
zwaard (het)	swaard	[swārt]
vizier (het)	visier	[fisir]
maliënkolder (de)	maliehemp	[mali·hemp]
kruistocht (de)	Kruistog	[krœis·toχ]
kruisvaarder (de)	kruisvaarder	[krœis·fārdər]
gebied (bijv. bezette ~en)	gebied	[χebit]
aanvallen (binnenvallen)	aanval	[ānfal]
veroveren (ww)	verower	[ferovər]
innemen (binnenvallen)	beset	[beset]
bezetting (de)	beleg	[beleχ]
belegerd (bn)	beleërde	[beleɛrdə]
belegeren (ww)	beleër	[beleɛr]
inquisitie (de)	inkwisisie	[inkvisisi]
inquisiteur (de)	inkwisiteur	[inkvisitøər]

foltering (de)	marteling	[martəliŋ]
wreed (bn)	wreed	[vreət]
ketter (de)	ketter	[kɛttər]
ketterij (de)	kettery	[kɛtteraj]

zeevaart (de)	seevaart	[seeˑfãrt]
piraat (de)	piraat, seerower	[pirãt], [seeˑrovər]
piraterij (de)	piratery, seerowery	[pirateraj], [seeˑroveraj]
enteren (het)	enter	[ɛntər]
buit (de)	buit	[bœit]
schatten (mv.)	skatte	[skattə]

ontdekking (de)	ontdekking	[ontdɛkkiŋ]
ontdekken (bijv. nieuw land)	ontdek	[ontdek]
expeditie (de)	ekspedisie	[ɛkspedisi]

musketier (de)	musketier	[musketir]
kardinaal (de)	kardinaal	[kardinãl]
heraldiek (de)	heraldiek	[heraldik]
heraldisch (bn)	heraldies	[heraldis]

189. Leider. Baas. Autoriteiten

koning (de)	koning	[koniŋ]
koningin (de)	koningin	[koniŋin]
koninklijk (bn)	koninklik	[koninklik]
koninkrijk (het)	koninkryk	[koninkrajk]

| prins (de) | prins | [prins] |
| prinses (de) | prinses | [prinsəs] |

president (de)	president	[president]
vicepresident (de)	vise-president	[fise-president]
senator (de)	senator	[senator]

monarch (de)	monarg	[monarχ]
heerser (de)	heerser	[heersər]
dictator (de)	diktator	[diktator]
tiran (de)	tiran	[tiran]
magnaat (de)	magnaat	[maχnãt]

directeur (de)	direkteur	[direktøər]
chef (de)	baas	[bãs]
beheerder (de)	bestuurder	[bestɪrdər]
baas (de)	baas	[bãs]
eigenaar (de)	eienaar	[æjenãr]

leider (de)	leier	[læjer]
hoofd (bijv. ~ van de delegatie)	hoof	[hoəf]
autoriteiten (mv.)	outoriteite	[æʊtoritæjtə]
superieuren (mv.)	hoofde	[hoəfdə]
gouverneur (de)	goewerneur	[χuvernøər]
consul (de)	konsul	[koŋsul]

diplomaat (de)	diplomaat	[diplomãt]
burgemeester (de)	burgermeester	[burgər·meəstər]
sheriff (de)	sheriff	[sheriff]

keizer (bijv. Romeinse ~)	keiser	[kæjsər]
tsaar (de)	tsaar	[tsãr]
farao (de)	farao	[farao]
kan (de)	kan	[kan]

190. Weg. Weg. Routebeschrijving

| weg (de) | pad | [pat] |
| route (de kortste ~) | pad | [pat] |

autoweg (de)	deurpad	[døərpat]
snelweg (de)	deurpad	[døərpat]
rijksweg (de)	nasionale pad	[naʃionalə pat]

| hoofdweg (de) | hoofweg | [hoəf·weχ] |
| landweg (de) | grondpad | [χront·pat] |

| pad (het) | paadjie | [pãdʒi] |
| paadje (het) | paadjie | [pãdʒi] |

Waar?	Waar?	[vãr?]
Waarheen?	Waarheen?	[vãrheən?]
Waarvandaan?	Waarvandaan?	[vãrfandãn?]

| richting (de) | rigting | [riχtiŋ] |
| aanwijzen (de weg ~) | wys | [vajs] |

naar links (bw)	na links	[na links]
naar rechts (bw)	na regs	[na reχs]
rechtdoor (bw)	reguit	[reχœit]
terug (bijv. ~ keren)	terug	[teruχ]

bocht (de)	draai	[drãi]
afslaan (naar rechts ~)	draai	[drãi]
U-bocht maken (ww)	U-draai maak	[u-drãj mãk]

| zichtbaar worden (ww) | sigbaar wees | [siχbãr veəs] |
| verschijnen (in zicht komen) | verskyn | [ferskajn] |

stop (korte onderbreking)	stop	[stop]
zich verpozen (uitrusten)	pouseer	[pæʊseər]
rust (de)	ruspouse	[ruspæʊsə]

verdwalen (de weg kwijt zijn)	verdwaal	[ferdwãl]
leiden naar ... (de weg)	lei na ...	[læj na ...]
bereiken (ergens aankomen)	uitkom by	[œitkom baj]
deel (~ van de weg)	stuk pad	[stuk pat]

| asfalt (het) | teer | [teər] |
| trottoirband (de) | randsteen | [rand·steən] |

greppel (de)	donga	[donχa]
putdeksel (het)	mangat	[manχat]
vluchtstrook (de)	skouer	[skæʊər]
kuil (de)	slaggat	[slaχχat]

| gaan (te voet) | gaan | [χãn] |
| inhalen (voorbijgaan) | verbysteek | [ferbajsteək] |

| stap (de) | tree | [treə] |
| te voet (bw) | te voet | [tə fut] |

blokkeren (de weg ~)	blokkeer	[blokkeər]
slagboom (de)	hefboom	[hefboəm]
doodlopende straat (de)	doodloopstraat	[doədloəp·strãt]

191. De wet overtreden. Criminelen. Deel 1

bandiet (de)	bandiet	[bandit]
misdaad (de)	misdaad	[misdãt]
misdadiger (de)	misdadiger	[misdadiχər]

dief (de)	dief	[dif]
stelen (ww)	steel	[steəl]
stelen (de)	steel	[steəl]
diefstal (de)	diefstal	[difstal]

kidnappen (ww)	ontvoer	[ontfur]
kidnapping (de)	ontvoering	[ontfuriŋ]
kidnapper (de)	ontvoerder	[ontfurdər]

| losgeld (het) | losgeld | [losχɛlt] |
| eisen losgeld (ww) | losgeld eis | [losχɛlt æjs] |

overvallen (ww)	besteel	[besteəl]
overval (de)	oorval	[oərfal]
overvaller (de)	boef	[buf]

afpersen (ww)	afpers	[afpers]
afperser (de)	afperser	[afpersər]
afpersing (de)	afpersing	[afpersiŋ]

vermoorden (ww)	vermoor	[fermoər]
moord (de)	moord	[moərt]
moordenaar (de)	moordenaar	[moərdenãr]

schot (het)	skoot	[skoət]
neerschieten (ww)	doodskiet	[doədskit]
schieten (ww)	skiet	[skit]
schieten (het)	skietery	[skiteraj]

ongeluk (gevecht, enz.)	insident	[insident]
gevecht (het)	geveg	[χefeχ]
Help!	Help!	[hɛlp!]
slachtoffer (het)	slagoffer	[slaχoffər]

beschadigen (ww)	beskadig	[beskadəχ]
schade (de)	skade	[skadə]
lijk (het)	lyk	[lajk]
zwaar (~ misdrijf)	ernstig	[ɛrnstəχ]

aanvallen (ww)	aanval	[ānfal]
slaan (iemand ~)	slaan	[slān]
in elkaar slaan (toetakelen)	platslaan	[platslān]
ontnemen (beroven)	vat	[fat]
steken (met een mes)	doodsteek	[doədsteək]
verminken (ww)	vermink	[fermink]
verwonden (ww)	wond	[vont]

chantage (de)	afpersing	[afpersiŋ]
chanteren (ww)	afpers	[afpers]
chanteur (de)	afperser	[afpersər]

afpersing (de)	beskermingswendelary	[beskermiŋ·swendəlaraj]
afperser (de)	afperser	[afpersər]
gangster (de)	boef	[buf]
maffia (de)	mafia	[mafia]

kruimeldief (de)	sakkeroller	[sakkerollər]
inbreker (de)	inbreker	[inbrekər]
smokkelen (het)	smokkel	[smokkəl]
smokkelaar (de)	smokkelaar	[smokkəlār]

namaak (de)	vervalsing	[ferfalsiŋ]
namaken (ww)	verval	[ferfal]
namaak-, vals (bn)	vals	[fals]

192. De wet overtreden. Criminelen. Deel 2

verkrachting (de)	verkragting	[ferkraχtiŋ]
verkrachten (ww)	verkrag	[ferkraχ]
verkrachter (de)	verkragter	[ferkraχtər]
maniak (de)	maniak	[maniak]

prostituee (de)	prostituut	[prostitrt]
prostitutie (de)	prostitusie	[prostitusi]
pooier (de)	pooier	[pojer]

| drugsverslaafde (de) | dwelmslaaf | [dwɛlm·slāf] |
| drugshandelaar (de) | dwelmhandelaar | [dwɛlm·handəlār] |

opblazen (ww)	opblaas	[opblās]
explosie (de)	ontploffing	[ontploffiŋ]
in brand steken (ww)	aan die brand steek	[ān di brant steək]
brandstichter (de)	brandstigter	[brant·stiχtər]

terrorisme (het)	terrorisme	[terrorismə]
terrorist (de)	terroris	[terroris]
gijzelaar (de)	gyselaar	[χajsəlār]
bedriegen (ww)	bedrieg	[bedrəχ]

bedrog (het)	bedrog	[bedroχ]
oplichter (de)	bedrieër	[bedriɛr]

omkopen (ww)	omkoop	[omkoəp]
omkoperij (de)	omkopery	[omkoperaj]
smeergeld (het)	omkoopgeld	[omkoəp·χɛlt]

vergif (het)	gif	[χif]
vergiftigen (ww)	vergiftig	[ferχiftəχ]
vergif innemen (ww)	jouself vergiftig	[jæusɛlf ferχiftəχ]

zelfmoord (de)	selfmoord	[sɛlfmoərt]
zelfmoordenaar (de)	selfmoordenaar	[sɛlfmoərdenãr]

bedreigen	dreig	[dræjχ]
(bijv. met een pistool)		
bedreiging (de)	dreigement	[dræjχement]
aanslag (de)	aanslag	[ãŋslaχ]

stelen (een auto)	steel	[steəl]
kapen (een vliegtuig)	kaap	[kãp]

wraak (de)	wraak	[vrãk]
wreken (ww)	wreek	[vreək]

martelen (gevangenen)	martel	[martəl]
foltering (de)	marteling	[martəliŋ]
folteren (ww)	folter	[foltər]

piraat (de)	piraat, seerower	[pirãt], [seə·rovər]
straatschender (de)	skollie	[skolli]
gewapend (bn)	gewapen	[χevapen]
geweld (het)	geweld	[χevɛlt]
onwettig (strafbaar)	onwettig	[onwɛttəχ]

spionage (de)	spioenasie	[spiunasi]
spioneren (ww)	spioeneer	[spiuneər]

193. Politie. Wet. Deel 1

justitie (de)	justisie	[jəstisi]
gerechtshof (het)	geregshof	[χereχshof]

rechter (de)	regter	[reχtər]
jury (de)	jurielede	[juriledə]
juryrechtspraak (de)	jurieregspraak	[juri·reχsprãk]
berechten (ww)	bereg	[bereχ]

advocaat (de)	advokaat	[adfokãt]
beklaagde (de)	beklaagde	[beklãχdə]
beklaagdenbank (de)	beklaagdebank	[beklãχdə·bank]

beschuldiging (de)	aanklag	[ãnklaχ]
beschuldigde (de)	beskuldigde	[beskuldiχdə]

vonnis (het)	vonnis	[fɔnnis]
veroordelen	veroordeel	[fɛroərdeəl]
(in een rechtszaak)		

schuldige (de)	skuldig	[skuldəχ]
straffen (ww)	straf	[straf]
bestraffing (de)	straf	[straf]
boete (de)	boete	[butə]
levenslange opsluiting (de)	lewenslange gevangenisstraf	[levɛŋslaŋə χefaŋənis·straf]
doodstraf (de)	doodstraf	[doədstraf]
elektrische stoel (de)	elektriese stoel	[ɛlektrisə stul]
schavot (het)	galg	[χalχ]

| executeren (ww) | eksekuteer | [ɛksekuteər] |
| executie (de) | eksekusie | [ɛksekusi] |

| gevangenis (de) | tronk | [tronk] |
| cel (de) | sel | [səl] |

konvooi (het)	eskort	[ɛskort]
gevangenisbewaker (de)	tronkbewaarder	[tronk·bevārdər]
gedetineerde (de)	gevangene	[χefaŋənə]
handboeien (mv.)	handboeie	[hant·buje]
handboeien omdoen	in die boeie slaan	[in di buje slān]

ontsnapping (de)	ontsnapping	[ontsnappiŋ]
ontsnappen (ww)	ontsnap	[ontsnap]
verdwijnen (ww)	verdwyn	[ferdwajn]
vrijlaten (uit de gevangenis)	vrylaat	[frajlāt]
amnestie (de)	amnestie	[amnesti]

politie (de)	polisie	[polisi]
politieagent (de)	polisieman	[polisi·man]
politiebureau (het)	polisiestasie	[polisi·stasi]
knuppel (de)	knuppel	[knuppəl]
megafoon (de)	megafoon	[meχafoən]

patrouilleerwagen (de)	patrolliemotor	[patrolli·motor]
sirene (de)	sirene	[sirenə]
de sirene aansteken	die sirene aanskakel	[di sirenə āŋskakəl]
geloei (het) van de sirene	sirenegeloei	[sirenə·χelui]

plaats delict (de)	misdaadtoneel	[misdād·toneəl]
getuige (de)	getuie	[χetœiə]
vrijheid (de)	vryheid	[frajhæjt]
handlanger (de)	medepligtige	[medə·pliχtiχə]
ontvluchten (ww)	ontvlug	[ontfluχ]
spoor (het)	spoor	[spoər]

194. Politie. Wet. Deel 2

| opsporing (de) | soektog | [suktoχ] |
| opsporen (ww) | soek ... | [suk ...] |

verdenking (de)	verdenking	[ferdɛnkiŋ]
verdacht (bn)	verdag	[ferdaχ]
aanhouden (stoppen)	teëhou	[teɛhæʊ]
tegenhouden (ww)	aanhou	[ãnhæʊ]

strafzaak (de)	hofsaak	[hofsāk]
onderzoek (het)	ondersoek	[ondərsuk]
detective (de)	speurder	[spøərdər]
onderzoeksrechter (de)	speurder	[spøərdər]
versie (de)	hipotese	[hipotesə]

motief (het)	motief	[motif]
verhoor (het)	ondervraging	[ondərfraχiŋ]
ondervragen (door de politie)	ondervra	[ondərfra]
ondervragen (omstanders ~)	verhoor	[ferhoər]
controle (de)	kontroleer	[kontroleər]

razzia (de)	klopjag	[klopjaχ]
huiszoeking (de)	huissoeking	[hœis·sukiŋ]
achtervolging (de)	agtervolging	[aχtərfolχiŋ]
achtervolgen (ww)	agtervolg	[aχtərfolχ]
opsporen (ww)	opspoor	[opspoər]

arrest (het)	inhegtenisneming	[inheχtenis·nemiŋ]
arresteren (ww)	arresteer	[arresteər]
vangen, aanhouden (een dief, enz.)	vang	[faŋ]
aanhouding (de)	opsporing	[opsporiŋ]

document (het)	dokument	[dokument]
bewijs (het)	bewys	[bevajs]
bewijzen (ww)	bewys	[bevajs]
voetspoor (het)	voetspoor	[futspoər]
vingerafdrukken (mv.)	vingerafdrukke	[fiŋər·afdrukkə]
bewijs (het)	bewysstuk	[bevajs·stuk]

alibi (het)	alibi	[alibi]
onschuldig (bn)	onskuldig	[oŋskuldəχ]
onrecht (het)	onreg	[onreχ]
onrechtvaardig (bn)	onregverdig	[onreχferdəχ]

crimineel (bn)	krimineel	[krimineəl]
confisqueren (in beslag nemen)	in beslag neem	[in beslaχ neəm]
drug (de)	dwelm	[dwɛlm]
wapen (het)	wapen	[vapen]
ontwapenen (ww)	ontwapen	[ontvapen]
bevelen (ww)	beveel	[befeəl]
verdwijnen (ww)	verdwyn	[ferdwajn]

wet (de)	wet	[vet]
wettelijk (bn)	wettig	[vɛttəχ]
onwettelijk (bn)	onwettig	[onwɛttəχ]

verantwoordelijkheid (de)	verantwoordelikheid	[ferant·voərdelikhæjt]
verantwoordelijk (bn)	verantwoordelik	[ferant·voərdelik]

NATUUR

De Aarde. Deel 1

195. De kosmische ruimte

kosmos (de)	kosmos	[kosmos]
kosmisch (bn)	kosmies	[kosmis]
kosmische ruimte (de)	buitenste ruimte	[bœitɛŋstə rajmtə]
wereld (de)	wêreld	[værɛlt]
heelal (het)	heelal	[heəlal]
sterrenstelsel (het)	sterrestelsel	[sterrə·stɛlsəl]
ster (de)	ster	[ster]
sterrenbeeld (het)	sterrebeeld	[sterrə·beəlt]
planeet (de)	planeet	[planeət]
satelliet (de)	satelliet	[satɛllit]
meteoriet (de)	meteoriet	[meteorit]
komeet (de)	komeet	[komeət]
asteroïde (de)	asteroïed	[asteroïət]
baan (de)	baan	[bān]
draaien (om de zon, enz.)	draai	[drāi]
atmosfeer (de)	atmosfeer	[atmosfeər]
Zon (de)	die Son	[di son]
zonnestelsel (het)	sonnestelsel	[sonnə·stɛlsəl]
zonsverduistering (de)	sonsverduistering	[sɔŋs·ferdœisteriŋ]
Aarde (de)	die Aarde	[di ārdə]
Maan (de)	die Maan	[di mān]
Mars (de)	Mars	[mars]
Venus (de)	Venus	[fenus]
Jupiter (de)	Jupiter	[jupitər]
Saturnus (de)	Saturnus	[saturnus]
Mercurius (de)	Mercurius	[merkurius]
Uranus (de)	Uranus	[uranus]
Neptunus (de)	Neptunus	[neptunus]
Pluto (de)	Pluto	[pluto]
Melkweg (de)	Melkweg	[melk·weχ]
Grote Beer (de)	Groot Beer	[χroət beər]
Poolster (de)	Poolster	[poəl·stər]
marsmannetje (het)	marsbewoner	[mars·bevonər]
buitenaards wezen (het)	buiteaardse wese	[bœitə·ārdsə vesə]

| bovenaards (het) | ruimtewese | [rœimtə·vesə] |
| vliegende schotel (de) | vlieënde skottel | [fliɛndə skottəl] |

ruimtevaartuig (het)	ruimteskip	[rœimtə·skip]
ruimtestation (het)	ruimtestasie	[rœimtə·stasi]
start (de)	vertrek	[fertrek]

motor (de)	enjin	[ɛndʒin]
straalpijp (de)	uitlaatpyp	[œitlāt·pajp]
brandstof (de)	brandstof	[brantstof]

cabine (de)	stuurkajuit	[stɪr·kajœit]
antenne (de)	lugdraad	[luχdrāt]
patrijspoort (de)	patryspoort	[patrajs·poərt]
zonnebatterij (de)	sonpaneel	[son·paneəl]
ruimtepak (het)	ruimtepak	[rœimtə·pak]

| gewichtloosheid (de) | gewigloosheid | [χeviχloəshæjt] |
| zuurstof (de) | suurstof | [sɪrstof] |

| koppeling (de) | koppeling | [koppeliŋ] |
| koppeling maken | koppel | [koppəl] |

observatorium (het)	observatorium	[observatorium]
telescoop (de)	teleskoop	[teleskoəp]
waarnemen (ww)	waarneem	[vārneəm]
exploreren (ww)	eksploreer	[ɛksploreər]

196. De Aarde

Aarde (de)	die Aarde	[di ārdə]
aardbol (de)	die aardbol	[di ārdbol]
planeet (de)	planeet	[planeət]

atmosfeer (de)	atmosfeer	[atmosfeər]
aardrijkskunde (de)	geografie	[χeoχrafi]
natuur (de)	natuur	[natɪr]

wereldbol (de)	aardbol	[ārd·bol]
kaart (de)	kaart	[kārt]
atlas (de)	atlas	[atlas]

| Europa (het) | Europa | [øəropa] |
| Azië (het) | Asië | [asiɛ] |

| Afrika (het) | Afrika | [afrika] |
| Australië (het) | Australië | [ɔustraliɛ] |

Amerika (het)	Amerika	[amerika]
Noord-Amerika (het)	Noord-Amerika	[noərd-amerika]
Zuid-Amerika (het)	Suid-Amerika	[sœid-amerika]

| Antarctica (het) | Suidpool | [sœid·poəl] |
| Arctis (de) | Noordpool | [noərd·poəl] |

197. Windrichtingen

noorden (het)	noorde	[noərdə]
naar het noorden	na die noorde	[na di noərdə]
in het noorden	in die noorde	[in di noərdə]
noordelijk (bn)	noordelik	[noərdəlik]
zuiden (het)	suide	[sœeidə]
naar het zuiden	na die suide	[na di sœeidə]
in het zuiden	in die suide	[in di sœeidə]
zuidelijk (bn)	suidelik	[sœeidəlik]
westen (het)	weste	[vestə]
naar het westen	na die weste	[na di vestə]
in het westen	in die weste	[in di vestə]
westelijk (bn)	westelik	[vestelik]
oosten (het)	ooste	[oəstə]
naar het oosten	na die ooste	[na di oəstə]
in het oosten	in die ooste	[in di oəstə]
oostelijk (bn)	oostelik	[oəstəlik]

198. Zee. Oceaan

zee (de)	see	[seə]
oceaan (de)	oseaan	[oseãn]
golf (baai)	golf	[χolf]
straat (de)	straat	[strãt]
grond (vaste grond)	land	[lant]
continent (het)	kontinent	[kontinent]
eiland (het)	eiland	[æjlant]
schiereiland (het)	skiereiland	[skir·æjlant]
archipel (de)	argipel	[arχipəl]
baai, bocht (de)	baai	[bãi]
haven (de)	hawe	[havə]
lagune (de)	strandmeer	[strand·meər]
kaap (de)	kaap	[kãp]
atol (de)	atol	[atol]
rif (het)	rif	[rif]
koraal (het)	koraal	[korãl]
koraalrif (het)	koraalrif	[korãl·rif]
diep (bn)	diep	[dip]
diepte (de)	diepte	[diptə]
diepzee (de)	afgrond	[afχront]
trog (bijv. Marianentrog)	trog	[troχ]
stroming (de)	stroming	[strominj]
omspoelen (ww)	omring	[omrinj]

oever (de)	oewer	[uvər]
kust (de)	kus	[kus]

vloed (de)	hoogwater	[hoəχ·vatər]
eb (de)	laagwater	[lāχ·vatər]
ondiepte (ondiep water)	sandbank	[sand·bank]
bodem (de)	bodem	[bodem]

golf (hoge ~)	golf	[χolf]
golfkam (de)	kruin	[krœin]
schuim (het)	skuim	[skœim]

storm (de)	storm	[storm]
orkaan (de)	orkaan	[orkãn]
tsunami (de)	tsunami	[tsunami]
windstilte (de)	windstilte	[vindstiltə]
kalm (bijv. ~e zee)	kalm	[kalm]

pool (de)	pool	[poəl]
polair (bn)	polêr	[polær]

breedtegraad (de)	breedtegraad	[breədtə·χrāt]
lengtegraad (de)	lengtegraad	[leŋtə·χrāt]
parallel (de)	parallel	[paralləl]
evenaar (de)	ewenaar	[ɛvenãr]

hemel (de)	hemel	[heməl]
horizon (de)	horison	[horison]
lucht (de)	lug	[luχ]

vuurtoren (de)	vuurtoring	[fɪrtoriŋ]
duiken (ww)	duik	[dœik]
zinken (ov. een boot)	sink	[sink]
schatten (mv.)	skatte	[skattə]

199. Namen van zeeën en oceanen

Atlantische Oceaan (de)	Atlantiese oseaan	[atlantisə oseãn]
Indische Oceaan (de)	Indiese Oseaan	[indisə oseãn]
Stille Oceaan (de)	Stille Oseaan	[stillə oseãn]
Noordelijke IJszee (de)	Noordelike Yssee	[noərdelikə ajs·seə]

Zwarte Zee (de)	Swart See	[swart seə]
Rode Zee (de)	Rooi See	[roj seə]
Gele Zee (de)	Geel See	[χeəl seə]
Witte Zee (de)	Witsee	[vit·seə]

Kaspische Zee (de)	Kaspiese See	[kaspisə seə]
Dode Zee (de)	Dooie See	[doje seə]
Middellandse Zee (de)	Middellandse See	[middəllandsə seə]

Egeïsche Zee (de)	Egeïese See	[ɛχejesə seə]
Adriatische Zee (de)	Adriatiese See	[adriatisə seə]
Arabische Zee (de)	Arabiese See	[arabisə seə]

Japanse Zee (de)	Japanse See	[japaŋsə seə]
Beringzee (de)	Beringsee	[beriŋ·seə]
Zuid-Chinese Zee (de)	Suid-Sjinese See	[sœid-ʃinesə seə]
Koraalzee (de)	Koraalsee	[korāl·seə]
Tasmanzee (de)	Tasmansee	[tasmaŋ·seə]
Caribische Zee (de)	Karibiese See	[karibisə seə]
Barentszzee (de)	Barentssee	[barents·seə]
Karische Zee (de)	Karasee	[kara·seə]
Noordzee (de)	Noordsee	[noərd·seə]
Baltische Zee (de)	Baltiese See	[baltisə seə]
Noorse Zee (de)	Noorse See	[noərsə seə]

200. Bergen

berg (de)	berg	[berχ]
bergketen (de)	bergreeks	[berχ·reəks]
gebergte (het)	bergrug	[berχ·ruχ]
bergtop (de)	top	[top]
bergpiek (de)	piek	[pik]
voet (ov. de berg)	voet	[fut]
helling (de)	helling	[hɛlliŋ]
vulkaan (de)	vulkaan	[fulkān]
actieve vulkaan (de)	aktiewe vulkaan	[aktivə fulkān]
uitgedoofde vulkaan (de)	rustende vulkaan	[rustendə fulkān]
uitbarsting (de)	uitbarsting	[œitbarstiŋ]
krater (de)	krater	[kratər]
magma (het)	magma	[maχma]
lava (de)	lawa	[lava]
gloeiend (~e lava)	gloeiende	[χlujendə]
kloof (canyon)	diepkloof	[dip·kloəf]
bergkloof (de)	kloof	[kloəf]
spleet (de)	skeur	[skøər]
afgrond (de)	afgrond	[afχront]
bergpas (de)	bergpas	[berχ·pas]
plateau (het)	plato	[plato]
klip (de)	krans	[kraŋs]
heuvel (de)	kop	[kop]
gletsjer (de)	gletser	[χletsər]
waterval (de)	waterval	[vatər·fal]
geiser (de)	geiser	[χæjsər]
meer (het)	meer	[meər]
vlakte (de)	vlakte	[flaktə]
landschap (het)	landskap	[landskap]
echo (de)	eggo	[ɛχχo]

alpinist (de)	alpinis	[alpinis]
bergbeklimmer (de)	bergklimmer	[berχ·klimmər]
trotseren (berg ~)	baasraak	[bāsrāk]
beklimming (de)	beklimming	[beklimmiŋ]

201. Bergen namen

Alpen (de)	die Alpe	[di alpə]
Mont Blanc (de)	Mont Blanc	[mon blan]
Pyreneeën (de)	die Pireneë	[di pirenɛ]
Karpaten (de)	die Karpate	[di karpatə]
Oeralgebergte (het)	die Oeralgebergte	[di ural·χəberχtə]
Kaukasus (de)	die Koukasus Gebergte	[di kæʊkasus χəberχtə]
Elbroes (de)	Elbroes	[ɛlbrus]
Altaj (de)	die Altai-gebergte	[di altaj-χəberχtə]
Tiensjan (de)	die Tian Shan	[di tian ʃan]
Pamir (de)	die Pamir	[di pamir]
Himalaya (de)	die Himalajas	[di himalajas]
Everest (de)	Everest	[ɛverest]
Andes (de)	die Andes	[di andes]
Kilimanjaro (de)	Kilimanjaro	[kilimandʒaro]

202. Rivieren

rivier (de)	rivier	[rifir]
bron (~ van een rivier)	bron	[bron]
riverbedding (de)	rivierbed	[rifir·bet]
rivierbekken (het)	stroomgebied	[stroəm·χebit]
uitmonden in ...	uitmond in ...	[œitmont in ...]
zijrivier (de)	syrivier	[saj·rifir]
oever (de)	oewer	[uvər]
stroming (de)	stroming	[stromiŋ]
stroomafwaarts (bw)	stroomafwaarts	[stroəm·afvārts]
stroomopwaarts (bw)	stroomopwaarts	[stroəm·opvārts]
overstroming (de)	oorstroming	[oərstromiŋ]
overstroming (de)	oorstroming	[oərstromiŋ]
buiten zijn oevers treden	oor sy walle loop	[oər saj vallə loəp]
overstromen (ww)	oorstroom	[oərstroəm]
zandbank (de)	sandbank	[sand·bank]
stroomversnelling (de)	stroomversnellings	[stroəm·fersnɛlliŋs]
dam (de)	damwal	[dam·wal]
kanaal (het)	kanaal	[kanāl]
spaarbekken (het)	opgaardam	[opχār·dam]
sluis (de)	sluis	[slœis]

waterlichaam (het)	**dam**	[dam]
moeras (het)	**moeras**	[muras]
broek (het)	**vlei**	[flæj]
draaikolk (de)	**draaikolk**	[drāj·kolk]

stroom (de)	**spruit**	[sprœit]
drink- (abn)	**drink-**	[drink-]
zoet (~ water)	**vars**	[fars]

ijs (het)	**ys**	[ajs]
bevriezen (rivier, enz.)	**bevries**	[befris]

203. Namen van rivieren

Seine (de)	**Seine**	[sæjn]
Loire (de)	**Loire**	[lua:r]

Theems (de)	**Teems**	[tems]
Rijn (de)	**Ryn**	[rajn]
Donau (de)	**Donau**	[donɔu]

Wolga (de)	**Wolga**	[volga]
Don (de)	**Don**	[don]
Lena (de)	**Lena**	[lena]

Gele Rivier (de)	**Geel Rivier**	[χeəl rifir]
Blauwe Rivier (de)	**Blou Rivier**	[blæʊ rifir]
Mekong (de)	**Mekong**	[mekoŋ]
Ganges (de)	**Ganges**	[χaŋəs]

Nijl (de)	**Nyl**	[najl]
Kongo (de)	**Kongorivier**	[kongo·rifir]
Okavango (de)	**Okavango**	[okavango]
Zambezi (de)	**Zambezi**	[sambesi]
Limpopo (de)	**Limpopo**	[limpopo]
Mississippi (de)	**Mississippi**	[mississippi]

204. Bos

bos (het)	**bos**	[bos]
bos- (abn)	**bos-**	[bos-]

oerwoud (dicht bos)	**woud**	[væʊt]
bosje (klein bos)	**boord**	[boərt]
open plek (de)	**oopte**	[oəptə]

struikgewas (het)	**struikgewas**	[strœik·χevas]
struiken (mv.)	**struikveld**	[strœik·fɛlt]

paadje (het)	**paadjie**	[pādʒi]
ravijn (het)	**donga**	[donχa]
boom (de)	**boom**	[boəm]

| blad (het) | blaar | [blãr] |
| gebladerte (het) | blare | [blarə] |

vallende bladeren (mv.)	val van die blare	[fal fan di blarə]
vallen (ov. de bladeren)	val	[fal]
boomtop (de)	boomtop	[boəm·top]

tak (de)	tak	[tak]
ent (de)	tak	[tak]
knop (de)	knop	[knop]
naald (de)	naald	[nãlt]
dennenappel (de)	dennebol	[dɛnnə·bol]

boom holte (de)	holte	[holtə]
nest (het)	nes	[nes]
hol (het)	gat	[χat]

stam (de)	stam	[stam]
wortel (bijv. boom~s)	wortel	[vortəl]
schors (de)	bas	[bas]
mos (het)	mos	[mos]

ontwortelen (een boom)	ontwortel	[ontwortəl]
kappen (een boom ~)	omkap	[omkap]
ontbossen (ww)	ontbos	[ontbos]
stronk (de)	boomstomp	[boəm·stomp]

kampvuur (het)	kampvuur	[kampfɪr]
bosbrand (de)	bosbrand	[bos·brant]
blussen (ww)	blus	[blus]

boswachter (de)	boswagter	[bos·waχtər]
bescherming (de)	beskerming	[beskermiŋ]
beschermen (bijv. de natuur ~)	beskerm	[beskerm]
stroper (de)	wildstroper	[vilt·stropər]
val (de)	slagyster	[slaχ·ajstər]

| plukken (vruchten, enz.) | pluk | [pluk] |
| verdwalen (de weg kwijt zijn) | verdwaal | [ferdwãl] |

205. Natuurlijke hulpbronnen

natuurlijke rijkdommen (mv.)	natuurlike bronne	[natɪrlike bronnə]
delfstoffen (mv.)	minerale	[mineralə]
lagen (mv.)	lae	[laə]
veld (bijv. olie~)	veld	[fɛlt]

winnen (uit erts ~)	myn	[majn]
winning (de)	myn	[majn]
erts (het)	erts	[ɛrts]
mijn (bijv. kolenmijn)	myn	[majn]
mijnschacht (de)	mynskag	[majn·skaχ]
mijnwerker (de)	mynwerker	[majn·werkər]

gas (het)	**gas**	[χas]
gasleiding (de)	**gaspyp**	[χas·pajp]
olie (aardolie)	**olie**	[oli]
olieleiding (de)	**olipypleiding**	[oli·pajp·læjdiŋ]
oliebron (de)	**oliebron**	[oli·bron]
boortoren (de)	**boortoring**	[boər·toriŋ]
tanker (de)	**tenkskip**	[tɛnk·skip]
zand (het)	**sand**	[sant]
kalksteen (de)	**kalksteen**	[kalksteən]
grind (het)	**gruis**	[χrœis]
veen (het)	**veengrond**	[feənχront]
klei (de)	**klei**	[klæj]
steenkool (de)	**steenkool**	[steən·koəl]
ijzer (het)	**yster**	[ajstər]
goud (het)	**goud**	[χæʊt]
zilver (het)	**silwer**	[silwər]
nikkel (het)	**nikkel**	[nikkəl]
koper (het)	**koper**	[kopər]
zink (het)	**sink**	[sink]
mangaan (het)	**mangaan**	[manχān]
kwik (het)	**kwik**	[kwik]
lood (het)	**lood**	[loət]
mineraal (het)	**mineraal**	[minerāl]
kristal (het)	**kristal**	[kristal]
marmer (het)	**marmer**	[marmər]
uraan (het)	**uraan**	[urān]

De Aarde. Deel 2

206. Weer

weer (het)	weer	[veər]
weersvoorspelling (de)	weersvoorspelling	[veərs·foərspɛliŋ]
temperatuur (de)	temperatuur	[temperatɪr]
thermometer (de)	termometer	[termometər]
barometer (de)	barometer	[barometər]
vochtig (bn)	klam	[klam]
vochtigheid (de)	vogtigheid	[foχtiχæjt]
hitte (de)	hitte	[hittə]
heet (bn)	heet	[heət]
het is heet	dis vrekwarm	[dis frekvarm]
het is warm	dit is warm	[dit is varm]
warm (bn)	louwarm	[læʊvarm]
het is koud	dis koud	[dis kæʊt]
koud (bn)	koud	[kæʊt]
zon (de)	son	[son]
schijnen (de zon)	skyn	[skajn]
zonnig (~e dag)	sonnig	[sonnəχ]
opgaan (ov. de zon)	opkom	[opkom]
ondergaan (ww)	ondergaan	[ondərχān]
wolk (de)	wolk	[volk]
bewolkt (bn)	bewolk	[bevolk]
regenwolk (de)	reënwolk	[reɛn·wolk]
somber (bn)	somber	[sombər]
regen (de)	reën	[reɛn]
het regent	dit reën	[dit reɛn]
regenachtig (bn)	reënerig	[reɛnerəχ]
motregenen (ww)	motreën	[motreɛn]
plensbui (de)	stortbui	[stortbœi]
stortbui (de)	reënvlaag	[reɛn·flāχ]
hard (bn)	swaar	[swār]
plas (de)	poeletjie	[puləki]
nat worden (ww)	nat word	[nat vort]
mist (de)	mis	[mis]
mistig (bn)	mistig	[mistəχ]
sneeuw (de)	sneeu	[sniʊ]
het sneeuwt	dit sneeu	[dit sniʊ]

207. Zwaar weer. Natuurrampen

noodweer (storm)	donderstorm	[dondər·storm]
bliksem (de)	weerlig	[veərləχ]
flitsen (ww)	flits	[flits]
donder (de)	donder	[dondər]
donderen (ww)	donder	[dondər]
het dondert	dit donder	[dit dondər]
hagel (de)	hael	[haəl]
het hagelt	dit hael	[dit haəl]
overstromen (ww)	oorstroom	[oərstroəm]
overstroming (de)	oorstroming	[oərstrominŋ]
aardbeving (de)	aardbewing	[ārd·beviŋ]
aardschok (de)	aardskok	[ārd·skok]
epicentrum (het)	episentrum	[ɛpisentrum]
uitbarsting (de)	uitbarsting	[œitbarstiŋ]
lava (de)	lawa	[lava]
wervelwind (de)	tornado	[tornado]
windhoos (de)	tornado	[tornado]
tyfoon (de)	tifoon	[tifoən]
orkaan (de)	orkaan	[orkān]
storm (de)	storm	[storm]
tsunami (de)	tsunami	[tsunami]
cycloon (de)	sikloon	[sikloən]
onweer (het)	slegte weer	[sleχtə veər]
brand (de)	brand	[brant]
ramp (de)	ramp	[ramp]
meteoriet (de)	meteoriet	[meteorit]
lawine (de)	lawine	[lavinə]
sneeuwverschuiving (de)	sneeulawine	[sniʋ·lavinə]
sneeuwjacht (de)	sneeustorm	[sniʋ·storm]
sneeuwstorm (de)	sneeustorm	[sniʋ·storm]

208. Geluiden. Geluiden

stilte (de)	stilte	[stiltə]
geluid (het)	geluid	[χelœit]
lawaai (het)	geraas	[χerās]
lawaai maken (ww)	geraas maak	[χerās māk]
lawaaierig (bn)	lawaaierig	[lavajerəχ]
luid (~ spreken)	hard	[hart]
luid (bijv. ~e stem)	hard	[hart]
aanhoudend (voortdurend)	aanhoudend	[ānhæʋdent]

schreeuw (de)	skreeu	[skriʊ]
schreeuwen (ww)	skreeu	[skriʊ]
gefluister (het)	gefluister	[χeflœistər]
fluisteren (ww)	fluister	[flœistər]

geblaf (het)	geblaf	[χeblaf]
blaffen (ww)	blaf	[blaf]

gekreun (het)	gekreun	[χekrøən]
kreunen (ww)	kreun	[krøən]
hoest (de)	hoes	[hus]
hoesten (ww)	hoes	[hus]

gefluit (het)	gefluit	[χeflœit]
fluiten (op het fluitje blazen)	fluit	[flœit]
geklop (het)	klop	[klop]
kloppen (aan een deur)	klop	[klop]

kraken (hout, ijs)	kraak	[krãk]
gekraak (het)	gekraak	[χekrãk]

sirene (de)	sirene	[sirenə]
fluit (stoom ~)	fluit	[flœit]
fluiten (schip, trein)	fluit	[flœit]
toeter (de)	toeter	[tutər]
toeteren (ww)	toeter	[tutər]

209. Winter

winter (de)	winter	[vintər]
winter- (abn)	winter-	[vintər-]
in de winter (bw)	in die winter	[in di vintər]

sneeuw (de)	sneeu	[sniʊ]
het sneeuwt	dit sneeu	[dit sniʊ]
sneeuwval (de)	sneeuval	[sniʊ·fal]
sneeuwhoop (de)	sneeuhoop	[sniʊ·hoəp]

sneeuwvlok (de)	sneeuvlokkie	[sniʊ·flokki]
sneeuwbal (de)	sneeubal	[sniʊ·bal]
sneeuwman (de)	sneeuman	[sniʊ·man]
ijspegel (de)	yskeël	[ajskeɛl]

december (de)	Desember	[desembər]
januari (de)	Januarie	[januari]
februari (de)	Februarie	[februari]

vorst (de)	ryp	[rajp]
vries- (abn)	vries-	[fris-]

onder nul (bw)	onder nul	[ondər nul]
eerste vorst (de)	eerste ryp	[eərstə rajp]
rijp (de)	ruigryp	[rœiχ·rajp]
koude (de)	koue	[kæʊə]

het is koud	**dis koud**	[dis kæʊt]
bontjas (de)	**pelsjas**	[pelʃas]
wanten (mv.)	**duimhandskoene**	[dœim·handskunə]
ziek worden (ww)	**siek word**	[sik vort]
verkoudheid (de)	**verkoue**	[ferkæʊə]
ijs (het)	**ys**	[ajs]
ijzel (de)	**gevriesde reën**	[χefrisdə reɛn]
bevriezen (rivier, enz.)	**bevries**	[befris]
ijsschol (de)	**ysskotse**	[ajs·skotsə]
skiër (de)	**skiër**	[skiɛr]
skiën (ww)	**ski**	[ski]
schaatsen (ww)	**ysskaats**	[ajs·skāts]

Fauna

210. Zoogdieren. Roofdieren

roofdier (het)	roofdier	[roef·dir]
tijger (de)	tier	[tir]
leeuw (de)	leeu	[liʊ]
wolf (de)	wolf	[volf]
vos (de)	vos	[fos]
jaguar (de)	jaguar	[jaχuar]
luipaard (de)	luiperd	[lœipert]
jachtluipaard (de)	jagluiperd	[jaχ·lœipert]
panter (de)	swart luiperd	[swart lœipert]
poema (de)	poema	[puma]
sneeuwluipaard (de)	sneeuluiperd	[sniʊ·lœipert]
lynx (de)	los	[los]
coyote (de)	prêriewolf	[præri·volf]
jakhals (de)	jakkals	[jakkals]
hyena (de)	hiëna	[hiɛna]

211. Wilde dieren

dier (het)	dier	[dir]
beest (het)	beest	[beəst]
eekhoorn (de)	eekhoring	[eəkhoriŋ]
egel (de)	krimpvarkie	[krimpfarki]
haas (de)	hasie	[hasi]
konijn (het)	konyn	[konajn]
das (de)	das	[das]
wasbeer (de)	wasbeer	[vasbeər]
hamster (de)	hamster	[hamstər]
marmot (de)	marmot	[marmot]
mol (de)	mol	[mol]
muis (de)	muis	[mœis]
rat (de)	rot	[rot]
vleermuis (de)	vlermuis	[fler·mœis]
hermelijn (de)	hermelyn	[herməlajn]
sabeldier (het)	sabel, sabeldier	[sabəl], [sabəl·dir]
marter (de)	marter	[martər]
wezel (de)	wesel	[vesəl]
nerts (de)	nerts	[nerts]

bever (de)	bewer	[bevər]
otter (de)	otter	[ottər]
paard (het)	perd	[pert]
eland (de)	eland	[ɛlant]
hert (het)	hert	[hert]
kameel (de)	kameel	[kameəl]
bizon (de)	bison	[bison]
oeros (de)	wisent	[visent]
buffel (de)	buffel	[buffəl]
zebra (de)	sebra, kwagga	[sebra], [kwaχχa]
antilope (de)	wildsbok	[vilds·bok]
ree (de)	reebok	[reəbok]
damhert (het)	damhert	[damhert]
gems (de)	gems	[χems]
everzwijn (het)	wildevark	[vildə·fark]
walvis (de)	walvis	[valfis]
rob (de)	seehond	[seə·hont]
walrus (de)	walrus	[valrus]
zeehond (de)	seebeer	[seə·beər]
dolfijn (de)	dolfyn	[dolfajn]
beer (de)	beer	[beər]
ijsbeer (de)	ysbeer	[ajs·beər]
panda (de)	panda	[panda]
aap (de)	aap	[āp]
chimpansee (de)	sjimpansee	[ʃimpaŋseə]
orang-oetan (de)	orangoetang	[oranχutaŋ]
gorilla (de)	gorilla	[χorilla]
makaak (de)	makaak	[makāk]
gibbon (de)	gibbon	[χibbon]
olifant (de)	olifant	[olifant]
neushoorn (de)	renoster	[renostər]
giraffe (de)	kameelperd	[kameəl·pert]
nijlpaard (het)	seekoei	[seə·kui]
kangoeroe (de)	kangaroe	[kanχaru]
koala (de)	koala	[koala]
mangoest (de)	muishond	[mœis·hont]
chinchilla (de)	chinchilla, tjintjilla	[tʃin·tʃila]
stinkdier (het)	stinkmuishond	[stinkmœis·hont]
stekelvarken (het)	ystervark	[ajstər·fark]

212. Huisdieren

poes (de)	kat	[kat]
kater (de)	kater	[katər]
hond (de)	hond	[hont]

paard (het)	perd	[pert]
hengst (de)	hings	[hiŋs]
merrie (de)	merrie	[merri]
koe (de)	koei	[kui]
stier (de)	bul	[bul]
os (de)	os	[os]
schaap (het)	skaap	[skăp]
ram (de)	ram	[ram]
geit (de)	bok	[bok]
bok (de)	bokram	[bok·ram]
ezel (de)	donkie, esel	[donki], [eisəl]
muilezel (de)	muil	[mœil]
varken (het)	vark	[fark]
biggetje (het)	varkie	[farki]
konijn (het)	konyn	[konajn]
kip (de)	hoender, hen	[hundər], [hen]
haan (de)	haan	[hăn]
eend (de)	eend	[eent]
woerd (de)	mannetjieseend	[mannəkis·eent]
gans (de)	gans	[χaŋs]
kalkoen haan (de)	kalkoenmannetjie	[kalkun·mannəki]
kalkoen (de)	kalkoen	[kalkun]
huisdieren (mv.)	huisdiere	[hœis·dirə]
tam (bijv. hamster)	mak	[mak]
temmen (tam maken)	mak maak	[mak măk]
fokken (bijv. paarden ~)	teel	[teəl]
boerderij (de)	plaas	[plăs]
gevogelte (het)	pluimvee	[plœimfeə]
rundvee (het)	beeste	[beəstə]
kudde (de)	kudde	[kuddə]
paardenstal (de)	stal	[stal]
zwijnenstal (de)	varkstal	[fark·stal]
koeienstal (de)	koeistal	[kui·stal]
konijnenhok (het)	konynehok	[konajnə·hok]
kippenhok (het)	hoenderhok	[hundər·hok]

213. Honden. Hondenrassen

hond (de)	hond	[hont]
herdershond (de)	herdershond	[herdərs·hont]
Duitse herdershond (de)	Duitse herdershond	[dœitsə herdərs·hont]
poedel (de)	poedel	[pudəl]
teckel (de)	worshond	[vors·hont]
buldog (de)	bulhond	[bul·hont]

boxer (de)	bokser	[boksər]
mastiff (de)	mastiff	[mastif]
rottweiler (de)	Rottweiler	[rottwæjlər]
doberman (de)	Dobermann	[dobermann]

basset (de)	basset	[basset]
bobtail (de)	bobtail	[bobtajl]
dalmatiër (de)	Dalmatiese hond	[dalmatisə hont]
cockerspaniël (de)	sniphond	[snip·hont]

| newfoundlander (de) | Newfoundlander | [njufæʊntlandər] |
| sint-bernard (de) | Sint Bernard | [sint bernart] |

poolhond (de)	poolhond, husky	[pulhont], [huski]
chowchow (de)	chowchow	[tʃau·tʃau]
spits (de)	spitshond	[spits·hont]
mopshond (de)	mopshond	[mops·hont]

214. Dierengeluiden

geblaf (het)	geblaf	[ҳeblaf]
blaffen (ww)	blaf	[blaf]
miauwen (ww)	miaau	[miãu]
spinnen (katten)	spin	[spin]

loeien (ov. een koe)	loei	[lui]
brullen (stier)	bulk	[bulk]
grommen (ov. de honden)	grom	[ҳrom]

gehuil (het)	gehuil	[ҳehœil]
huilen (wolf, enz.)	huil	[hœil]
janken (ov. een hond)	tjank	[tʃank]

mekkeren (schapen)	blêr	[blær]
knorren (varkens)	snork	[snork]
gillen (bijv. varken)	gil	[ҳil]

kwaken (kikvorsen)	kwaak	[kwãk]
zoemen (hommel, enz.)	zoem	[zum]
tjirpen (sprinkhanen)	kriek	[krik]

215. Jonge dieren

jong (het)	kleintjie	[klæjnki]
poesje (het)	katjie	[kaki]
muisje (het)	muisie	[mœisi]
puppy (de)	hondjie	[hondʒi]

jonge haas (de)	hasie	[hasi]
konijntje (het)	konyntjie	[konajnki]
wolfje (het)	wolfie	[volfi]
vosje (het)	vossie	[fossi]

beertje (het)	beertjie	[beərki]
leeuwenjong (het)	leeutjie	[liʊki]
tijgertje (het)	tiertjie	[tirki]
olifantenjong (het)	olifantjie	[olifanki]

biggetje (het)	varkie	[farki]
kalf (het)	kalfie	[kalfi]
geitje (het)	bokkie	[bokki]
lam (het)	lam	[lam]
reekalf (het)	bokkie	[bokki]
jonge kameel (de)	kameeltjie	[kameəlki]

| slangenjong (het) | slangetjie | [slaŋəki] |
| kikkertje (het) | paddatjie | [pad·daki] |

vogeltje (het)	voëltjie	[foɛlki]
kuiken (het)	kuiken	[kœiken]
eendje (het)	eendjie	[eəndʒi]

216. Vogels

vogel (de)	voël	[foɛl]
duif (de)	duif	[dœif]
mus (de)	mossie	[mossi]
koolmees (de)	mees	[meəs]
ekster (de)	ekster	[ɛkstər]

raaf (de)	raaf	[rãf]
kraai (de)	kraai	[krãi]
kauw (de)	kerkkraai	[kerk·krãi]
roek (de)	roek	[ruk]

eend (de)	eend	[eent]
gans (de)	gans	[χaŋs]
fazant (de)	fisant	[fisant]

arend (de)	arend	[arɛnt]
havik (de)	sperwer	[sperwər]
valk (de)	valk	[falk]
gier (de)	aasvoël	[ãsfoɛl]
condor (de)	kondor	[kondor]

zwaan (de)	swaan	[swãn]
kraanvogel (de)	kraanvoël	[krãn·foɛl]
ooievaar (de)	ooievaar	[ojefãr]

papegaai (de)	papegaai	[papəχãi]
kolibrie (de)	kolibrie	[kolibri]
pauw (de)	pou	[pæʊ]

struisvogel (de)	volstruis	[folstrœis]
reiger (de)	reier	[ræjer]
flamingo (de)	flamink	[flamink]
pelikaan (de)	pelikaan	[pelikãn]

nachtegaal (de)   nagtegaal   [naχteχāl]
zwaluw (de)   swael   [swaəl]

lijster (de)   lyster   [lajstər]
zanglijster (de)   sanglyster   [saŋlajstər]
merel (de)   merel   [merəl]

gierzwaluw (de)   windswael   [vindswaəl]
leeuwerik (de)   lewerik   [leverik]
kwartel (de)   kwartel   [kwartəl]

specht (de)   speg   [speχ]
koekoek (de)   koekoek   [kukuk]
uil (de)   uil   [œil]
oehoe (de)   ooruil   [oərœil]
auerhoen (het)   auerhoen   [ɔuer·hun]
korhoen (het)   korhoen   [korhun]
patrijs (de)   patrys   [patrajs]

spreeuw (de)   spreeu   [spriʊ]
kanarie (de)   kanarie   [kanari]
hazelhoen (het)   bonasa hoen   [bonasa hun]
vink (de)   gryskoppie   [χrajskoppi]
goudvink (de)   bloedvink   [bludfink]

meeuw (de)   seemeeu   [seəmiʊ]
albatros (de)   albatros   [albatros]
pinguïn (de)   pikkewyn   [pikkəvajn]

217. Vogels. Zingen en geluiden

fluiten, zingen (ww)   fluit   [flœit]
schreeuwen (dieren, vogels)   roep   [rup]
kraaien (ov. een haan)   kraai   [krāi]
kukeleku   koekelekoe   [kukeleku]

klokken (hen)   kekkel   [kɛkkəl]
krassen (kraai)   kras   [kras]
kwaken (eend)   kwaak   [kwāk]
piepen (kuiken)   piep   [pip]
tjilpen (bijv. een mus) tjilp   [ʧilp]

218. Vis. Zeedieren

brasem (de)   brasem   [brasem]
karper (de)   karp   [karp]
baars (de)   baars   [bārs]
meerval (de)   katvis, seebaber   [katfis], [seə·babər]
snoek (de)   snoek   [snuk]

zalm (de)   salm   [salm]
steur (de)   steur   [støər]

haring (de)	haring	[hariŋ]
atlantische zalm (de)	atlantiese salm	[atlantisə salm]
makreel (de)	makriel	[makril]
platvis (de)	platvis	[platfis]

snoekbaars (de)	varswatersnoek	[farswatər·snuk]
kabeljauw (de)	kabeljou	[kabeljæʊ]
tonijn (de)	tuna	[tuna]
forel (de)	forel	[forəl]

paling (de)	paling	[paliŋ]
sidderrog (de)	drilvis	[drilfis]
murene (de)	bontpaling	[bontpaliŋ]
piranha (de)	piranha	[piranha]

haai (de)	haai	[hãi]
dolfijn (de)	dolfyn	[dolfajn]
walvis (de)	walvis	[valfis]

krab (de)	krap	[krap]
kwal (de)	jellievis	[jelli·fis]
octopus (de)	seekat	[seə·kat]

zeester (de)	seester	[seə·stər]
zee-egel (de)	see-egel, seekastaiing	[seə·eɣel], [seə·kastajiŋ]
zeepaardje (het)	seeperdjie	[seə·perdʒi]

oester (de)	oester	[ustər]
garnaal (de)	garnaal	[ɣarnãl]
kreeft (de)	kreef	[kreəf]
langoest (de)	seekreef	[seə·kreəf]

219. Amfibieën. Reptielen

| slang (de) | slang | [slaŋ] |
| giftig (slang) | giftig | [ɣiftəχ] |

adder (de)	adder	[addər]
cobra (de)	kobra	[kobra]
python (de)	luislang	[lœislaŋ]
boa (de)	boa, konstriktorslang	[boa], [kɔŋstriktor·slaŋ]

ringslang (de)	ringslang	[riŋ·slaŋ]
ratelslang (de)	ratelslang	[ratəl·slaŋ]
anaconda (de)	anakonda	[anakonda]

hagedis (de)	akkedis	[akkedis]
leguaan (de)	leguaan	[leɣuãn]
varaan (de)	likkewaan	[likkevãn]
salamander (de)	salamander	[salamandər]
kameleon (de)	verkleurmannetjie	[ferklœər·manneki]
schorpioen (de)	skerpioen	[skerpiun]
schildpad (de)	skilpad	[skilpat]
kikker (de)	padda	[padda]

| pad (de) | brulpadda | [brul·padda] |
| krokodil (de) | krokodil | [krokodil] |

220. Insecten

insect (het)	insek	[insek]
vlinder (de)	skoenlapper	[skunlappər]
mier (de)	mier	[mir]
vlieg (de)	vlieg	[fliχ]
mug (de)	muskiet	[muskit]
kever (de)	kewer	[kevər]

wesp (de)	perdeby	[perdə·baj]
bij (de)	by	[baj]
hommel (de)	hommelby	[hommǝl·baj]
horzel (de)	perdevlieg	[perdə·fliχ]

| spin (de) | spinnekop | [spinnə·kop] |
| spinnenweb (het) | spinnerak | [spinnə·rak] |

libel (de)	naaldekoker	[nālde·kokǝr]
sprinkhaan (de)	sprinkaan	[sprinkān]
nachtvlinder (de)	mot	[mot]

kakkerlak (de)	kakkerlak	[kakkerlak]
teek (de)	bosluis	[boslœis]
vlo (de)	vlooi	[floj]
kriebelmug (de)	muggie	[muχχi]

treksprinkhaan (de)	treksprinkhaan	[trek·sprinkhān]
slak (de)	slak	[slak]
krekel (de)	kriek	[krik]
glimworm (de)	vuurvliegie	[fɪrfliχi]
lieveheersbeestje (het)	lieweheersbesie	[liveheərs·besi]
meikever (de)	lentekewer	[lentekevǝr]

bloedzuiger (de)	bloedsuier	[blud·sœiǝr]
rups (de)	ruspe	[ruspǝ]
aardworm (de)	erdwurm	[ɛrd·vurm]
larve (de)	larwe	[larvǝ]

221. Dieren. Lichaamsdelen

snavel (de)	snawel	[snavǝl]
vleugels (mv.)	vlerke	[flerkǝ]
poot (ov. een vogel)	poot	[poǝt]
verenkleed (het)	vere	[ferǝ]
veer (de)	veer	[feǝr]
kuifje (het)	kuif	[kœif]

| kieuwen (mv.) | kiewe | [kivǝ] |
| kuit, dril (de) | viseiers | [fisæjers] |

larve (de)	larwe	[larvə]
vin (de)	vin	[fin]
schubben (mv.)	skubbe	[skubbə]

slagtand (de)	slagtand	[slaχtant]
poot (bijv. ~ van een kat)	poot	[poət]
muil (de)	muil	[mœil]

bek (mond van dieren)	bek	[bek]
staart (de)	stert	[stert]
snorharen (mv.)	snor	[snor]

| hoef (de) | hoef | [huf] |
| hoorn (de) | horing | [horiŋ] |

schild (schildpad, enz.)	rugdop	[ruχdop]
schelp (de)	skulp	[skulp]
eierschaal (de)	eierdop	[æjer·dop]

| vacht (de) | pels | [pɛls] |
| huid (de) | vel | [fəl] |

222. Acties van de dieren

| vliegen (ww) | vlieg | [fliχ] |
| cirkelen (vogel) | sirkel | [sirkəl] |

| wegvliegen (ww) | wegvlieg | [veχfliχ] |
| klapwieken (ww) | klapwiek | [klapwik] |

pikken (vogels)	pik	[pik]
broeden (de eend zit te ~)	broei	[brui]
uitbroeden (ww)	uitbroei	[œjtbræj]

kruipen (ww)	seil	[sæjl]
steken (bij)	steek	[steək]
bijten (de hond, enz.)	byt	[bajt]

snuffelen (ov. de dieren)	snuffel	[snuffəl]
blaffen (ww)	blaf	[blaf]
sissen (slang)	sis	[sis]

| doen schrikken (ww) | bang maak | [baŋ mãk] |
| aanvallen (ww) | aanval | [ãnfal] |

knagen (ww)	knaag	[knãχ]
schrammen (ww)	krap	[krap]
zich verbergen (ww)	wegkruip	[veχkrœip]

| spelen (ww) | speel | [speəl] |
| jagen (ww) | jag | [jaχ] |

| winterslapen | oorwinter | [oərwintər] |
| uitsterven (dinosauriërs, enz.) | uitsterf | [œitsterf] |

223. Dieren. Leefomgevingen

leefgebied (het)	habitat	[habitat]
migratie (de)	migrasie	[miχrasi]
berg (de)	berg	[berχ]
rif (het)	rif	[rif]
klip (de)	rots	[rots]
bos (het)	woud	[væʊt]
jungle (de)	oerwoud	[urwæʊt]
savanne (de)	veld	[fɛlt]
toendra (de)	toendra	[tundra]
steppe (de)	steppe	[stɛppə]
woestijn (de)	woestyn	[vustajn]
oase (de)	oase	[oasə]
zee (de)	see	[seə]
meer (het)	meer	[meər]
oceaan (de)	oseaan	[oseãn]
moeras (het)	moeras	[muras]
zoetwater- (abn)	varswater	[fars·vatər]
vijver (de)	dam	[dam]
rivier (de)	rivier	[rifir]
berenhol (het)	hol	[hol]
nest (het)	nes	[nes]
boom holte (de)	holte	[holtə]
hol (het)	gat	[χat]
mierenhoop (de)	miershoop	[mirs·hoəp]

224. Dierverzorging

dierentuin (de)	dieretuin	[dirə·tœin]
natuurreservaat (het)	natuurreservaat	[natɪr·reserfãt]
fokkerij (de)	teelplaas	[teəlplãs]
openluchtkooi (de)	opelughok	[opeluχ·hok]
kooi (de)	kooi	[koj]
hondenhok (het)	hondehok	[hondə·hok]
duiventil (de)	duiwehok	[dœivə·hok]
aquarium (het)	vistenk	[fis·tɛnk]
dolfinarium (het)	dolfynpark	[dolfajn·park]
fokken (bijv. honden ~)	teel	[teəl]
nakomelingen (mv.)	werpsel	[verpsəl]
temmen (tam maken)	mak maak	[mak mãk]
dresseren (ww)	afrig	[afrəχ]
voeding (de)	voer	[fur]
voederen (ww)	voer	[fur]

dierenwinkel (de)	troeteldierwinkel	[truteldir·vinkel]
muilkorf (de)	muilkorf	[mœil·korf]
halsband (de)	halsband	[hals·bant]
naam (ov. een dier)	naam	[nām]
stamboom (honden met ~)	stamboom	[stam·boəm]

225. Dieren. Diversen

meute (wolven)	trop	[trop]
zwerm (vogels)	swerm	[swerm]
school (vissen)	skool	[skoəl]
kudde (wilde paarden)	trop	[trop]

| mannetje (het) | mannetjie | [mannəki] |
| vrouwtje (het) | wyfie | [vajfi] |

hongerig (bn)	honger	[hoŋər]
wild (bn)	wild	[vilt]
gevaarlijk (bn)	gevaarlik	[χefārlik]

226. Paarden

| paard (het) | perd | [pert] |
| ras (het) | ras | [ras] |

| veulen (het) | vulling | [fulliŋ] |
| merrie (de) | merrie | [merri] |

mustang (de)	mustang	[mustaŋ]
pony (de)	ponie	[poni]
koudbloed (de)	trekperd	[trek·pert]

| manen (mv.) | maanhaar | [mānhār] |
| staart (de) | stert | [stert] |

hoef (de)	hoef	[huf]
hoefijzer (het)	hoefyster	[huf·ajstər]
beslaan (ww)	beslaan	[beslān]
paardensmid (de)	grofsmid	[χrofsmit]

zadel (het)	saal	[sāl]
stijgbeugel (de)	stiebeuel	[stibøəəl]
breidel (de)	toom	[toəm]
leidsels (mv.)	leisels	[læjsɛls]
zweep (de)	peits	[pæjts]

ruiter (de)	ruiter	[rœitər]
zadelen (ww)	opsaal	[opsāl]
een paard bestijgen	bestyg	[bestajχ]

| galop (de) | galop | [χalop] |
| galopperen (ww) | galoppeer | [χaloppeər] |

| draf (de) | draf | [draf] |
| draven (ww) | draf | [draf] |

| renpaard (het) | resiesperd | [resispert] |
| paardenrace (de) | perdewedren | [perdə·vedrən] |

paardenstal (de)	stal	[stal]
voederen (ww)	voer	[fur]
hooi (het)	hooi	[hoj]
water geven (ww)	water gee	[vatər χeə]
wassen (paard ~)	was	[vas]

paardenkar (de)	perdekar	[perdə·kar]
grazen (gras eten)	wei	[væj]
hinniken (ww)	runnik	[runnik]
een trap geven	skop	[skop]

Flora

227. Bomen

boom (de)	boom	[boəm]
loof- (abn)	bladwisselend	[bladwisselent]
dennen- (abn)	kegeldraend	[keχɛldraent]
groenblijvend (bn)	immergroen	[immərχrun]
appelboom (de)	appelboom	[appɛl·boəm]
perenboom (de)	peerboom	[peər·boəm]
kers (de)	kersieboom	[kersi·boəm]
zoete kers (de)	soetkersieboom	[sutkersi·boəm]
zure kers (de)	suurkersieboom	[sɪrkersi·boəm]
pruimelaar (de)	pruimeboom	[prœimə·boəm]
berk (de)	berk	[berk]
eik (de)	eik	[æjk]
linde (de)	lindeboom	[lində·boəm]
esp (de)	trilpopulier	[trilpopulir]
esdoorn (de)	esdoring	[ɛsdoriŋ]
spar (de)	spar	[spar]
den (de)	denneboom	[dɛnnə·boəm]
lariks (de)	lorkeboom	[lorkə·boəm]
zilverspar (de)	den	[den]
ceder (de)	seder	[sedər]
populier (de)	populier	[populir]
lijsterbes (de)	lysterbessie	[lajstərbɛssi]
wilg (de)	wilger	[vilχər]
els (de)	els	[ɛls]
beuk (de)	beuk	[bøək]
iep (de)	olm	[olm]
es (de)	esboom	[ɛs·boəm]
kastanje (de)	kastaiing	[kastajiŋ]
magnolia (de)	magnolia	[maχnolia]
palm (de)	palm	[palm]
cipres (de)	sipres	[sipres]
mangrove (de)	wortelboom	[vortəl·boəm]
baobab (apenbroodboom)	kremetart	[kremetart]
eucalyptus (de)	bloekom	[blukom]
mammoetboom (de)	mammoetboom	[mammut·boəm]

228. Heesters

struik (de)	struik	[strœik]
heester (de)	bossie	[bossi]
wijnstok (de)	wingerdstok	[viŋərd·stok]
wijngaard (de)	wingerd	[viŋərt]
frambozenstruik (de)	framboosstruik	[framboəs·strœik]
zwarte bes (de)	swartbessiestruik	[swartbɛssi·strœik]
rode bessenstruik (de)	rooi aalbessiestruik	[roj ālbɛssi·strœik]
kruisbessenstruik (de)	appelliefiestruik	[appɛllifi·strœik]
acacia (de)	akasia	[akasia]
zuurbes (de)	suurbessie	[sɪr·bɛssi]
jasmijn (de)	jasmyn	[jasmajn]
jeneverbes (de)	jenewer	[jenevər]
rozenstruik (de)	roosstruik	[roəs·strœik]
hondsroos (de)	hondsroos	[honds·roəs]

229. Champignons

paddenstoel (de)	paddastoel	[paddastul]
eetbare paddenstoel (de)	eetbare paddastoel	[eətbarə paddastul]
giftige paddenstoel (de)	giftige paddastoel	[χiftiχə paddastul]
hoed (de)	hoed	[hut]
steel (de)	steel	[steəl]
gewoon eekhoorntjesbrood (het)	Eetbare boleet	[eətbarə boleət]
rosse populierenboleet (de)	rooihoed	[rojhut]
berkenboleet (de)	berkboleet	[berk·boleət]
cantharel (de)	dooierswam	[dojer·swam]
russula (de)	russula	[russula]
morielje (de)	morielje	[morilje]
vliegenzwam (de)	vlieëswam	[fliɛ·swam]
groene knolamaniet (de)	duiwelsbrood	[dœivɛls·broət]

230. Vruchten. Bessen

vrucht (de)	vrug	[fruχ]
vruchten (mv.)	vrugte	[fruχtə]
appel (de)	appel	[appəl]
peer (de)	peer	[peər]
pruim (de)	pruim	[prœim]
aardbei (de)	aarbei	[ārbæj]
kers (de)	kersie	[kersi]

zure kers (de)	suurkersie	[sɪr·kersi]
zoete kers (de)	soetkersie	[sut·kersi]
druif (de)	druif	[drœif]

framboos (de)	framboos	[framboəs]
zwarte bes (de)	swartbessie	[swartbɛssi]
rode bes (de)	rooi aalbessie	[roj ālbɛssi]
kruisbes (de)	appelliefie	[appɛllifi]
veenbes (de)	bosbessie	[bosbɛssi]

sinaasappel (de)	lemoen	[lemun]
mandarijn (de)	nartjie	[narki]
ananas (de)	pynappel	[pajnappəl]
banaan (de)	piesang	[pisaŋ]
dadel (de)	dadel	[dadəl]

citroen (de)	suurlemoen	[sɪr·lemun]
abrikoos (de)	appelkoos	[appɛlkoəs]
perzik (de)	perske	[perskə]
kiwi (de)	kiwi, kiwivrug	[kivi], [kivi·fruχ]
grapefruit (de)	pomelo	[pomelo]

bes (de)	bessie	[bɛssi]
bessen (mv.)	bessies	[bɛssis]
vossenbes (de)	pryselbessie	[prajsɛlbɛssi]
bosaardbei (de)	wilde aarbei	[vildə ārbæj]
bosbes (de)	bloubessie	[blæubɛssi]

231. Bloemen. Planten

bloem (de)	blom	[blom]
boeket (het)	boeket	[buket]

roos (de)	roos	[roəs]
tulp (de)	tulp	[tulp]
anjer (de)	angelier	[anχəlir]
gladiool (de)	swaardlelie	[swārd·leli]

korenbloem (de)	koringblom	[koriŋblom]
klokje (het)	grasklokkie	[χras·klokki]
paardenbloem (de)	perdeblom	[perdə·blom]
kamille (de)	kamille	[kamillə]

aloë (de)	aalwyn	[ālwajn]
cactus (de)	kaktus	[kaktus]
ficus (de)	rubberplant	[rubbər·plant]

lelie (de)	lelie	[leli]
geranium (de)	malva	[malfa]
hyacint (de)	hiasint	[hiasint]

mimosa (de)	mimosa	[mimosa]
narcis (de)	narsing	[narsiŋ]
Oostindische kers (de)	kappertjie	[kapperki]

orchidee (de)	orgidee	[orχideə]
pioenroos (de)	pinksterroos	[pinkstər·roəs]
viooltje (het)	viooltjie	[fioəlki]

driekleurig viooltje (het)	gesiggie	[χesiχi]
vergeet-mij-nietje (het)	vergeet-my-nietjie	[ferχeət-maj-niki]
madeliefje (het)	madeliefie	[madelifi]

papaver (de)	papawer	[papavər]
hennep (de)	hennep	[hɛnnəp]
munt (de)	kruisement	[krœisəment]

lelietje-van-dalen (het)	dallelie	[dalleli]
sneeuwklokje (het)	sneeuklokkie	[sniʊ·klokki]

brandnetel (de)	brandnetel	[brant·netəl]
veldzuring (de)	veldsuring	[fɛltsuriŋ]
waterlelie (de)	waterlelie	[vatər·leli]
varen (de)	varing	[fariŋ]
korstmos (het)	korsmos	[korsmos]

oranjerie (de)	broeikas	[bruikas]
gazon (het)	grasperk	[χras·perk]
bloemperk (het)	blombed	[blom·bet]

plant (de)	plant	[plant]
gras (het)	gras	[χras]
grasspriet (de)	grasspriet	[χras·sprit]

blad (het)	blaar	[blãr]
bloemblad (het)	kroonblaar	[kroən·blãr]
stengel (de)	stingel	[stiŋəl]
knol (de)	knol	[knol]

scheut (de)	saailing	[sãjliŋ]
doorn (de)	doring	[doriŋ]

bloeien (ww)	bloei	[blui]
verwelken (ww)	verlep	[ferlep]
geur (de)	reuk	[røək]
snijden (bijv. bloemen ~)	sny	[snaj]
plukken (bloemen ~)	pluk	[pluk]

232. Granen, graankorrels

graan (het)	graan	[χrãn]
graangewassen (mv.)	graangewasse	[χrãn·χəwassə]
aar (de)	aar	[ãr]

tarwe (de)	koring	[koriŋ]
rogge (de)	rog	[roχ]
haver (de)	hawer	[havər]
gierst (de)	gierst	[χirst]
gerst (de)	gars	[χars]

maïs (de)	mielie	[mili]
rijst (de)	rys	[rajs]
boekweit (de)	bokwiet	[bokwit]
erwt (de)	ertjie	[ɛrki]
boon (de)	nierboon	[nir·boən]
soja (de)	soja	[soja]
linze (de)	lensie	[lɛŋsi]
bonen (mv.)	boontjies	[boənkis]

233. Groenten. Groene groenten

groenten (mv.)	groente	[χruntə]
verse kruiden (mv.)	groente	[χruntə]
tomaat (de)	tamatie	[tamati]
augurk (de)	komkommer	[komkommər]
wortel (de)	wortel	[vortəl]
aardappel (de)	aartappel	[ārtappəl]
ui (de)	ui	[œi]
knoflook (de)	knoffel	[knoffəl]
kool (de)	kool	[koəl]
bloemkool (de)	blomkool	[blom·koəl]
spruitkool (de)	Brusselspruite	[brussɛl·sprœitə]
broccoli (de)	broccoli	[brokoli]
rode biet (de)	beet	[beət]
aubergine (de)	eiervrug	[æjerfruχ]
courgette (de)	vingerskorsie	[fiŋər·skorsi]
pompoen (de)	pampoen	[pampun]
knolraap (de)	raap	[rāp]
peterselie (de)	pietersielie	[pitərsili]
dille (de)	dille	[dillə]
sla (de)	blaarslaai	[blārslāi]
selderij (de)	seldery	[selderaj]
asperge (de)	aspersie	[aspersi]
spinazie (de)	spinasie	[spinasi]
erwt (de)	ertjie	[ɛrki]
bonen (mv.)	boontjies	[boənkis]
maïs (de)	mielie	[mili]
boon (de)	nierboon	[nir·boən]
peper (de)	peper	[pepər]
radijs (de)	radys	[radajs]
artisjok (de)	artisjok	[artiʃok]

REGIONALE AARDRIJKSKUNDE

Landen. Nationaliteiten

234. West-Europa

Europa (het)	**Europa**	[øəropa]
Europese Unie (de)	**Europese Unie**	[øəropesə uni]
Europeaan (de)	**Europeaan**	[øəropeān]
Europees (bn)	**Europees**	[øəropeəs]
Oostenrijk (het)	**Oostenryk**	[oəstenrajk]
Oostenrijker (de)	**Oostenryker**	[oəstenrajkər]
Oostenrijkse (de)	**Oostenryker**	[oəstenrajkər]
Oostenrijks (bn)	**Oostenryks**	[oəstenrajks]
Groot-Brittannië (het)	**Groot-Brittanje**	[χroət-brittanjə]
Engeland (het)	**Engeland**	[ɛŋəlant]
Engelsman (de)	**Engelsman**	[ɛŋəlsman]
Engelse (de)	**Engelse dame**	[ɛŋəlsə damə]
Engels (bn)	**Engels**	[ɛŋəls]
België (het)	**België**	[belχiɛ]
Belg (de)	**Belg**	[belχ]
Belgische (de)	**Belg**	[belχ]
Belgisch (bn)	**Belgies**	[belχis]
Duitsland (het)	**Duitsland**	[dœitslant]
Duitser (de)	**Duitser**	[dœitsər]
Duitse (de)	**Duitser**	[dœitsər]
Duits (bn)	**Duits**	[dœits]
Nederland (het)	**Nederland**	[nedərlant]
Holland (het)	**Holland**	[hollant]
Nederlander (de)	**Nederlander**	[nedərlandər]
Nederlandse (de)	**Nederlander**	[nedərlandər]
Nederlands (bn)	**Nederlands**	[nedərlands]
Griekenland (het)	**Griekeland**	[χrikəlant]
Griek (de)	**Griek**	[χrik]
Griekse (de)	**Griek**	[χrik]
Grieks (bn)	**Grieks**	[χriks]
Denemarken (het)	**Denemarke**	[denemarkə]
Deen (de)	**Deen**	[deən]
Deense (de)	**Deen**	[deən]
Deens (bn)	**Deens**	[deɛŋs]
Ierland (het)	**Ierland**	[irlant]
Ier (de)	**Ier**	[ir]

Ierse (de)	Ier	[ir]
Iers (bn)	Iers	[irs]
IJsland (het)	Ysland	[ajslant]
IJslander (de)	Yslander	[ajslandər]
IJslandse (de)	Yslander	[ajslandər]
IJslands (bn)	Yslandse	[ajslandsə]
Spanje (het)	Spanje	[spanje]
Spanjaard (de)	Spanjaard	[spanjārt]
Spaanse (de)	Spaanjaard	[spānjārt]
Spaans (bn)	Spaans	[spāŋs]
Italië (het)	Italië	[italiɛ]
Italiaan (de)	Italianer	[italianər]
Italiaanse (de)	Italianer	[italianər]
Italiaans (bn)	Italiaans	[italiãŋs]
Cyprus (het)	Ciprus	[siprus]
Cyprioot (de)	Ciprioot	[siprioət]
Cypriotische (de)	Ciprioot	[siprioət]
Cypriotisch (bn)	Cipries	[sipris]
Malta (het)	Malta	[malta]
Maltees (de)	Maltees	[malteəs]
Maltese (de)	Maltees	[malteəs]
Maltees (bn)	Maltees	[malteəs]
Noorwegen (het)	Noorweë	[noərweɛ]
Noor (de)	Noor	[noər]
Noorse (de)	Noor	[noər]
Noors (bn)	Noors	[noərs]
Portugal (het)	Portugal	[portuχal]
Portugees (de)	Portugees	[portuχeəs]
Portugese (de)	Portugees	[portuχeəs]
Portugees (bn)	Portugees	[portuχeəs]
Finland (het)	Finland	[finlant]
Fin (de)	Fin	[fin]
Finse (de)	Fin	[fin]
Fins (bn)	Fins	[fins]
Frankrijk (het)	Frankryk	[frankrajk]
Fransman (de)	Fransman	[fraŋsman]
Française (de)	Franse dame	[fraŋsə damə]
Frans (bn)	Frans	[fraŋs]
Zweden (het)	Swede	[swedə]
Zweed (de)	Sweed	[sweət]
Zweedse (de)	Sweed	[sweət]
Zweeds (bn)	Sweeds	[sweəds]
Zwitserland (het)	Switserland	[switsərlant]
Zwitser (de)	Switser	[switsər]
Zwitserse (de)	Switser	[switsər]

Zwitsers (bn)	Switser	[switsər]
Schotland (het)	Skotland	[skotlant]
Schot (de)	Skot	[skot]
Schotse (de)	Skot	[skot]
Schots (bn)	Skots	[skots]

Vaticaanstad (de)	Vatikaan	[fatikān]
Liechtenstein (het)	Lichtenstein	[liχtɛŋstejn]
Luxemburg (het)	Luksemburg	[luksemburχ]
Monaco (het)	Monako	[monako]

235. Centraal- en Oost-Europa

Albanië (het)	Albanië	[albaniɛ]
Albanees (de)	Albaniër	[albaniɛr]
Albanese (de)	Albaniër	[albaniɛr]
Albanees (bn)	Albanies	[albanis]

Bulgarije (het)	Bulgarye	[bulχaraje]
Bulgaar (de)	Bulgaar	[bulχār]
Bulgaarse (de)	Bulgaar	[bulχār]
Bulgaars (bn)	Bulgaars	[bulχārs]

Hongarije (het)	Hongarye	[honχaraje]
Hongaar (de)	Hongaar	[honχār]
Hongaarse (de)	Hongaar	[honχār]
Hongaars (bn)	Hongaars	[honχārs]

Letland (het)	Letland	[letlant]
Let (de)	Let	[let]
Letse (de)	Let	[let]
Lets (bn)	Lets	[lets]

Litouwen (het)	Litoue	[litæʊə]
Litouwer (de)	Litouer	[litæʊər]
Litouwse (de)	Litouer	[litæʊər]
Litouws (bn)	Litous	[litæʊs]

Polen (het)	Pole	[polə]
Pool (de)	Pool	[poəl]
Poolse (de)	Pool	[poəl]
Pools (bn)	Pools	[poəls]

Roemenië (het)	Roemenië	[rumeniɛ]
Roemeen (de)	Roemeen	[rumeən]
Roemeense (de)	Roemeen	[rumeən]
Roemeens (bn)	Roemeens	[rumeəŋs]

Servië (het)	Serwië	[serwiɛ]
Serviër (de)	Serwiër	[serwiɛr]
Servische (de)	Serwiër	[serwiɛr]
Servisch (bn)	Servies	[serfis]
Slowakije (het)	Slowakye	[slovakaje]
Slowaak (de)	Slowaak	[slovāk]

| Slowaakse (de) | Slowaak | [slovāk] |
| Slowaakse (bn) | Slowaaks | [slovāks] |

Kroatië (het)	Kroasië	[kroasiɛ]
Kroaat (de)	Kroaat	[kroãt]
Kroatische (de)	Kroaat	[kroãt]
Kroatisch (bn)	Kroaties	[kroatis]

Tsjechië (het)	Tjeggië	[ʧeχiɛ]
Tsjech (de)	Tjeg	[ʧeχ]
Tsjechische (de)	Tjeg	[ʧeχ]
Tsjechisch (bn)	Tjegies	[ʧeχis]

Estland (het)	Estland	[ɛstlant]
Est (de)	Estlander	[ɛstlandər]
Estse (de)	Estlander	[ɛstlandər]
Ests (bn)	Estlands	[ɛstlands]

Bosnië en Herzegovina (het)	Bosnië & Herzegowina	[bosniɛ en hersegovina]
Macedonië (het)	Masedonië	[masedoniɛ]
Slovenië (het)	Slovenië	[slofeniɛ]
Montenegro (het)	Montenegro	[montənegro]

236. Voormalige USSR landen

Azerbeidzjan (het)	Azerbeidjan	[azerbæjdjan]
Azerbeidzjaan (de)	Azerbeidjanner	[azerbæjdjannər]
Azerbeidjaanse (de)	Azerbeidjanner	[azerbæjdjannər]
Azerbeidjaans (bn)	Azerbeidjans	[azerbæjdjaŋs]

Armenië (het)	Armenië	[armeniɛ]
Armeen (de)	Armeniër	[armeniɛr]
Armeense (de)	Armeniër	[armeniɛr]
Armeens (bn)	Armeens	[armeɛŋs]

Wit-Rusland (het)	Belarus	[belarus]
Wit-Rus (de)	Belarus	[belarus]
Wit-Russische (de)	Belarus	[belarus]
Wit-Russisch (bn)	Belarussies	[belarussis]

Georgië (het)	Georgië	[χeorχiɛ]
Georgiër (de)	Georgiër	[χeorχiɛr]
Georgische (de)	Georgiër	[χeorχiɛr]
Georgisch (bn)	Georgies	[χeorχis]

Kazakstan (het)	Kazakstan	[kasakstan]
Kazak (de)	Kasak	[kasak]
Kazakse (de)	Kasak	[kasak]
Kazakse (bn)	Kasaks	[kasaks]

Kirgizië (het)	Kirgisië	[kirχisiɛ]
Kirgiziër (de)	Kirgisiër	[kirχisiɛr]
Kirgizische (de)	Kirgisiër	[kirχisiɛr]
Kirgizische (bn)	Kirgisies	[kirχisis]

Moldavië (het)	Moldawië	[moldaviɛ]
Moldaviër (de)	Moldawiër	[moldaviɛr]
Moldavische (de)	Moldawiër	[moldaviɛr]
Moldavisch (bn)	Moldawies	[moldavis]

Rusland (het)	Rusland	[ruslant]
Rus (de)	Rus	[rus]
Russin (de)	Rus	[rus]
Russisch (bn)	Russies	[russis]

Tadzjikistan (het)	Tadjikistan	[tadʒikistan]
Tadzjiek (de)	Tadjik	[tadʒik]
Tadzjiekse (de)	Tadjik	[tadʒik]
Tadzjieks (bn)	Tadjiks	[tadʒiks]

Turkmenistan (het)	Turkmenistan	[turkmenistan]
Turkmeen (de)	Turkmeen	[turkmeən]
Turkmeense (de)	Turkmeen	[turkmeən]
Turkmeens (bn)	Turkmeens	[turkmeəŋs]

Oezbekistan (het)	Oezbekistan	[uzbekistan]
Oezbeek (de)	Oezbeek	[uzbeək]
Oezbeekse (de)	Oezbeek	[uzbeək]
Oezbeeks (bn)	Oezbekies	[uzbekis]

Oekraïne (het)	Oekraïne	[ukraïnə]
Oekraïner (de)	Oekraïner	[ukraïnər]
Oekraïense (de)	Oekraïner	[ukraïnər]
Oekraïens (bn)	Oekraïns	[ukraïns]

237. Azië

| Azië (het) | Asië | [asiɛ] |
| Aziatisch (bn) | Asiaties | [asiatis] |

Vietnam (het)	Viëtnam	[viɛtnam]
Vietnamees (de)	Viëtnamees	[viɛtnameəs]
Vietnamese (de)	Viëtnamees	[viɛtnameəs]
Vietnamees (bn)	Viëtnamees	[viɛtnameəs]

India (het)	Indië	[indiɛ]
Indiër (de)	Indiër	[indiɛr]
Indische (de)	Indiër	[indiɛr]
Indisch (bn)	Indies	[indis]

Israël (het)	Israel	[israəl]
Israëliër (de)	Israeli	[israeli]
Israëlische (de)	Israeli	[israeli]
Israëlisch (bn)	Israelies	[israelis]

Jood (etniciteit)	Jood	[joət]
Jodin (de)	Jodin	[jodin]
Joods (bn)	Joods	[joəds]
China (het)	Sjina	[ʃina]

Chinees (de)	Sjinees	[ʃinees]
Chinese (de)	Sjinees	[ʃinees]
Chinees (bn)	Sjinees	[ʃinees]
Koreaan (de)	Koreaan	[koreãn]
Koreaanse (de)	Koreaan	[koreãn]
Koreaans (bn)	Koreaans	[koreãŋs]
Libanon (het)	Libanon	[libanon]
Libanees (de)	Libanees	[libanees]
Libanese (de)	Libanees	[libanees]
Libanees (bn)	Libanees	[libanees]
Mongolië (het)	Mongolië	[monχoliɛ]
Mongool (de)	Mongool	[monχoəl]
Mongoolse (de)	Mongool	[monχoəl]
Mongools (bn)	Mongools	[monχoəls]
Maleisië (het)	Maleisië	[malæjsiɛ]
Maleisiër (de)	Maleisiër	[malæjsiɛr]
Maleisische (de)	Maleisiër	[malæjsiɛr]
Maleisisch (bn)	Maleisies	[malæjsis]
Pakistan (het)	Pakistan	[pakistan]
Pakistaan (de)	Pakistani	[pakistani]
Pakistaanse (de)	Pakistani	[pakistani]
Pakistaans (bn)	Pakistans	[pakistaŋs]
Saoedi-Arabië (het)	Saoedi-Arabië	[saudi-arabiɛ]
Arabier (de)	Arabier	[arabir]
Arabische (de)	Arabier	[arabir]
Arabisch (bn)	Arabiese	[arabisə]
Thailand (het)	Thailand	[tajlant]
Thai (de)	Thailander	[tajlandər]
Thaise (de)	Thailander	[tajlandər]
Thai (bn)	Thais	[tajs]
Taiwan (het)	Taiwan	[tajvan]
Taiwanees (de)	Taiwannees	[tajvannees]
Taiwanese (de)	Taiwannees	[tajvannees]
Taiwanees (bn)	Taiwannees	[tajvannees]
Turkije (het)	Turkye	[turkaje]
Turk (de)	Turk	[turk]
Turkse (de)	Turk	[turk]
Turks (bn)	Turks	[turks]
Japan (het)	Japan	[japan]
Japanner (de)	Japannees, Japanner	[japannees], [japannər]
Japanse (de)	Japannees, Japanner	[japannees], [japannər]
Japans (bn)	Japannees, Japans	[japannees], [japaŋs]
Afghanistan (het)	Afghanistan	[afχanistan]
Bangladesh (het)	Bangladesj	[bangladeʃ]
Indonesië (het)	Indonesië	[indonesiɛ]

Jordanië (het)	Jordanië	[jordaniɛ]
Irak (het)	Irak	[irak]
Iran (het)	Iran	[iran]
Cambodja (het)	Kambodja	[kambodja]
Koeweit (het)	Kuwait	[kuvajt]

Laos (het)	Laos	[laos]
Myanmar (het)	Myanmar	[mjanmar]
Nepal (het)	Nepal	[nepal]
Verenigde Arabische Emiraten	Verenigde Arabiese Emirate	[ferenixdə arabisə emiratə]

Syrië (het)	Sirië	[siriɛ]
Palestijnse autonomie (de)	Palestina	[palestina]
Zuid-Korea (het)	Suid-Korea	[sœid-korea]
Noord-Korea (het)	Noord-Korea	[noərd-korea]

238. Noord-Amerika

Verenigde Staten van Amerika	Verenigde State van Amerika	[ferenixdə statə fan amerika]
Amerikaan (de)	Amerikaan	[amerikān]
Amerikaanse (de)	Amerikaan	[amerikān]
Amerikaans (bn)	Amerikaans	[amerikāŋs]

Canada (het)	Kanada	[kanada]
Canadees (de)	Kanadees	[kanadeəs]
Canadese (de)	Kanadees	[kanadeəs]
Canadees (bn)	Kanadees	[kanadeəs]

Mexico (het)	Meksiko	[meksiko]
Mexicaan (de)	Meksikaan	[meksikān]
Mexicaanse (de)	Meksikaan	[meksikān]
Mexicaans (bn)	Meksikaans	[meksikāŋs]

239. Midden- en Zuid-Amerika

Argentinië (het)	Argentinië	[arxentiniɛ]
Argentijn (de)	Argentyn	[arxentajn]
Argentijnse (de)	Argentyn	[arxentajn]
Argentijns (bn)	Argentyns	[arxentajns]

Brazilië (het)	Brasilië	[brasiliɛ]
Braziliaan (de)	Brasiliaan	[brasiliān]
Braziliaanse (de)	Brasiliaan	[brasiliān]
Braziliaans (bn)	Brasiliaans	[brasiliāŋs]

Colombia (het)	Colombia, Kolombië	[kolombia], [kolombiɛ]
Colombiaan (de)	Colombiaan	[kolombiān]
Colombiaanse (de)	Colombiaan	[kolombiān]
Colombiaans (bn)	Colombiaans	[kolombiāŋs]
Cuba (het)	Kuba	[kuba]

Cubaan (de)	Kubaan	[kubān]
Cubaanse (de)	Kubaan	[kubān]
Cubaans (bn)	Kubaans	[kubāŋs]

Chili (het)	Chili	[tʃili]
Chileen (de)	Chileen	[tʃileən]
Chileense (de)	Chileen	[tʃileən]
Chileens (bn)	Chileens	[tʃileɛŋs]

Bolivia (het)	Bolivië	[boliviɛ]
Venezuela (het)	Venezuela	[fenesuela]
Paraguay (het)	Paraguay	[paragwaj]
Peru (het)	Peru	[peru]
Suriname (het)	Suriname	[surinamə]
Uruguay (het)	Uruguay	[urugwaj]
Ecuador (het)	Ecuador	[ɛkuador]

Bahama's (mv.)	die Bahamas	[di bahamas]
Haïti (het)	Haïti	[haïti]
Dominicaanse Republiek (de)	Dominikaanse Republiek	[dominikāŋsə republik]
Panama (het)	Panama	[panama]
Jamaica (het)	Jamaika	[jamajka]

240. Afrika

Egypte (het)	Egipte	[ɛχiptə]
Egyptenaar (de)	Egiptenaar	[ɛχiptenār]
Egyptische (de)	Egiptenaar	[ɛχiptenār]
Egyptisch (bn)	Egipties	[ɛχiptis]

Marokko (het)	Marokko	[marokko]
Marokkaan (de)	Marokkaan	[marokkān]
Marokkaanse (de)	Marokkaan	[marokkān]
Marokkaans (bn)	Marokkaans	[marokkāŋs]

Tunesië (het)	Tunisië	[tunisiɛ]
Tunesiër (de)	Tunisiër	[tunisiɛr]
Tunesische (de)	Tunisiër	[tunisiɛr]
Tunesisch (bn)	Tunisies	[tunisis]

Ghana (het)	Ghana	[χana]
Zanzibar (het)	Zanzibar	[zanzibar]
Kenia (het)	Kenia	[kenia]
Libië (het)	Libië	[libiɛ]
Madagaskar (het)	Madagaskar	[madaχaskar]

Namibië (het)	Namibië	[namibiɛ]
Senegal (het)	Senegal	[seneχal]
Tanzania (het)	Tanzanië	[tansaniɛ]
Zuid-Afrika (het)	Suid-Afrika	[sœid-afrika]

Afrikaan (de)	Afrikaan	[afrikān]
Afrikaanse (de)	Afrikaan	[afrikān]
Afrikaans (bn)	Afrika-	[afrika-]

241. Australië. Oceanië

Australië (het)	Australië	[ɔustraliɛ]
Australiër (de)	Australiër	[ɔustraliɛr]
Australische (de)	Australiër	[ɔustraliɛr]
Australisch (bn)	Australies	[ɔustralis]
Nieuw-Zeeland (het)	Nieu-Seeland	[niu-seəlant]
Nieuw-Zeelander (de)	Nieu-Seelander	[niu-seəlandər]
Nieuw-Zeelandse (de)	Nieu-Seelander	[niu-seəlandər]
Nieuw-Zeelands (bn)	Nieu-Seelands	[niu-seəlants]
Tasmanië (het)	Tasmanië	[tasmaniɛ]
Frans-Polynesië	Frans-Polinesië	[fraŋs-polinesiɛ]

242. Steden

Amsterdam	Amsterdam	[amsterdam]
Ankara	Ankara	[ankara]
Athene	Athene	[atenə]
Bagdad	Bagdad	[baχdat]
Bangkok	Bangkok	[baŋkok]
Barcelona	Barcelona	[barselona]
Beiroet	Beiroet	[bæjrut]
Berlijn	Berlyn	[berlæjn]
Boedapest	Boedapest	[budapest]
Boekarest	Boekarest	[bukarest]
Bombay, Mumbai	Moembai	[mumbaj]
Bonn	Bonn	[bonn]
Bordeaux	Bordeaux	[bordo:]
Bratislava	Bratislava	[bratislava]
Brussel	Brussel	[brussəl]
Caïro	Cairo	[kajro]
Calcutta	Kalkutta	[kalkutta]
Chicago	Chicago	[ʃîkago]
Dar Es Salaam	Dar-es-Salaam	[dar-es-salãm]
Delhi	Delhi	[deli]
Den Haag	Den Haag	[den hãχ]
Dubai	Dubai	[dubaj]
Dublin	Dublin	[dablin]
Düsseldorf	Dusseldorf	[dussɛldorf]
Florence	Florence	[florɛŋs]
Frankfort	Frankfurt	[frankfurt]
Genève	Genève	[ʤənɛ:v]
Hamburg	Hamburg	[hamburχ]
Hanoi	Hanoi	[hanoj]
Havana	Havana	[havana]
Helsinki	Helsinki	[hɛlsinki]

Hiroshima	Hiroshima	[hiroʃima]
Hongkong	Hongkong	[hoŋkoŋ]
Istanbul	Istanbul	[istanbul]
Jeruzalem	Jerusalem	[jerusalem]
Kiev	Kiëf	[kiɛf]
Kopenhagen	Kopenhagen	[kopənχagen]
Kuala Lumpur	Kuala Lumpur	[kuala lumpur]
Lissabon	Lissabon	[lissabon]
Londen	Londen	[londen]
Los Angeles	Los Angeles	[los andʒəles]
Lyon	Lyon	[lioŋ]
Madrid	Madrid	[madrit]
Marseille	Marseille	[marsæj]
Mexico-Stad	Meksiko Stad	[meksiko stat]
Miami	Miami	[majami]
Montreal	Montreal	[montreal]
Moskou	Moskou	[moskæʊ]
München	München	[mønchen]
Nairobi	Nairobi	[najrobi]
Napels	Napels	[napɛls]
New York	New York	[nju jork]
Nice	Nice	[nis]
Oslo	Oslo	[oslo]
Ottawa	Ottawa	[ottava]
Parijs	Parys	[parajs]
Peking	Beijing	[bæjdʒiŋ]
Praag	Praag	[prãχ]
Rio de Janeiro	Rio de Janeiro	[rio də janæjro]
Rome	Rome	[romə]
Seoel	Seoel	[seul]
Singapore	Singapore	[singaporə]
Sint-Petersburg	Sint-Petersburg	[sint-petersburg]
Sjanghai	Shanghai	[ʃangaj]
Stockholm	Stockholm	[stokχolm]
Sydney	Sydney	[sidni]
Taipei	Taipei	[tæjpæj]
Tokio	Tokio	[tokio]
Toronto	Toronto	[toronto]
Venetië	Venesië	[fenesiɛ]
Warschau	Warskou	[varskæʊ]
Washington	Washington	[vaʃington]
Wenen	Wene	[venə]

243. Politiek. Overheid. Deel 1

politiek (de)	politiek	[politik]
politiek (bn)	politieke	[politikə]

politicus (de)	politikus	[politikus]
staat (land)	staat	[stãt]
burger (de)	burger	[burgər]
staatsburgerschap (het)	burgerskap	[burgərskap]

| nationaal wapen (het) | nasionale wapen | [naʃionalə vapen] |
| volkslied (het) | volkslied | [folkslit] |

regering (de)	regering	[reχeriŋ]
staatshoofd (het)	staatshoof	[stãts·hoəf]
parlement (het)	parlement	[parlement]
partij (de)	partij	[partij]

| kapitalisme (het) | kapitalisme | [kapitalismə] |
| kapitalistisch (bn) | kapitalis | [kapitalis] |

| socialisme (het) | sosialisme | [soʃialisme] |
| socialistisch (bn) | sosialis | [soʃialis] |

communisme (het)	kommunisme	[kommunismə]
communistisch (bn)	kommunis	[kommunis]
communist (de)	kommunis	[kommunis]

democratie (de)	demokrasie	[demokrasi]
democraat (de)	demokraat	[demokrãt]
democratisch (bn)	demokraties	[demokratis]
democratische partij (de)	Demokratiese party	[demokratisə partaj]

| liberaal (de) | liberaal | [liberãl] |
| liberaal (bn) | liberaal | [liberãl] |

| conservator (de) | konservatief | [koŋserfatif] |
| conservatief (bn) | konservatief | [koŋserfatif] |

republiek (de)	republiek	[republik]
republikein (de)	republikein	[republikæjn]
Republikeinse Partij (de)	Republikeinse Party	[republikæjnsə partaj]

verkiezing (de)	verkiesings	[ferkisiŋs]
kiezen (ww)	verkies	[ferkis]
kiezer (de)	kieser	[kisər]
verkiezingscampagne (de)	verkiesingskampanje	[ferkisiŋs·kampanje]

stemming (de)	stemming	[stɛmmiŋ]
stemmen (ww)	stem	[stem]
stemrecht (het)	stemreg	[stem·reχ]

| kandidaat (de) | kandidaat | [kandidãt] |
| campagne (de) | kampanje | [kampanje] |

| oppositie- (abn) | opposisie | [opposisi] |
| oppositie (de) | opposisie | [opposisi] |

bezoek (het)	besoek	[besuk]
officieel bezoek (het)	amptelike besoek	[amptelikə besuk]
internationaal (bn)	internasionaal	[internaʃionãl]

| onderhandelingen (mv.) | onderhandelinge | [ondərhandeliŋə] |
| onderhandelen (ww) | onderhandel | [ondərhandel] |

244. Politiek. Overheid. Deel 2

maatschappij (de)	samelewing	[samelevin]
grondwet (de)	grondwet	[χront·wet]
macht (politieke ~)	mag	[maχ]
corruptie (de)	korrupsie	[korrupsi]

| wet (de) | wet | [vet] |
| wettelijk (bn) | wetlik | [vetlik] |

| rechtvaardigheid (de) | geregtigheid | [χereχtiχæjt] |
| rechtvaardig (bn) | regverdig | [reχferdəχ] |

comité (het)	komitee	[komiteə]
wetsvoorstel (het)	wetsontwerp	[vetsontwerp]
begroting (de)	begroting	[beχrotiŋ]
beleid (het)	beleid	[belæjt]
hervorming (de)	hervorming	[herformiŋ]
radicaal (bn)	radikaal	[radikāl]

macht (vermogen)	mag	[maχ]
machtig (bn)	magtig	[maχtəχ]
aanhanger (de)	ondersteuner	[ondərstøenər]
invloed (de)	invloed	[influt]

regime (het)	bewind	[bevint]
conflict (het)	konflik	[konflik]
samenzwering (de)	sameswering	[sameswerin]
provocatie (de)	uitdaging	[œitdaχiŋ]

omverwerpen (ww)	omvergooi	[omferχoj]
omverwerping (de)	omvergooi	[omferχoj]
revolutie (de)	revolusie	[refolusi]

| staatsgreep (de) | staatsgreep | [stāts·χreəp] |
| militaire coup (de) | militêre staatsgreep | [militærə stātsχreəp] |

crisis (de)	krisis	[krisis]
economische recessie (de)	ekonomiese agteruitgang	[εkonomisə aχtər·œitχaŋ]
betoger (de)	betoër	[betoɛr]
betoging (de)	demonstrasie	[demoŋstrasi]
krijgswet (de)	krygswet	[krajχs·wet]
militaire basis (de)	militêre basis	[militærə basis]

| stabiliteit (de) | stabiliteit | [stabilitæjt] |
| stabiel (bn) | stabiel | [stabil] |

uitbuiting (de)	uitbuiting	[œitbœitiŋ]
uitbuiten (ww)	uitbuit	[œitbœit]
racisme (het)	rassisme	[rassisme]
racist (de)	rassis	[rassis]

| fascisme (het) | fascisme | [faʃismə] |
| fascist (de) | fascis | [faʃis] |

245. Landen. Diversen

vreemdeling (de)	vreemdeling	[freəmdeliŋ]
buitenlands (bn)	vreemd	[freəmt]
in het buitenland (bw)	in die buiteland	[in di bœitəlant]

emigrant (de)	emigrant	[ɛmiχrant]
emigratie (de)	emigrasie	[ɛmiχrasi]
emigreren (ww)	emigreer	[ɛmiχreər]

Westen (het)	die Weste	[di vestə]
Oosten (het)	die Ooste	[di oəstə]
Verre Oosten (het)	die Verre Ooste	[di ferrə oəstə]

beschaving (de)	beskawing	[beskaviŋ]
mensheid (de)	mensdom	[mɛnsdom]
wereld (de)	die wêreld	[di værəlt]
vrede (de)	vrede	[fredə]
wereld- (abn)	wêreldwyd	[værəlt·wajt]

vaderland (het)	vaderland	[fadər·lant]
volk (het)	volk	[folk]
bevolking (de)	bevolking	[befolkiŋ]
mensen (mv.)	mense	[mɛnsə]
natie (de)	nasie	[nasi]
generatie (de)	generasie	[χenerasi]
gebied (bijv. bezette ~en)	gebied	[χebit]
regio, streek (de)	streek	[streək]
deelstaat (de)	staat	[stãt]

traditie (de)	tradisie	[tradisi]
gewoonte (de)	gebruik	[χebrœik]
ecologie (de)	ekologie	[ɛkoloχi]

Indiaan (de)	Indiaan	[indiãn]
zigeuner (de)	Sigeuner	[siχøənər]
zigeunerin (de)	Sigeunerin	[siχøənerin]
zigeuner- (abn)	sigeuner-	[siχøənər-]

rijk (het)	rijk	[rijk]
kolonie (de)	kolonie	[koloni]
slavernij (de)	slawerny	[slavərnaj]
invasie (de)	invasie	[infasi]
hongersnood (de)	hongersnood	[hoɲərsnoət]

246. Grote religieuze groepen. Bekentenissen

| religie (de) | godsdiens | [χodsdiɲs] |
| religieus (bn) | godsdienstig | [χodsdiɲstəχ] |

geloof (het)	geloof	[χeloəf]
geloven (ww)	glo	[χlo]
gelovige (de)	gelowige	[χeloviχə]

| atheïsme (het) | ateïsme | [ateïsmə] |
| atheïst (de) | ateïs | [ateïs] |

christendom (het)	Christendom	[χristəndom]
christen (de)	Christen	[χristən]
christelijk (bn)	Christelik	[χristəlik]

katholicisme (het)	Katolisisme	[katolisismə]
katholiek (de)	Katoliek	[katolik]
katholiek (bn)	katoliek	[katolik]

protestantisme (het)	Protestantisme	[protestantismə]
Protestante Kerk (de)	Protestantse Kerk	[protestantsə kerk]
protestant (de)	Protestant	[protestant]

orthodoxie (de)	Ortodoksie	[ortodoksi]
Orthodoxe Kerk (de)	Ortodokse Kerk	[ortodoksə kerk]
orthodox	Ortodoks	[ortodoks]

presbyterianisme (het)	Presbiterianisme	[presbiterianismə]
Presbyteriaanse Kerk (de)	Presbiteriaanse Kerk	[presbiteriãŋsə kerk]
presbyteriaan (de)	Presbiteriaan	[presbitəriãn]

lutheranisme (het)	Lutheranisme	[luteranismə]
lutheraan (de)	Lutheraan	[lutərãn]
baptisme (het)	Baptistiese Kerk	[baptistisə kerk]
baptist (de)	Baptis	[baptis]

| Anglicaanse Kerk (de) | Anglikaanse Kerk | [anχlikãŋsə kerk] |
| anglicaan (de) | Anglikaan | [anχlikãn] |

| mormonisme (het) | Mormonisme | [mormonismə] |
| mormoon (de) | Mormoon | [mormoən] |

| Jodendom (het) | Jodendom | [jodɛndom] |
| jood (aanhanger van het Jodendom) | Jood | [joət] |

| boeddhisme (het) | Boeddhisme | [buddismə] |
| boeddhist (de) | Boeddhis | [buddis] |

| hindoeïsme (het) | Hindoeïsme | [hinduïsmə] |
| hindoe (de) | Hindoe | [hindu] |

islam (de)	Islam	[islam]
islamiet (de)	Islamiet	[islamit]
islamitisch (bn)	Islamities	[islamitis]

sjiisme (het)	Sjia Islam	[ʃia islam]
sjiiet (de)	Sjiït	[ʃiït]
soennisme (het)	Sunni Islam	[sunni islam]
soenniet (de)	Sunniet	[sunnit]

247. Religies. Priesters

priester (de)	priester	[prister]
paus (de)	die Pous	[di pæʊs]
monnik (de)	monnik	[monnik]
non (de)	non	[non]
pastoor (de)	pastoor	[pastoər]
abt (de)	ab	[ap]
vicaris (de)	priester	[prister]
bisschop (de)	biskop	[biskop]
kardinaal (de)	kardinaal	[kardinãl]
predikant (de)	predikant	[predikant]
preek (de)	preek	[preək]
kerkgangers (mv.)	kerkgangers	[kerk·χaŋərs]
gelovige (de)	gelowige	[χeloviχə]
atheïst (de)	ateïs	[ateïs]

248. Geloof. Christendom. Islam

Adam	Adam	[adam]
Eva	Eva	[efa]
God (de)	God	[χot]
Heer (de)	die Here	[di herə]
Almachtige (de)	die Almagtige	[di almaχtiχə]
zonde (de)	sonde	[sondə]
zondigen (ww)	sondig	[sondəχ]
zondaar (de)	sondaar	[sondãr]
zondares (de)	sondares	[sondares]
hel (de)	hel	[həl]
paradijs (het)	paradys	[paradajs]
Jezus	Jesus	[jesus]
Jezus Christus	Jesus Christus	[jesus χristus]
Heilige Geest (de)	die Heilige Gees	[di hæjliχə χeəs]
Verlosser (de)	die Verlosser	[di ferlossər]
Maagd Maria (de)	die Maagd Maria	[di mãχt maria]
duivel (de)	die duiwel	[di dœivəl]
duivels (bn)	duiwels	[dœivɛls]
Satan	Satan	[satan]
satanisch (bn)	satanies	[satanis]
engel (de)	engel	[ɛŋəl]
beschermengel (de)	beskermengel	[beskerm·eŋəl]
engelachtig (bn)	engelagtig	[ɛŋəlaχtəχ]

apostel (de)	apostel	[apostəl]
aartsengel (de)	aartsengel	[ārtseŋəl]
antichrist (de)	die antichris	[di antiχris]
Kerk (de)	Kerk	[kerk]
bijbel (de)	Bybel	[bajbəl]
bijbels (bn)	bybels	[bajbəls]
Oude Testament (het)	Ou Testament	[æʊ testament]
Nieuwe Testament (het)	Nuwe Testament	[nuvə testament]
evangelie (het)	evangelie	[ɛfanχəli]
Heilige Schrift (de)	Heilige Skrif	[hæjliχə skrif]
Hemel, Hemelrijk (de)	hemel	[heməl]
gebod (het)	gebod	[χebot]
profeet (de)	profeet	[profeət]
profetie (de)	profesie	[profesi]
Allah	Allah	[allah]
Mohammed	Mohammed	[mohammet]
Koran (de)	die Koran	[di koran]
moskee (de)	moskee	[moskeə]
moellah (de)	moella	[mulla]
gebed (het)	gebed	[χebet]
bidden (ww)	bid	[bit]
pelgrimstocht (de)	pelgrimstog	[pɛlχrimstoχ]
pelgrim (de)	pelgrim	[pɛlχrim]
Mekka	Mecca	[mɛkka]
kerk (de)	kerk	[kerk]
tempel (de)	tempel	[tempəl]
kathedraal (de)	katedraal	[katedrāl]
gotisch (bn)	Goties	[χotis]
synagoge (de)	sinagoge	[sinaχoχə]
moskee (de)	moskee	[moskeə]
kapel (de)	kapel	[kapəl]
abdij (de)	abdy	[abdaj]
klooster (het)	klooster	[kloəstər]
klok (de)	klok	[klok]
klokkentoren (de)	kloktoring	[klok·toriŋ]
luiden (klokken)	lui	[lœi]
kruis (het)	kruis	[krœis]
koepel (de)	koepel	[kupəl]
icoon (de)	ikoon	[ikoən]
ziel (de)	siel	[sil]
lot, noodlot (het)	noodlot	[noədlot]
kwaad (het)	die bose	[di bosə]
goed (het)	goed	[χut]
vampier (de)	vampier	[fampir]
heks (de)	heks	[heks]

| demoon (de) | demoon | [demoən] |
| geest (de) | gees | [xeəs] |

| verzoeningsleer (de) | versoening | [fersuniŋ] |
| vrijkopen (ww) | verlos | [ferlos] |

mis (de)	kerkdies	[kerkdis]
de mis opdragen	die mis opdra	[di mis opdra]
biecht (de)	bieg	[biχ]
biechten (ww)	bieg	[biχ]

heilige (de)	heilige	[hæjliχə]
heilig (bn)	heilig	[hæjləχ]
wijwater (het)	wywater	[vaj·vatər]

ritueel (het)	ritueel	[ritueəl]
ritueel (bn)	ritueel	[ritueəl]
offerande (de)	offerande	[offerandə]

bijgeloof (het)	bygeloof	[bajχəloəf]
bijgelovig (bn)	bygelowig	[bajχəlovəχ]
hiernamaals (het)	hiernamaals	[hirna·māls]
eeuwige leven (het)	ewige lewe	[εviχə levə]

DIVERSEN

249. Diverse nuttige woorden

achtergrond (de)	agtergrond	[aχtərχront]
balans (de)	balans	[balaŋs]
basis (de)	basis	[basis]
begin (het)	begin	[beχin]
beurt (wie is aan de ~?)	beurt	[bøərt]

categorie (de)	kategorie	[kateχori]
comfortabel (~ bed, enz.)	gemaklik	[χəmaklik]
compensatie (de)	kompensasie	[kompɛnsasi]
deel (gedeelte)	deel	[deəl]

deeltje (het)	deeltjie	[deəlki]
ding (object, voorwerp)	ding	[diŋ]
dringend (bn, urgent)	dringend	[driŋən]
dringend (bw, met spoed)	dringend	[driŋən]
effect (het)	effek	[ɛffek]

eigenschap (kwaliteit)	eienskap	[æjeŋskap]
einde (het)	einde	[æjndə]
element (het)	element	[ɛlement]
feit (het)	feit	[fæjt]
fout (de)	fout	[fæʊt]

geheim (het)	geheim	[χəhæjm]
graad (mate)	graad	[χrãt]
groei (ontwikkeling)	groei	[χrui]
hindernis (de)	hindernis	[hindərnis]
hinderpaal (de)	hinderpaal	[hindərpãl]

hulp (de)	hulp	[hulp]
ideaal (het)	ideaal	[ideãl]
inspanning (de)	inspanning	[inspanniŋ]
keuze (een grote ~)	keuse	[køəsə]
labyrint (het)	labirint	[labirint]

manier (de)	manier	[manir]
moment (het)	moment	[moment]
nut (bruikbaarheid)	nut	[nut]
onderscheid (het)	verskil	[ferskil]

ontwikkeling (de)	ontwikkeling	[ontwikkeliŋ]
oplossing (de)	oplossing	[oplossiŋ]
origineel (het)	origineel	[oriχineəl]
pauze (de)	pouse	[pæʊsə]
positie (de)	posisie	[posisi]
principe (het)	beginsel	[beχinsəl]

probleem (het)	probleem	[probleəm]
proces (het)	proses	[proses]
reactie (de)	reaksie	[reaksi]

reden (om ~ van)	rede	[redə]
risico (het)	risiko	[risiko]
samenvallen (het)	toeval	[tufal]
serie (de)	reeks	[reəks]

situatie (de)	toestand	[tustant]
soort (bijv. ~ sport)	soort	[soərt]
standaard (bn)	standaard	[standãrt]
standaard (de)	standaard	[standãrt]
stijl (de)	styl	[stajl]

stop (korte onderbreking)	pouse	[pæʊsə]
systeem (het)	sisteem	[sisteəm]
tabel (bijv. ~ van Mendelejev)	tabel	[tabəl]
tempo (langzaam ~)	tempo	[tempo]
term (medische ~en)	term	[term]

type (soort)	tipe	[tipə]
variant (de)	variant	[fariant]
veelvuldig (bn)	gereeld	[χereəlt]
vergelijking (de)	vergelyking	[ferχelajkiŋ]
voorbeeld (het goede ~)	voorbeeld	[foərbeəlt]

voortgang (de)	vooruitgang	[foərœeitχaŋ]
voorwerp (ding)	objek	[objek]
vorm (uiterlijke ~)	vorm	[form]
waarheid (de)	waarheid	[vãrhæjt]
zone (de)	sone	[sonə]

250. Beperkende bijwoorden. Bijvoeglijke naamwoorden. Deel 1

accuraat (uurwerk, enz.)	akkuraat	[akkurãt]
achter- (abn)	agter-	[aχtər-]
additioneel (bn)	addisioneel	[addiʃioneəl]
anders (bn)	verskillend	[ferskillent]

arm (bijv. ~e landen)	arm	[arm]
begrijpelijk (bn)	duidelik	[dœidelik]
belangrijk (bn)	belangrik	[belaŋrik]
belangrijkst (bn)	belangrikste	[belaŋrikstə]

beleefd (bn)	beleefd	[beleəft]
beperkt (bn)	beperk	[beperk]
betekenisvol (bn)	beduidend	[bedœident]
bijziend (bn)	bysiende	[bajsində]
binnen- (abn)	binne-	[binne-]

bitter (bn)	bitter	[bittər]
blind (bn)	blind	[blint]
breed (een ~e straat)	breed	[breət]

225

| breekbaar (porselein, glas) | breekbaar | [breekbār] |
| buiten- (abn) | buite- | [bœite-] |

buitenlands (bn)	buitelands	[bœitəlands]
burgerlijk (bn)	burgerlik	[burgerlik]
centraal (bn)	sentraal	[sentrāl]
dankbaar (bn)	dankbaar	[dankbār]
dicht (~e mist)	dig	[diχ]

dicht (bijv. ~e mist)	dig	[diχ]
dicht (in de ruimte)	digby	[diχbaj]
dicht (bn)	naby	[nabaj]
dichtstbijzijnd (bn)	naaste	[nāstə]

diepvries (~product)	gevries	[χefris]
dik (bijv. muur)	dik	[dik]
dof (~ licht)	dof	[dof]
dom (dwaas)	dom	[dom]

donker (bijv. ~e kamer)	donker	[donkər]
dood (bn)	dood	[doət]
doorzichtig (bn)	deursigtig	[døərsiχtəχ]
droevig (~ blik)	droewig	[druvəχ]
droog (bn)	droog	[droəχ]

dun (persoon)	maer	[maər]
duur (bn)	duur	[dɪr]
eender (bn)	dieselfde	[disɛlfdə]
eenvoudig (bn)	maklik	[maklik]
eenvoudig (bn)	eenvoudig	[eənfæʊdəχ]

eeuwenoude (~ beschaving)	antiek	[antik]
enorm (bn)	kolossaal	[kolossāl]
geboorte- (stad, land)	geboorte-	[χeboərtə-]
gebruind (bn)	bruingebrand	[brœiŋəbrant]

gelijkend (bn)	eenders	[eənders]
gelukkig (bn)	gelukkig	[χelukkəχ]
gesloten (bn)	gesluit	[χeslœit]
getaand (bn)	blas	[blas]

gevaarlijk (bn)	gevaarlik	[χefārlik]
gewoon (bn)	gewoon	[χevoən]
gezamenlijk (~ besluit)	gesamentlik	[χesamentlik]
glad (~ oppervlak)	glad	[χlat]
glad (~ oppervlak)	gelyk	[χelajk]

goed (bn)	goed	[χut]
goedkoop (bn)	goedkoop	[χudkoəp]
gratis (bn)	gratis	[χratis]
groot (bn)	groot	[χroət]

hard (niet zacht)	hard	[hart]
heel (volledig)	heel	[heəl]
heet (bn)	warm	[varm]
hongerig (bn)	honger	[hoŋər]

226

hoofd- (abn)	hoof-	[hoəf-]
hoogste (bn)	hoogste	[hoəχstə]
huidig (courant)	huidig	[hœidəχ]
jong (bn)	jong	[joŋ]

juist, correct (bn)	reg	[reχ]
kalm (bn)	kalm	[kalm]
kinder- (abn)	kinder-	[kindər-]
klein (bn)	klein	[klæjn]
koel (~ weer)	koel	[kul]

kort (kortstondig)	kort	[kort]
kort (niet lang)	kort	[kort]
koud (~ water, weer)	koud	[kæʊt]
kunstmatig (bn)	kunsmatig	[kunsmatəχ]

laatst (bn)	laaste	[lāstə]
lang (een ~ verhaal)	lang	[laŋ]
langdurig (bn)	langdurig	[laŋdurəχ]
lastig (~ probleem)	moeilik	[muilik]

leeg (glas, kamer)	leeg	[leəχ]
lekker (bn)	smaaklik	[smāklik]
licht (kleur)	lig-	[liχ-]
licht (niet veel weegt)	lig	[liχ]

linker (bn)	linker-	[linkər-]
luid (bijv. ~e stem)	hard	[hart]
mager (bn)	brandmaer	[brandmaər]
mat (bijv. ~ verf)	mat	[mat]
moe (bn)	moeg	[muχ]

moeilijk (~ besluit)	moeilik	[muilik]
mogelijk (bn)	moontlik	[moentlik]
mooi (bn)	pragtig	[praχtəχ]
mysterieus (bn)	raaiselagtig	[rājselaχtəχ]

naburig (bn)	naburig	[naburəχ]
nalatig (bn)	nalatig	[nalatəχ]
nat (~te kleding)	nat	[nat]
nerveus (bn)	senuweeagtig	[senuveə·aχtəχ]
niet groot (bn)	nie groot nie	[ni χroet ni]

niet moeilijk (bn)	nie moeilik nie	[ni muilik ni]
nieuw (bn)	nuut	[nɪt]
nodig (bn)	nodig	[nodəχ]
normaal (bn)	normaal	[normāl]

251. Beperkende bijwoorden. Bijvoeglijke naamwoorden. Deel 2

onbegrijpelijk (bn)	onverstaanbaar	[onferstānbār]
onbelangrijk (bn)	onbelangrik	[onbelaŋrik]
onbeweeglijk (bn)	doodstil	[doədstil]
onbewolkt (bn)	wolkloos	[volkloəs]

ondergronds (geheim)	agterbaks	[aχtərbaks]
ondiep (bn)	vlak	[flak]
onduidelijk (bn)	onduidelik	[ondœidelik]
onervaren (bn)	onervare	[onerfarə]
onmogelijk (bn)	onmoontlik	[onmoentlik]
onontbeerlijk (bn)	onontbeerlik	[onontbeərlik]

onophoudelijk (bn)	onophoudelik	[onophæʊdelik]
ontkennend (bn)	negatief	[neχatif]
open (bn)	oop	[oəp]
openbaar (bn)	openbaar	[openbãr]
origineel (ongewoon)	oorspronklik	[oərspronklik]

oud (~ huis)	ou	[æʊ]
overdreven (bn)	oormatig	[oərmatəχ]
passend (bn)	geskik	[χeskik]
permanent (bn)	permanent	[permanent]
persoonlijk (bn)	persoonlik	[persoənlik]

plat (bijv. ~ scherm)	plat	[plat]
prachtig (~ paleis, enz.)	pragtig	[praχtəχ]
precies (bn)	juis	[jœis]
prettig (bn)	mooi	[moj]
privé (bn)	privaat	[prifãt]

punctueel (bn)	stip	[stip]
rauw (niet gekookt)	rou	[ræʊ]
recht (weg, straat)	reg	[reχ]
rechter (bn)	regter	[reχtər]
rijp (fruit)	ryp	[rajp]

riskant (bn)	riskant	[riskant]
ruim (een ~ huis)	ruim	[rœim]
rustig (bn)	rustig	[rustəχ]
scherp (bijv. ~ mes)	skerp	[skerp]
schoon (niet vies)	skoon	[skoən]

slecht (bn)	sleg	[sleχ]
slim (verstandig)	slim	[slim]
smal (~le weg)	smal	[smal]
snel (vlug)	vinnig	[finnəχ]
somber (bn)	somber	[sombər]
speciaal (bn)	spesiaal	[spesiãl]

sterk (bn)	sterk	[sterk]
stevig (bn)	stewig	[stevəχ]
straatarm (bn)	brandarm	[brandarm]
strak (schoenen, enz.)	strak	[strak]
teder (liefderijk)	teer	[teər]

tegenovergesteld (bn)	teenoorgestel	[teənoərχestəl]
tevreden (bn)	tevrede	[tefredə]
tevreden (klant, enz.)	tevrede	[tefredə]
treurig (bn)	droewig	[druvəχ]
tweedehands (bn)	gebruik	[χebrœik]
uitstekend (bn)	uitstekend	[œitstekent]

uitstekend (bn)	uitstekend	[œitstekent]
uniek (bn)	uniek	[unik]
veilig (niet gevaarlijk)	veilig	[fæjləχ]
ver (in de ruimte)	ver	[fer]

verenigbaar (bn)	verenigbaar	[fereniχbār]
vermoeiend (bn)	vermoeiend	[fermujent]
verplicht (bn)	verplig	[ferpləχ]
vers (~ brood)	vars	[fars]
verschillende (bn)	verskillend	[ferskillent]

verst (meest afgelegen)	ver	[fer]
vettig (voedsel)	vettig	[fɛttəχ]
vijandig (bn)	vyandig	[fajandəχ]
vloeibaar (bn)	vloeibaar	[fluibār]
vochtig (bn)	bedompig	[bedompəχ]
vol (helemaal gevuld)	vol	[fol]

volgend (~ jaar)	volgend	[folχent]
vorig (bn)	laas-	[lãs-]
voornaamste (bn)	vernaamste	[fernãmstə]
vorig (~ jaar)	laas-	[lãs-]
vorig (bijv. ~e baas)	vorig	[forəχ]

vriendelijk (aardig)	vriendelik	[frindəlik]
vriendelijk (goedhartig)	vriendelik	[frindəlik]
vrij (bn)	gratis	[χratis]
vrolijk (bn)	opgewek	[opχevek]
vruchtbaar (~ land)	vrugbaar	[fruχbār]

vuil (niet schoon)	vuil	[fœil]
waarschijnlijk (bn)	waarskynlik	[vārskajnlik]
warm (bn)	louwarm	[læʊvarm]
wettelijk (bn)	wetlik	[vetlik]
zacht (bijv. ~ kussen)	sag	[saχ]

zacht (bn)	sag	[saχ]
zeldzaam (bn)	seldsaam	[sɛldsãm]
ziek (bn)	siek	[sik]
zoet (~ water)	vars	[fars]
zoet (bn)	soet	[sut]

zonnig (~e dag)	sonnig	[sonnəχ]
zorgzaam (bn)	sorgsaam	[sorχsãm]
zout (de soep is ~)	sout	[sæʊt]
zuur (smaak)	suur	[sɪr]
zwaar (~ voorwerp)	swaar	[swār]

DE 500 BELANGRIJKSTE WERKWOORDEN

252. Werkwoorden A-C

aaien (bijv. een konijn ~)	streel	[streel]
aanbevelen (ww)	aanbeveel	[ānbefeel]
aandringen (ww)	aandring	[āndriŋ]
aankomen (ov. de treinen)	aankom	[ānkom]

aanleggen (bijv. bij de pier)	vasmeer	[fasmeer]
aanraken (met de hand)	aanraak	[ānrāk]
aansteken (kampvuur, enz.)	aansteek	[āŋsteek]
aanstellen (in functie plaatsen)	aanstel	[āŋstel]

aanvallen (mil.)	aanval	[ānfal]
aanvoelen (gevaar ~)	aanvoel	[ānful]
aanvoeren (leiden)	lei	[læj]
aanwijzen (de weg ~)	wys	[vajs]

aanzetten (computer, enz.)	aanskakel	[āŋskakel]
ademen (ww)	asemhaal	[asemhāl]
adverteren (ww)	adverteer	[adferteer]
adviseren (ww)	aanraai	[ānrāi]

afdalen (on.ww.)	afkom	[afkom]
afgunstig zijn (ww)	jaloers wees	[jalurs vees]
afhakken (ww)	afkap	[afkap]
afhangen van …	afhang van …	[afhaŋ fan …]

afluisteren (ww)	afluister	[aflœister]
afnemen (verwijderen)	afneem	[afneem]
afrukken (ww)	afskeur	[afskøer]
afslaan (naar rechts ~)	draai	[drāi]

afsnijden (ww)	afsny	[afsnaj]
afzeggen (ww)	kanselleer	[kaŋsɛlleer]
amputeren (ww)	amputeer	[amputeer]
amuseren (ww)	amuseer	[amuseer]

antwoorden (ww)	antwoord	[antwoert]
applaudisseren (ww)	apploudisseer	[applæʊdisseer]
aspireren (iets willen worden)	streef	[streef]
assisteren (ww)	assisteer	[assisteer]

bang zijn (ww)	bang wees	[baŋ vees]
barsten (plafond, enz.)	kraak	[krāk]
bedienen (in restaurant)	bedien	[bedin]
bedreigen (bijv. met een pistool)	dreig	[dræjχ]

bedriegen (ww)	**bedrieg**	[bedrəχ]
beduiden (betekenen)	**beteken**	[betekən]
bedwingen (ww)	**in bedwang hou**	[in bedwaŋ hæʊ]
beëindigen (ww)	**klaarmaak**	[klārmāk]

begeleiden (vergezellen)	**begelei**	[beχelæj]
begieten (water geven)	**nat gooi**	[nat χoj]
beginnen (ww)	**begin**	[beχin]
begrijpen (ww)	**verstaan**	[ferstān]
behandelen (patiënt, ziekte)	**behandel**	[behandəl]

beheren (managen)	**beheer**	[beheər]
beïnvloeden (ww)	**beïnvloed**	[beïnflut]
bekennen (misdadiger)	**beken**	[bekən]
beledigen (met scheldwoorden)	**beledig**	[beledəχ]

beledigen (ww)	**beledig**	[beledəχ]
beloven (ww)	**beloof**	[beloəf]
beperken (de uitgaven ~)	**beperk**	[beperk]
bereiken (doel ~, enz.)	**bereik**	[beræjk]

bereiken (plaats van bestemming ~)	**bereik**	[beræjk]
beschermen (bijv. de natuur ~)	**beskerm**	[beskerm]
beschuldigen (ww)	**beskuldig**	[beskuldəχ]
beslissen (~ iets te doen)	**beslis**	[beslis]

besmet worden (met …)	**besmet word met …**	[besmet vort met …]
besmetten (ziekte overbrengen)	**besmet**	[besmet]
bespreken (spreken over)	**bespreek**	[bespreək]
bestaan (een ~ voeren)	**leef**	[leəf]

bestellen (eten ~)	**bestel**	[bestəl]
bestraffen (een stout kind ~)	**straf**	[straf]
betalen (ww)	**betaal**	[betāl]
betekenen (beduiden)	**beteken**	[betekən]

betreuren (ww)	**jammer wees**	[jammər veəs]
bevallen (prettig vinden)	**hou van**	[hæʊ fan]
bevelen (mil.)	**beveel**	[befeəl]
bevredigen (ww)	**bevredig**	[befredəχ]

bevrijden (stad, enz.)	**bevry**	[befraj]
bewaren (oude brieven, enz.)	**bewaar**	[bevār]
bewaren (vrede, leven)	**bewaar**	[bevār]
bewijzen (ww)	**bewys**	[bevajs]

bewonderen (ww)	**bewonder**	[bevondər]
bezitten (ww)	**besit**	[besit]
bezorgd zijn (ww)	**bekommerd wees**	[bekommərt veəs]
bezorgd zijn (ww)	**bekommer**	[bekommər]
bidden (praten met God)	**bid**	[bit]
bijvoegen (ww)	**byvoeg**	[bajfuχ]

binden (ww)	vasbind	[fasbint]
binnengaan (een kamer ~)	binnegaan	[binnəχān]
blazen (ww)	waai	[vāi]
blozen (zich schamen)	bloos	[bloəs]
blussen (brand ~)	blus	[blus]
boos maken (ww)	kwaad maak	[kwāt māk]
boos zijn (ww)	kwaad wees ...	[kwāt veəs ...]
breken	breek	[breək]
(on.ww., van een touw)		
breken (speelgoed, enz.)	breek	[breək]
brengen (iets ergens ~)	bring	[briŋ]
charmeren (ww)	sjarmeer	[ʃarmeər]
citeren (ww)	aanhaal	[ānhāl]
compenseren (ww)	vergoed	[ferχut]
compliceren (ww)	bemoeilik	[bemuilik]
componeren (muziek ~)	komponeer	[komponeər]
compromitteren (ww)	kompromitteer	[kompromitteər]
concurreren (ww)	kompeteer	[kompeteər]
controleren (ww)	kontroleer	[kontroleər]
coöpereren (samenwerken)	saamwerk	[sāmwerk]
coördineren (ww)	koördineer	[koordineər]
corrigeren (fouten ~)	korrigeer	[korriχeər]
creëren (ww)	skep	[skep]

253. Werkwoorden D-K

danken (ww)	dank	[dank]
de was doen	die wasgoed was	[di vasχut vas]
de weg wijzen	die pad wys	[di pat vajs]
deelnemen (ww)	deelneem	[deəlneəm]
delen (wisk.)	deel	[deəl]
denken (ww)	dink	[dink]
doden (ww)	doodmaak	[doədmāk]
doen (ww)	doen	[dun]
dresseren (ww)	afrig	[afrəχ]
drinken (ww)	drink	[drink]
drogen (klederen, haar)	droog	[droəχ]
dromen (in de slaap)	droom	[droəm]
dromen (over vakantie ~)	droom	[droəm]
duiken (ww)	duik	[dœik]
durven (ww)	durf	[durf]
duwen (ww)	stoot	[stoət]
een bad geven	bad	[bat]
een bad nemen	bad	[bat]
foto's maken	fotografeer	[fotoχrafeər]
eisen (met klem vragen)	eis	[æjs]

erkennen (schuld)	erken	[ɛrken]
erven (ww)	erf	[ɛrf]
eten (ww)	eet	[eət]
excuseren (vergeven)	verskoon	[ferskoən]
existeren (bestaan)	bestaan	[bestãn]
feliciteren (ww)	gelukwens	[χelukwɛŋs]
gaan (te voet)	gaan	[χãn]
gaan slapen	gaan slaap	[χãn slãp]
gaan zitten (ww)	gaan sit	[χãn sit]
gaan zwemmen	gaan swem	[χãn swem]
garanderen (garantie geven)	waarborg	[vãrborχ]
gebruiken (bijv. een potlood ~)	gebruik ...	[χebrœik ...]
gebruiken (woord, uitdrukking)	gebruik	[χebrœik]
geconserveerd zijn (ww)	bewaar wees	[bevãr veəs]
gedateerd zijn (ww)	dateer van ...	[dateər fan ...]
gehoorzamen (ww)	gehoorsaam	[χehoərsãm]
gelijken (op elkaar lijken)	lyk	[lajk]
geloven (vinden)	glo	[χlo]
genoeg zijn (ww)	genoeg wees	[χenuχ veəs]
geven (ww)	gee	[χeə]
gieten (in een beker ~)	skink	[skink]
glimlachen (ww)	glimlag	[χlimlaχ]
glimmen (glanzen)	blink	[blink]
gluren (ww)	loer	[lur]
goed raden (ww)	raai	[rãi]
gooien (een steen, enz.)	gooi	[χoj]
grappen maken (ww)	grappies maak	[χrappis mãk]
graven (tunnel, enz.)	grawe	[χravə]
haasten (iemand ~)	aanjaag	[ãnjãχ]
hebben (ww)	hê	[hɛ:]
helpen (hulp geven)	help	[hɛlp]
herhalen (opnieuw zeggen)	herhaal	[herhãl]
herinneren (ww)	herinner	[herinnər]
herinneren aan ... (afspraak, opdracht)	laat onthou ...	[lãt onthæʊ ...]
herkennen (identificeren)	herken	[herken]
herstellen (repareren)	herstel	[herstəl]
het haar kammen	hare kam	[harə kam]
hopen (ww)	hoop	[hoəp]
horen (waarnemen met het oor)	hoor	[hoər]
houden van (muziek, enz.)	hou van	[hæʊ fan]
huilen (wenen)	huil	[hœil]
huiveren (ww)	huiwer	[hœeivər]
huren (een boot ~)	huur	[hɪr]

huren (huis, kamer)	huur	[hɪr]
huren (personeel)	huur	[hɪr]
imiteren (ww)	naboots	[naboəts]

importeren (ww)	invoer	[infur]
inenten (vaccineren)	inent	[inɛnt]
informeren (informatie geven)	in kennis stel	[in kɛnnis stəl]
informeren naar ... (navraag doen)	navraag doen	[nafrãχ dun]
inlassen (invoegen)	insteek	[insteək]

inpakken (in papier)	inpak	[inpak]
inspireren (ww)	inspireer	[inspireər]
instemmen (akkoord gaan)	saamstem	[sãmstem]
interesseren (ww)	interesseer	[interesseər]

irriteren (ww)	irriteer	[irriteər]
isoleren (ww)	isoleer	[isoleər]
jagen (ww)	jag	[jaχ]
kalmeren (kalm maken)	kalmeer	[kalmeər]

kennen (kennis hebben van iemand)	ken	[ken]
kennismaken (met ...)	kennismaak	[kɛnnismãk]
kiezen (ww)	kies	[kis]
kijken (ww)	kyk	[kajk]

klaarmaken (een plan ~)	voorberei	[foərberæj]
klaarmaken (het eten ~)	maak	[mãk]
klagen (ww)	kla	[kla]
kloppen (aan een deur)	klop	[klop]

kopen (ww)	koop	[koəp]
kopieën maken	aantal kopieë maak	[ãntal kopiɛ mãk]
kosten (ww)	kos	[kos]
kunnen (ww)	kan	[kan]
kweken (planten ~)	kweek	[kweək]

254. Werkwoorden L-R

lachen (ww)	lag	[laχ]
laden (geweer, kanon)	laai	[lãi]
laden (vrachtwagen)	laai	[lãi]
laten vallen (ww)	laat val	[lãt fal]

lenen (geld ~)	leen	[leən]
leren (lesgeven)	leer	[leər]
leven (bijv. in Frankrijk ~)	woon	[voən]
lezen (een boek ~)	lees	[leəs]

lid worden (ww)	aansluit	[ãŋslœit]
liefhebben (ww)	liefhê	[lifhɛ:]
liegen (ww)	lieg	[liχ]
liggen (op de tafel ~)	lê	[lɛ:]

liggen (persoon)	lê	[lɛ:]
lijden (pijn voelen)	ly	[laj]
losbinden (ww)	losmaak	[losmāk]
luisteren (ww)	luister	[lœistər]

lunchen (ww)	gaan eet	[χān eət]
markeren (op de kaart, enz.)	merk	[merk]
melden (nieuws ~)	in kennis stel	[in kɛnnis stəl]
memoriseren (ww)	van buite leer	[fan bœitə leər]

mengen (ww)	meng	[meŋ]
mikken op (ww)	mik op	[mik op]
minachten (ww)	minag	[minaχ]
moeten (ww)	moet	[mut]

morsen (koffie, enz.)	mors	[mors]
naderen (dichterbij komen)	nader	[nadər]
neerlaten (ww)	laat sak	[lāt sak]
nemen (ww)	vat	[fat]

nodig zijn (ww)	nodig wees	[nodəχ veəs]
noemen (ww)	noem	[num]
noteren (opschrijven)	noteer	[noteər]
omhelzen (ww)	omhels	[omhɛls]

omkeren (steen, voorwerp)	omkeer	[omkeər]
onderhandelen (ww)	onderhandel	[ondərhandəl]
ondernemen (ww)	onderneem	[ondərneəm]
onderschatten (ww)	onderskat	[ondərskat]

onderscheiden (een ereteken geven)	toeken	[tuken]
onderstrepen (ww)	onderstreep	[ondərstreəp]
ondertekenen (ww)	teken	[tekən]
onderwijzen (ww)	leer	[leər]

onderzoeken (alle feiten, enz.)	ondersoek	[ondərsuk]
bezorgd maken	bekommerd maak	[bekommərt māk]
onmisbaar zijn (ww)	nodig wees	[nodəχ veəs]
ontbijten (ww)	ontbyt	[ontbajt]

ontdekken (bijv. nieuw land)	ontdek	[ontdek]
ontkennen (ww)	ontken	[ontken]
ontlopen (gevaar, taak)	vermy	[fermaj]
ontnemen (ww)	ontneem	[ontneəm]

ontwerpen (machine, enz.)	ontwerp	[ontwerp]
oorlog voeren (ww)	oorlog voer	[oərloχ fur]
op orde brengen	aan kant maak	[ān kant māk]
opbergen (in de kast, enz.)	bêre	[bærə]
opduiken (ov. een duikboot)	opduik	[opdœik]

openen (ww)	oopmaak	[oəpmāk]
ophangen (bijv. gordijnen ~)	ophang	[ophaŋ]
ophouden (ww)	ophou	[ophæʊ]

oplossen (een probleem ~)	oplos	[oplos]
opmerken (zien)	raaksien	[rāksin]
opmerken (zien)	skrams raaksien	[skrams rāksin]
opscheppen (ww)	spog	[spoχ]
opschrijven (op een lijst)	byvoeg	[bajfuχ]
opschrijven (ww)	opskryf	[opskrajf]
opstaan (uit je bed)	opstaan	[opstān]
opstarten (project, enz.)	van stapel stuur	[fan stapəl stɪr]
opstijgen (vliegtuig)	opstyg	[opstajχ]
optreden (resoluut ~)	optree	[optreə]
organiseren (concert, feest)	organiseer	[orχaniseər]
overdoen (ww)	oordoen	[oərdun]
overheersen (dominant zijn)	oorheers	[oərheərs]
overschatten (ww)	oorskat	[oərskat]
overtuigd worden (ww)	oortuig wees	[oərtœiχ veəs]
overtuigen (ww)	oortuig	[oərtœəχ]
passen (jurk, broek)	pas	[pas]
passeren (~ mooie dorpjes, enz.)	ry deur	[raj døər]
peinzen (lang nadenken)	peins	[pæjns]
penetreren (ww)	deurdring	[døərdriŋ]
plaatsen (ww)	plaas	[plās]
plaatsen (zetten)	sit	[sit]
plannen (ww)	beplan	[beplan]
plezier hebben (ww)	jouself geniet	[jæusɛlf χenit]
plukken (bloemen ~)	pluk	[pluk]
prefereren (verkiezen)	verkies	[ferkis]
proberen (trachten)	probeer	[probeər]
proberen (trachten)	probeer	[probeər]
protesteren (ww)	protesteer	[protesteər]
provoceren (uitdagen)	uittart	[œittart]
raadplegen (dokter, enz.)	konsulteer	[kɔŋsulteər]
rapporteren (ww)	rapporteer	[rapporteər]
redden (ww)	red	[ret]
regelen (conflict)	besleg	[besleχ]
reinigen (schoonmaken)	skoonmaak	[skoənmāk]
rekenen op ...	reken op ...	[reken op ...]
rennen (ww)	hardloop	[hardloəp]
reserveren (een hotelkamer ~)	bespreek	[bespreək]
rijden (per auto, enz.)	gaan	[χān]
rillen (ov. de kou)	ril	[ril]
riskeren (ww)	waag	[vāχ]
roepen (met je stem)	roep	[rup]
roepen (om hulp)	roep	[rup]
ruiken (bepaalde geur verspreiden)	ruik	[rœik]

| ruiken (rozen) | ruik | [rœik] |
| rusten (verpozen) | rus | [rus] |

255. Verbs S-V

samenstellen, maken (een lijst ~)	saamstel	[sãmstəl]
schieten (ww)	skiet	[skit]
schoonmaken (bijv. schoenen ~)	skoonmaak	[skoənmãk]
schoonmaken (ww)	skoonmaak	[skoənmãk]

schrammen (ww)	krap	[krap]
schreeuwen (ww)	skreeu	[skriʊ]
schrijven (ww)	skryf	[skrajf]
schudden (ww)	skommel	[skomməl]

selecteren (ww)	selekteer	[selekteər]
simplificeren (ww)	vereenvoudig	[fereənfæʊdəχ]
slaan (een hond ~)	slaan	[slãn]
sluiten (ww)	sluit	[slœit]

smeken (bijv. om hulp ~)	smeek	[smeək]
souperen (ww)	aandete gebruik	[ãndetə χebrœik]
spelen (bijv. filmacteur)	speel	[speəl]
spelen (kinderen, enz.)	speel	[speəl]

spreken met ...	praat met ...	[prãt met ...]
spuwen (ww)	spoeg	[spuχ]
stelen (ww)	steel	[steəl]
stemmen (verkiezing)	stem	[stem]
steunen (een goed doel, enz.)	steun	[støən]

stoppen (pauzeren)	stilhou	[stilhæʊ]
storen (lastigvallen)	steur	[støər]
strijden (tegen een vijand)	veg	[feχ]
strijden (ww)	stry	[straj]

strijken (met een strijkbout)	stryk	[strajk]
studeren (bijv. wiskunde ~)	studeer	[studeər]
sturen (zenden)	stuur	[stɪr]
tellen (bijv. geld ~)	tel	[təl]

terugkeren (ww)	terugkeer	[teruχkeər]
terugsturen (ww)	terugstuur	[teruχstɪr]
toebehoren aan ...	behoort aan ...	[behoərt ãn ...]
toegeven (zwichten)	toegee	[tuχeə]

toenemen (on. ww)	toeneem	[tuneəm]
toespreken (zich tot iemand richten)	toespreek	[tuspreək]
toestaan (goedkeuren)	toelaat	[tulãt]
toestaan (ww)	toelaat	[tulãt]

toewijden (boek, enz.)	opdra	[opdra]
tonen (uitstallen, laten zien)	wys	[vajs]
trainen (ww)	afrig	[afrəχ]
transformeren (ww)	transformeer	[traŋsformeər]

trekken (touw)	trek	[trek]
trouwen (ww)	trou	[træʊ]
tussenbeide komen (ww)	tussenbeide tree	[tussənbæjdə treə]
twijfelen (onzeker zijn)	twyfel	[twajfəl]

uitdelen (pamfletten ~)	uitdeel	[œitdeəl]
uitdoen (licht)	afskakel	[afskakəl]
uitdrukken (opinie, gevoel)	uitdruk	[œitdruk]
uitgaan (om te dineren, enz.)	uitgaan	[œitχān]
uitlachen (bespotten)	terg	[terχ]

uitnodigen (ww)	uitnooi	[œitnoj]
uitrusten (ww)	toerus	[turus]
uitsluiten (wegsturen)	uitsit	[œitsit]
uitspreken (ww)	uitspreek	[œitspreək]

uittorenen (boven ...)	uitstyg bo	[œitstajχ boə]
uitvaren tegen (ww)	uitvaar teen	[œitfār teən]
uitvinden (machine, enz.)	uitvind	[œitfint]
uitwissen (ww)	uitvee	[œitfeə]

vangen (ww)	vang	[faŋ]
vastbinden aan ...	vasbind aan ...	[fasbint ān ...]
vechten (ww)	veg	[feχ]
veranderen (bijv. mening ~)	verander	[ferandər]

verbaasd zijn (ww)	verbaas wees	[ferbās veəs]
verbazen (verwonderen)	verras	[ferras]
verbergen (ww)	wegsteek	[veχsteək]
verbieden (ww)	verbied	[ferbit]

verblinden (andere chauffeurs)	verblind	[ferblint]
verbouwereerd zijn (ww)	verbouereerd wees	[ferbæʊereərt veəs]
verbranden (bijv. papieren ~)	verbrand	[ferbrant]
verdedigen (je land ~)	verdedig	[ferdedəχ]

verdenken (ww)	verdink	[ferdink]
verdienen (een complimentje, enz.)	verdien	[ferdin]
verdragen (tandpijn, enz.)	verdra	[ferdra]
verdrinken (in het water omkomen)	verdrink	[ferdrink]

verdubbelen (ww)	verdubbel	[ferdubbəl]
verdwijnen (ww)	verdwyn	[ferdwajn]
verenigen (ww)	verenig	[ferenəχ]
vergelijken (ww)	vergelyk	[ferχəlajk]
vergeten (achterlaten)	vergeet	[ferχeət]
vergeten (ww)	vergeet	[ferχeət]
vergeven (ww)	vergewe	[ferχevə]

vergroten (groter maken)	verhoog	[ferhoəχ]
verklaren (uitleggen)	verklaar	[ferklār]

verklaren (volhouden)	beweer	[beveər]
verklikken (ww)	aankla	[ānkla]
verkopen (per stuk ~)	verkoop	[ferkoəp]
verlaten (echtgenoot, enz.)	verlaat	[ferlāt]
verlichten (gebouw, straat)	verlig	[ferləχ]

verlichten (gemakkelijker maken)	makliker maak	[maklikər māk]
verliefd worden (ww)	verlief raak	[ferlif rāk]
verliezen (bagage, enz.)	verloor	[ferloər]
vermelden (praten over)	verwys na	[ferwajs na]

vermenigvuldigen (wisk.)	vermenigvuldig	[fermeniχ·fuldəχ]
verminderen (ww)	verminder	[fermindər]
vermoeid raken (ww)	moeg word	[muχ vort]
vermoeien (ww)	vermoei	[fermui]

256. Verbs V-Z

vernietigen (documenten, enz.)	vernietig	[fernitəχ]
veronderstellen (ww)	veronderstel	[feronderstəl]
verontwaardigd zijn (ww)	verontwaardig wees	[ferontwārdəχ veəs]
veroordelen (in een rechtszaak)	veroordeel	[feroərdeəl]

veroorzaken ... (oorzaak zijn van ...)	veroorsaak ...	[feroərsāk ...]
verplaatsen (ww)	skuif	[skœif]
verpletteren (een insect, enz.)	verpletter	[ferplɛttər]
verplichten (ww)	verplig	[ferpləχ]
verschijnen (bijv. boek)	verskyn	[ferskajn]

verschijnen (in zicht komen)	verskyn	[ferskajn]
verschillen (~ van iets anders)	verskil	[ferskil]
versieren (decoreren)	versier	[fersir]
verspreiden (pamfletten, enz.)	versprei	[ferspræj]

verspreiden (reuk, enz.)	versprei	[ferspræj]
versterken (positie ~)	versterk	[fersterk]
verstommen (ww)	ophou praat	[ophæʊ prāt]
vertalen (ww)	vertaal	[fertāl]

vertellen (verhaal ~)	vertel	[fertəl]
vertrekken (bijv. naar Mexico ~)	vertrek	[fertrek]
vertrouwen (ww)	vertrou	[fertræʊ]
vervolgen (ww)	vervolg	[ferfolχ]

verwachten (ww)	verwag	[ferwaχ]
verwarmen (ww)	verwarm	[ferwarm]
verwarren (met elkaar ~)	verwar	[ferwar]
verwelkomen (ww)	groet	[χrut]
verwezenlijken (ww)	verwesenlik	[ferwesenlik]

verwijderen (een obstakel)	verwyder	[ferwajdər]
verwijderen (een vlek ~)	verwyder	[ferwajdər]
verwijten (ww)	verwyt	[ferwajt]
verwisselen (ww)	wissel	[vissəl]
verzoeken (ww)	vra	[fra]

verzuimen (school, enz.)	bank	[bank]
vies worden (ww)	vuil word	[fœil vort]
vinden (denken)	glo	[χlo]
vinden (ww)	vind	[fint]

vissen (ww)	visvang	[fisfaŋ]
vleien (ww)	vlei	[flæj]
vliegen (vogel, vliegtuig)	vlieg	[fliχ]
voederen	voer	[fur]
(een dier voer geven)		

volgen (ww)	volg ...	[folχ ...]
voorstellen (introduceren)	voorstel	[foərstəl]
voorstellen (Mag ik jullie ~)	voorstel	[foərstəl]
voorstellen (ww)	voorstel	[foərstəl]

voorzien (verwachten)	voorsien	[foərsin]
vorderen (vooruitgaan)	vorder	[fordər]
vormen (samenstellen)	vorm	[form]
vullen (glas, fles)	vul	[ful]

waarnemen (ww)	waarneem	[vãrneəm]
waarschuwen (ww)	waarsku	[vãrsku]
wachten (ww)	wag	[vaχ]
wassen (ww)	was	[vas]

weerspreken (ww)	beswaar maak	[beswãr mãk]
wegdraaien (ww)	wegdraai	[veχdrãi]
wegdragen (ww)	wegvat	[veχfat]
wegen (gewicht hebben)	weeg	[veeχ]

wegjagen (ww)	wegry	[veχraj]
weglaten (woord, zin)	weglaat	[veχlãt]
wegvaren	vertrek	[fertrek]
(uit de haven vertrekken)		
weigeren (iemand ~)	weier	[væejer]

wekken (ww)	wakker maak	[vakkər mãk]
wensen (ww)	wens	[vɛŋs]
werken (ww)	werk	[verk]
weten (ww)	weet	[veət]
willen (verlangen)	wil	[vil]
wisselen (omruilen, iets ~)	uitruil	[œitrajl]
worden (bijv. oud ~)	word	[vort]

worstelen (sport)	worstel	[vorstəl]
wreken (ww)	wreek	[vreək]

zaaien (zaad strooien)	saai	[sãi]
zeggen (ww)	sê	[sɛ:]
zich baseerd op	gebaseer wees op	[χebaseər veəs op]
zich bevrijden van ... (afhelpen)	ontslae raak van ...	[ontslaə rãk fan ...]

zich concentreren (ww)	konsentreer	[kɔŋsentreər]
zich ergeren (ww)	geïrriteerd raak	[χeïrriteərt rãk]
zich gedragen (ww)	jou gedra	[jæʊ χedra]
zich haasten (ww)	opskud	[opskut]
zich herinneren (ww)	onthou	[onthæʊ]

zich herstellen (ww)	herstel	[herstəl]
zich indenken (ww)	verbeel	[ferbeəl]
zich interesseren voor ...	belangstel in ...	[belaŋstəl in ...]
zich scheren (ww)	skeer	[skeər]

zich trainen (ww)	oefen	[ufen]
zich verdedigen (ww)	jouself verdedig	[jæʊsɛlf ferdedəχ]
zich verontschuldigen	verskoning vra	[ferskoniŋ fra]

zich verspreiden (meel, suiker, enz.)	laat val	[lãt fal]
zich vervelen (ww)	verveeld wees	[ferveəlt veəs]
zijn (ww)	wees	[veəs]

zinspelen (ww)	sinspeel	[sinspeəl]
zitten (ww)	sit	[sit]
zoeken (ww)	soek ...	[suk ...]
zondigen (ww)	sondig	[sondəχ]

zuchten (ww)	sug	[suχ]
zwaaien (met de hand)	wuif	[vœif]
zwemmen (ww)	swem	[swem]
zwijgen (ww)	stilbly	[stilblaj]

www.ingramcontent.com/pod-product-compliance
Lightning Source LLC
Chambersburg PA
CBHW072342090426
42741CB00012B/2894